> reçã
> Este livro
> como lembrança carinhosa
> de sua mãe que quer
> te ver numa caminhada
> de cristão.
> ♡ mom
> COR XXII 2010

HISTÓRIA DE UMA ALMA

Série **ESPIRITUALIDADE**

• *Caminho de perfeição*, Santa Teresa de Jesus • *Castelo interior ou moradas*, Santa Teresa de Jesus • *Conselhos e lembranças*, Santa Teresinha • *História de uma alma*, Santa Teresinha • *Livro da vida*, Santa Teresa de Jesus • *Não morro... entro na vida – últimos colóquios*, Santa Teresinha • *Confissões*, Santo Agostinho • *O diálogo*, Santa Catarina de Sena • *O espírito de Santa Teresa do Menino Jesus*, Carmelo de Lisieux • *Santa Teresa de Jesus, mestra de vida espiritual*, Fr. Gabriel • *Cartas a Proba e a Juliana*, Santo Agostinho • *Doutrina Espiritual de Elisabete da Trindade*, M. M. Philipon • *Retiro com Santa Teresinha do Menino Jesus*, Pe. Liagre • *São João da Cruz – doutor do "Tudo e Nada"*, Frei Pedro Paulo Di Berardino, OCD • *São João da Cruz – "Noite escura" lida hoje*, J. M. Ballester • *Itinerário espiritual de São João da Cruz*, Frei Pedro Paulo Di Berardino, OCD • *Vida de Santa Catarina de Sena*, Fr. João Alves Basílio, op • *O amor não cansa nem se cansa*, São João da Cruz • *Teu amor cresceu comigo – Teresa de Lisieux: Gênio espiritual*, Pe. M. Eugênio, OCD • *A solidão em Santa Teresinha do Menino Jesus*, Frei Pedro Paulo Di Berardino, OCD • *A Virgem Maria*, Santo Agostinho • *As orações*, Santa Catarina de Sena • *O dom de si*, Frei Pedro Paulo Di Berardino, OCD • *As cartas*, Santa Catarina de Sena • *Itinerário espiritual de S. Teresa de Ávila – mestra de oração e doutora da Igreja*, Frei Pedro Paulo Di Berardino, OCD • *Caminho de oração com Teresa de Lisieux*, V. Sion • *As idéias fundamentais da espiritualidade de Santa Teresinha do Menino Jesus*, Frei Pedro Paulo Di Berardino, OCD • *A espiritualidade do eneagrama: Da compulsão à contemplação*, Suzanne Zuercher, OSB • *Elisabete da Trindade: Viver a partir do interior da alma*, Frei Pedro Paulo Di Berardino • *Cartas completas*, Santa Catarina de Sena • *O livro do Mestre*, Rulman Merswin • *Quando você for orar... Guia e ajuda para iniciar-se na oração*, Maria Dolores López Guzmán • *A direção espiritual – pastoral do acompanhamento espiritual*, Tomás Rodríguez Miranda, S.J.

SANTA TERESA DO MENINO JESUS
E DA SAGRADA FACE

HISTÓRIA DE UMA ALMA

manuscritos autobiográficos

PAULUS

Dados Internacionais de Catalogação na Publicação (CIP)
(Câmara Brasileira do Livro, SP, Brasil)

Teresa do Menino Jesus, santa, 1873-1897.
T29h   História de uma alma: manuscritos autobiográficos / Santa Teresa do Menino Jesus e da Sagrada Face; [tradução das Religiosas do Carmelo do Imaculado Coração de Maria e de santa Teresinha]. — São Paulo: Paulus, 1986. (Espiritualidade)

ISBN 978-85-349-0456-8

1. Carmelitas (Freiras) 2. Espiritualidade 3. Misticismo 4. Teresa do Menino Jesus, Santa, 1873-1897 5. Vida espiritual I. Título. II. Série.

CDD-282.092
-248.22
-244.4
86-1055 - 271.96

Índices para catálogo sistemático:
1. Carmelitas: Freiras: ordens religiosas femininas 271.971
2. Espiritualidade: Religião cristã 284.4
3. Misticismo: experiência religiosa: Cristianismo 248.22
4. Santas: Igreja católica: Biografia e obra 282.092
5. Vida espiritual: Religião cristã 248.4

Título original
Saint Thérèse de l'Enfant Jésus et de la Sainte Face, Histoire d'une Ame.
Manuscrits autobiographiques
© Editions du Cerf, Desclée-Brouwer, Paris, 1972

Tradução
Religiosas do Carmelo do Imaculado Coração de Maria e de Santa Teresinha,
06700 — Cotia, Brasil

Impressão e acabamento
PAULUS

26ª edição, 2008

© PAULUS – 1979
Rua Francisco Cruz, 229 • 04117-091 São Paulo (Brasil)
Fax (11) 5579-3627 • Tel. (11) 5087-3700
www.paulus.com.br • editorial@paulus.com.br

ISBN 978-85-349-0456-8

CRITÉRIOS ADOTADOS NA PRESENTE EDIÇÃO*

Por ocasião do Centenário de Teresa de Lisieux, desejou-se, de todos os lados, uma nova edição dos *Manuscritos Autobiográficos,* a qual, conservando seu rigor científico, correspondesse aos desejos do leitor comum e se apresentasse na forma de uma biografia de Teresa, o que antigamente representava a *História de uma Alma.* Associando, deliberadamente, os dois títulos, a equipe organizadora do presente volume[1] leva em conta esta dupla exigência:

— fidelidade ao texto autêntico, produzido pela pena de Teresa, e pacientemente reconstituído em seu teor original, graças às pesquisas críticas do Padre Francisco de Santa Maria, editor dos *Manuscrits autobiographiques* (1956);

— fidelidade ao esquema da primeira edição de *l'Histoire d'une Ame* (1898), concebida pela Madre Inês de Jesus como uma biografia completa de Teresa, posta ao alcance de qualquer leitor.

---

* Sainte Thérèse de l'Enfant-Jésus et de la Sainte-Face, HISTOIRE D'UNE AME, *Manuscrits autobiographiques,* Editions du Cerf et Desclée De Brouwer, 1972. — Nota das Tradutoras.
[1] Essa Equipe é a que trabalha na edição crítica, dita edição do "Centenário"; cf. *Derniers Entretiens de Sainte Thérèse de l'Enfant Jésus et de la Sainte-Face* (Cerf et Desclée De Brouwer (1971) e a *Correspondance générale* (1972).

Texto

Fonte

Reproduz o texto, com toda a exação, o mesmo dos *Manuscrits autobiographiques,* isto é, dos três cadernos, nos quais a Santa consignou em três anos diferentes suas reminiscências e suas reflexões:

Manuscrito A, redigido por Teresa entre o começo de janeiro de 1895 e 20 de janeiro de 1896, a pedido de sua irmã Paulina, então Priora do Carmelo de Lisieux. Trata-se de reminiscências de infância, com o título: *História Primaveril de uma Florinha Branca, escrita por ela mesma, e dedicada à Reverenda Madre Inês de Jesus.*

Manuscrito B, composto de duas partes: uma "elevação" de alma a Jesus, escrita a 8 de setembro de 1896, e uma carta à Irmã Maria do Sagrado Coração (sua irmã Maria), à guisa de prológo do presente escrito, e redigida entre 13 e 16 de setembro de 1896.

Manuscrito C, caderno dedicado à Madre Maria de Gonzaga — feita de novo priora em 1896 — redigido em junho de 1897. É um complemento das reminiscências de Teresa a respeito de sua vida religiosa, evocada muito de relance no Manuscrito A, e alonga-se sobre as exigências da caridade fraterna, que a Santa nesse mesmo ano redescobrira em profundidade.

Transcrição

Retoma a composição tipográfica aquela mesma da edição manual dos *Manuscrits autobiographiques* (1957). Basta mencionar os critérios então adotados pelo Padre Francisco:

"Utilizando vários corpos de caracteres, tentou-se dar aqui uma interpretação tipográfica, tão fiel quanto possível, das particularidades manuscritas: maiúsculas, sublinhações, grifos, negritos, distribuição de parágrafos etc. Tarefa difícil, em se tratando de um escrito tão espontâneo e por vezes tão imaginativo, como esse de Teresa; tarefa, porém, que era preciso encetar[2] (...), pois corresponde à forma de linguagem viva, qual é a da autobiografia de Santa Teresa". *(Introdução,* p. XII.)

"Em alguns tópicos, muito raros, a pontuação foi corrigida (...). Um texto que se destina ao povo em geral, à leitura, e à meditação, deve absolutamente conservar-se legível. Esta é também a razão, pela qual, mantidas as incorreções de estilo e sintaxe, se corrigiram evidentes erros de ortografia. Aos que desejarem estudar, de modo especial, a ortografia de Teresa, sempre será possível recorrer aos facsímiles". *(Introdução,* p. XX.)

APRESENTAÇÃO

Com os três cadernos de sua irmãzinha, como ponto de partida, soube Madre Inês de Jesus elaborar uma biografia coordenada, a *Histoire d'une Ame,* demonstrando verdadeiro talento editorial. Recorreu, nesse intuito, a várias operações:

— refundir o próprio texto, mediante acréscimos, cortes, classificações, sem se falar de inúmeros retoques de forma;

— distribuir o texto teresiano em onze capítulos;

— inserir um prólogo, que evoque as origens da família, e um epílogo, que descreva a doença e a morte;

---

[2] O Padre Francisco de Santa Maria estava consciente do aspecto arbitrário, inerente a tais convenções, por exemplo, para levar em conta os vários tipos de escrita, sublinhações etc. Tinha em vista uma edição ulterior que frisasse mais de perto as particularidades gráficas dos Manuscritos (cf. sua nota crítica, pp. XX-XXI, edição francesa de 1957). A nova transcrição tipográfica só será viável depois da reedição crítica, dentro dos moldes da Edição do Centenário.

— acrescentar, finalmente, orações, excertos de cartas, e poesias seletas.

A primeira destas operações, refundição do texto, resultava de uma determinação expressa de Teresa[3]. Profundas afinidades espirituais com a irmã possibilitaram à Madre Inês desincumbir-se da tarefa, sem trair a substância da mensagem teresiana. No entanto, alguns meses antes de morrer, aceitava, em princípio, um retorno aos manuscritos originais[4].

No restante, suas iniciativas conservam-se válidas. Houve, portanto, a possibilidade de inspirar-nos nela para a apresentação do presente volume, sem nenhuma alteração do texto da autobiografia.

Divisão em capítulos

Os três manuscritos foram redistribuídos em onze capítulos: o Manuscrito A fornece a matéria dos oito primeiros; o Manuscrito B, a do IX; o Manuscrito C, a dos capítulos X e XI.

A ordem das matérias segue aquela que a Madre Inês de Jesus tinha adotado. Sem embargo, o Manuscrito B, colocado no fim do volume pelas edições anteriores, recupera aqui sua seqüência cronológica.

Propõem-se epígrafes para cada capítulo. Descritivas, em sua maioria, tendem a enuclear o assunto dominante, sem pretensão de lhe exaurir todo o conteúdo. Por simples

---

[3] "Minha Madre, tudo o que achardes bom cortar ou acrescentar no caderno de minha vida, *sou eu quem o corta, e quem o acrescenta. Lembrai-vos disto mais tarde*, e não tenhais nenhum escrúpulo, nenhuma dúvida a tal respeito" (*Cahiers verts*, 11 de julho de 1897; cf. *Derniers Entretiens, Annexes*, p. 164).

[4] Nesse sentido, encarregou a Irmã Genoveva da Sagrada Face (Celina): "Era a 2 de novembro de 1950, pormenoriza esta última. Falava eu à nossa veneranda 'Mãezinha' a respeito do manuscrito que deveria ser editado na íntegra. Respondeu-me ela: 'Encarrego-te de fazê-lo em meu nome, depois da minha morte'".

artifício literário — aliás, usurpado à Madre Inês — menciona-se no início do capítulo II a morte da Sra. Martin, ocorrida em Alençon.

COMPLEMENTOS BIOGRÁFICOS

O critério de "biografia completa" postulava uma nova redação do *Prólogo* e do *Epílogo*. Levando em devida conta os mais recentes dados da história teresiana, mormente da edição crítica dos *Derniers Entretiens,* foram ambos concebidos numa formulação muito singela, a mais homogênea possível com o estilo da autobiografia[5].

De outro lado, certas passagens inexistentes nos manuscritos originais, e de fresco interpoladas pela Madre Inês em *l'Histoire d'une Ame,* mereciam uma recuperação como parte integrante do patrimônio teresiano. Grande número delas formavam como que um eco das conversas entre as duas irmãs na enfermaria do Carmelo[6], quando a futura "historiadora"[7] se preparava para sua tarefa, completando sua informação. Nos moldes da presente edição, o critério foi ater-se aos elementos biográficos mais ponderáveis. Apontados, em sua altura cronológica, por um sinal de rodapé, esses elementos "próprios" figuram como anotações.

[5] Esses textos são de Guido Gaucher, O.C.D.
[6] Cf. *Novissima Verba*: "Se achardes bom (...) acrescentar o que vos teria dito à viva voz, é como se eu mesma o fizesse" (nov. Verb. 16. 7. 2., paralelos ao texto citado na nota 3 supra). — A respeito dessa colaboração que se delineava já em vida de Teresa, cf. o Padre Francisco de Santa Maria, em sua *Introdução* de 1956: cap. IV, "O pensamento de Teresa no que toca à publicação"; cap. V, "A missão confiada à Madre Inês de Jesus" (Mss I, pp. 64-74). Em presença de algumas testemunhas Madre Inês qualificará como que "ditados" por Teresa os tópicos interpolados em *"l'Histoire d'une Ame",* cf. por exemplo: A. Combes, *De doctrina spirituali sanctae Theresiae a Iesu Infante,* Laterani, 1967, p. 89 n. 26.
[7] "Para serdes minha 'historiadora', deveis manter-vos com isenção" (*Carnet jaune,* 29.7.7., *Derniers Entretiens,* p. 286).

Títulos Corridos

Para facilitar a consulta da obra, especifica-se o conteúdo por títulos corridos (senhas).

No fim do volume, recapitula o índice de matérias os subtítulos dos sumários.

Cronologia

Tentou-se um esforço de esclarecimento no plano cronológico. Ostenta-se em dois níveis:

— encimando a página direita, menção da data, todas as vezes que se possa determinar com certeza. Em caso de dúvida, deixa de figurar. Assim acontece com a visão profética de 1879 ou 1880 (Ms. A, fl. 20/21); a exposição de Teresa não fornece elementos para decidir, e nenhum dado extrínseco foi capaz de esclarecer esse ponto até a data de hoje. Caso idêntico de omissão seria, quando uma recente tomada de dados exigisse longas motivações, fora de propósito para a presente edição;

— apresentando, no final da obra, uma cronologia atualizada.

Anotações

Marcadas com sinais em numeração contínua para cada capítulo, foram as notas colocadas no fim do volume*. Compreendem:

— referências bíblicas, e indicações de outras fontes (Teresa de Ávila, João da Cruz etc.);

— passagens próprias da *Histoire d'une Ame* (edição francesa de 1953), consideradas como complementações biográficas. Consta ali um apanhado da história da pecadora, o que torna dispensável reproduzir em apêndice a narração

---

* Por motivos de ordem prática, preferimos deixá-las, como na primeira edição, no rodapé do próprio texto. *As Tradutoras.*

na íntegra, como aconteceu na edição manual dos *Manuscrits autobiographiques* (pp. 321-322);

— anotações redigidas pela Madre Inês nos dois calepinos, onde tinha copiado para seu próprio uso o texto dos cadernos autobiográficos de sua irmã[8];

— explicações indispensáveis para a compreensão do texto.

Na presente edição, não se conservou o registro das notas críticas. Bem estabelecidos, atualmente, pela edição do Padre Francisco de Santa Maria, esses elementos estão ao alcance dos pesquisadores no volume II da edição facsímile dos *Manuscrits autobiographiques*. Serão novamente aproveitados e desenvolvidos na próxima edição crítica dos Manuscritos (Edição do Centenário).

* * *

Dois meses antes de morrer, Teresa relia, a pedido da Madre Inês de Jesus, algumas páginas de suas reminiscências de infância. Com lágrimas nos olhos, faz uma pausa de repente: "O que releio neste caderno mostra tão bem o que é a minha alma!... Minha Madre, estas páginas farão grande bem. Depois, ficará melhor conhecida a doçura do Bom Deus[9] ... Para experimentar essa ternura divina é convidado cada um dos leitores de a *História de uma Alma*.

---

[8] Dois cadernos de capa dura, de couro amarelo, formato 17x12 cm. Conta o primeiro 285 páginas manuscritas. O segundo contém a parte final da autobiografia (pp. 286 a 537) e outros textos diversos. A Madre Inês terminou de copiar em 28 de março de 1936.

[9] *Novissima Verba,* 1º de agosto; cf. *Derniers Entretiens, Annexes,* p. 229.

PRÓLOGO

"*Nada é tão cheio de mistério como as silenciosas preparações que esperam pelo homem desde o limiar de cada vida. Tudo vem a termo, antes de completarmos nossos doze anos*" *(Péguy).*

No que diz respeito a Santa Teresa do Menino Jesus e da Sagrada Face, tudo veio realmente a termo só aos trinta de setembro de 1897, quando ela, minada pela tuberculose, expirou na enfermaria do Carmelo de Lisieux, com a idade de vinte e quatro anos e nove meses.

Sem embargo, por ela também falava Péguy, seu contemporâneo, se é verdade que um destino se arraiga num solo, numa época, numa família, e que se torna tributário de uma hereditariedade, de uma história. Ninguém é ilha. Teresa não desceu do céu, como se fosse um anjo. Nasceu em chão normando, na dependência de seus maiores e de sua terra.

Antes que o mundo universo celebrasse Santa Teresa de Lisieux e seu caminho de infância, existiu uma criança: Teresa Martin, de Alençon.

Ela é exatamente o misterioso fruto daquelas preparações silenciosas. Tivessem seus pais seguido cada qual o pendor de seu coração, "a maior Santa dos tempos modernos" não teria chegado à luz da existência.

* * *

Oriundo de uma família de militares, criado dentro da caserna durante guarnições sucessivas (Avinhão, Estras-

burgo) Luís Martin, *nascido em Bordéus aos 22 de agosto de 1823, conheceu a vida de acampamento, foi criado sob a recordação da lenda napoleônica, muito embora tenha seu pai aderido ao exército realista por ocasião dos Cem Dias. Promovido a capitão no tempo da Restauração, o futuro avô de Teresa teve sua reforma como militar em Alençon, no ano de 1830*[1].

Ordeiro, metódico, de gênio solitário e propenso à meditação, seu filho Luís aprendeu relojoaria, ofício que requer paciência e exatidão. Aos vinte e dois anos, aspira a uma vida mais solitária ainda, e apresenta-se como postulante no Grande Mosteiro de São Bernardo. Como não soubesse latim, foi recusado. Depois de ter permanecido em Paris, estabelece-se como relojoeiro em Alençon. Mora com os pais, à rua da Ponte Nova. Leva oito anos uma vida quase monástica, atestada de trabalho, oração, leitura, pescaria — passatempo de sua predileção — e convivência de amigos no Círculo Católico.

Centro principal do Orne, Alençon conta então com 13600 habitantes. Lugarejo pacato, enche as medidas deste homem tranqüilo, e deve sua fama à habilidade de suas rendeiras, que expedem a famosa renda de Alençon para toda a França, mormente para Paris, onde um luxo exagerado encobre a labilidade do Império.

Zélia Guérin, nascida aos 23 de dezembro de 1831 em família de origem rural, foi também acalentada por reminiscências de guerra, pois que seu pai tomou parte em Wagram, e terminou a carreira entre os gendarmes. Em 1844, retirou-se igualmente para Alençon, à rua São Brás nº 36, defronte à Prefeitura.

Criada por um pai autoritário, e por uma mãe que lhe não demonstrava afeição, Zélia escreverá um dia ao irmão: "Minha infância, minha juventude foram merencórias, qual um sudário, pois enquanto minha mãe te fazia mimos, para

---

[1] Cf. a genealogia da família Martin na p. 21.

comigo, como bem o sabes, era rigorosa demais; tive, por isso, muita mágoa no coração" (Correspondência de família, 7-11-1865).

Transferirá sua afeição a esse irmão Isidoro, estudante de farmácia, e à mana Luísa, sua confidente, que mais tarde entrará na Visitação de Mans, e tomará o nome de Irmã Maria Dositéia. Com eles manterá até a morte uma correspondência, em que dá a conhecer seu temperamento inquieto, por vezes melancólico, mas também seu natural vivo, ardente no trabalho, sua fé a toda prova, seu bom senso, até seu bom humor.

Assim como Luís Martin, pensa na vida religiosa. Como ele, sofre uma recusa categórica, quando pede admissão entre as freiras do Hospital de Alençon. Dedica-se então a fazer renda de Alençon, e com a ajuda da mana abre uma "loja" por própria conta. Habilidosa para o trabalho, sair-se-á bem, no pleno sentido da palavra.

* * *

Os dois excluídos da vida religiosa, o relojoeiro de trinta e cinco anos e a rendeira de vinte e sete, vieram a encontrar-se casualmente, e, após curto noivado, casaram-se na Igreja de Nossa Senhora, aos 13 de julho de 1858.

Domiciliados à rua da Ponte Nova, por sugestão de Luís, mas de comum acordo, viveram os primeiros dez meses como irmão e irmã. A intervenção de um confessor fê-los mudar de idéia, a ponto de nesse lar nascerem nove filhos, de 1860 a 1873.

"Eu por mim tenho verdadeira paixão por filhos. Nasci para tê-los, mas dentro em breve chegará o tempo em que isso acabe. Dia vinte e três deste mês farei quarenta e um anos, é idade em que a gente se torna avó!", escreverá antes do nascimento de sua última filha: Teresa (18-12-1872).

Vingaram apenas cinco filhas. Naquela época, não estava debelada a mortalidade infantil. De saúde precária, a Sra. Martin, minada de câncer no seio, que só em 1876 se revelou incurável, resigna-se, não sem hesitações, a confiar sua quinta filha e os filhos seguintes aos cuidados de amas de leite, mais ou menos conscienciosas.

Durante quinze anos, houve alternância de nascimentos e óbitos. Teve de presenciar a morte de dois meninos e duas meninas, entre as quais a cativante Helena, de cinco anos de idade.

"Depois que perdi essa filha, sinto ardente desejo de tornar a vê-la", escreve a mamãe. "Não obstante, os que continuam vivos, precisam de mim, e, por causa deles, peço ao Bom Deus me deixe na terra alguns anos ainda. Senti muita saudade dos meus dois filhinhos, mas a perda dessa filha causou-me maior pesar ainda. Começava a ter minhas alegrias com ela, era tão mimosa, tão meiga, tão viçosa para sua idade! Não passa um minuto do dia, sem que me venha a lembrança dela" (27-3-1870).

A Guerra de 1870 e suas conseqüências — a obrigação de aboletar nove soldados alemães — não interrompem o crescimento da família e sua ascensão social à pequena burguesia, possibilitada pela labuta incessante da mãe, que levanta cedo e deita tarde, ajudada então pelo marido, que vendera a relojoaria e joalheria. Os Martin mudam de moradia, e estabelecem-se à rua São Brás, na mesma casa que ainda agora pode ser visitada.

Dá-se a primazia à vida em família. Só se sentem felizes quando todos estão reunidos. Maria, a mais velha, predileta do pai, e Paulina, viva e travessa, confidente da mãe, confinam-se regularmente na Visitação de Mans. No entanto, as duas pensionistas vivem ali felizes, sob o olhar vigilante da tia Dositéia que comunica à mãe seus progressos escolares, seu procedimento, e dá opinião a respeito de seus temperamentos bem diferentes. Cada vez, porém, que chegam as férias, há explosões de alegria, e cada vez que recomeçam as aulas, torrentes de lágrimas.

Somente a "coitada da Leônia", menos prendada, enfermiça, constitui uma preocupação constante para a mãe, enquanto Celina, *a "afoita", não demorará a tornar-se inseparável de Teresa, a última, pequenina.*

Passeios até o "Pavilhão" ou até as várzeas normandas, idas ao Semallé, encontros com a família do tio Guérin, boticário estabelecido em Lisieux, viagens por estrada de ferro para visitar a tia religiosa em Mans, calarão no ânimo das crianças Martin, que por toda a vida se lembrarão dessas singelas alegrias. Os sete óbitos que enlutam a família no período de 1859 a 1870 — três avós, além dos filhos — não arrefecem o ardor afetivo que congraça seus componentes. Muito pelo contrário.

O que a personalidade do pai poderia ter de austero e rígido, é contrabalançado por uma indulgente bondade para com o ruidoso gineceu, que lhe transtorna o gosto pelo silêncio e tranqüilidade. Por outro lado, não desdenha animar os serões de família, recitando autores em voga — românticos — cantando com boa voz cantigas de antanho, fabricando minúsculos brinquedos para o encanto das filhas.

Preocupada, por vezes, com o futuro (sentindo a diminuição de forças), a mãe governa a casa com uma "coragem verdadeiramente incrível e prodigiosa. Que mulher forte! A adversidade não a dobra, nem a prosperidade a torna arrogante", escreve a irmã (25-10-1868). Seu realismo, a vivacidade de sua franqueza, a delicadeza de sua afeição, fazem dela a alma da casa.

Na família Martin domina uma fé sólida, que vê Deus em todos os acontecimentos, e que lhe rende culto incessante: oração em família, missas matinais, comunhão freqüente — raridades numa época em que o jansenismo continuava com suas devastações — vésperas dominicais, retiros espirituais. Toda a vida segue o ritmo do ciclo litúrgico, das peregrinações, do escrupuloso acatamento aos jejuns e abstinências ...

Não há, entretanto, nenhuma exaltação ou demasia fanática nessa família, que desconhece o formalismo. Sabe pôr mãos à obra, pois recolhe e alimenta crianças abandonadas, pessoas desabrigadas, pessoas na extrema velhice. De suas curtas noites tomava Zélia Martin o tempo necessário para ser enfermeira de uma empregada da casa. O Sr. Martin expõe-se a situações arriscadas, quando se trata de alguma diligência a favor de desafortunados, de uma ajuda a algum epiléptico ou moribundo. As crianças aprendem a acatar dignidade do pobre.

A mãe gosta de ver as filhas bem trajadas, e na ocasião que a Irmã Maria Dositéia se preocupa, por saber que Maria — com dezesseis anos — se diverte em companhia de mocinhas da mesma idade, Zélia reage: "Será preciso embiocar-se numa clausura? No mundo, não podemos viver como bichos do mato. Em tudo quanto a "santa criatura" nos fala, temos que fazer uma ou outra restrição" (12-11-1876).

* * *

Grávida de quatro meses, anuncia aos Guérin "um acontecimento que provavelmente se dará no fim do ano" de 1872, e que por então somente a ela tocava: "Espero que a criança venha a bom termo". Esta é a primeira alusão à existência daquela, a quem já davam o nome de "Teresinha", em recordação de outra Teresa, falecida poucos meses antes.

Eis a fausta notícia: "Nasceu minha filhinha ontem, quinta-feira, às 11 horas e meia da noite. É bastante robusta e muito saudável. Dizem-me que pesa oito libras: Reduzamos isso a seis, o que não deixa de ser bastante. Tem uma aparência muito graciosa. Sofri só meia hora, o que antes senti não é de se levar em conta. Amanhã, sábado, será batizada, e para que a festa seja completa não faltará senão a presença de todos vocês. Madrinha será Maria, com um menino quase na idade dela, como padrinho" (3-1-1873).

Tudo se fará como a Sra. Martin o tinha comunicado. Um único imprevisto: o bilhete entregue à rua São Brás por uma criança, no qual o pai tinha escrito o seguinte poemeto:

"Sorri, e põe-te a crescer!
À felicidade, tudo te convida:

Carinhosas atenções, carinhosa afeição.
Sim, sorri ao encontro da Aurora!
Botão, que acabas de abrir,
Um dia Rosa serás!" *

Todavia, logo depois de nascer, Maria Francisca Teresa Martin entra em contato com o sofrimento. Aos quinze dias de idade, escapou de morrer de enterite aguda. Com três meses, um alarme mais pesado ainda: "Está muito mal, e de modo algum tenho esperança de salvá-la. Desde ontem, a coitadinha sofre horrivelmente. Corta o coração vê-la assim" (1-3-1873).

A crise foi superada, mas obrigou a mãe, por indicação do médico, a separar-se de Teresa, para a confiar a uma ama de leite, sua amiga. Amamentada, um ano, pela robusta e expedita Rosa Taillé, a pequena levará uma vida de campônia. Em Semallé, o "rechonchudo bebê, amorenado pelo sol", adquire o gosto de viver ao ar livre, entre flores e animais. "Sua ama de leite transporta-a em carrinho de mão, por sobre as medas de feno. Ela quase nunca grita. Diz a "Rosinha" não ser possível deitar os olhos em criança mais encantadora" (20-7-1873).

Loura, de olhos azuis, bonitinha, sorridente, precocemente atilada, viva, mui sensível, capaz de violentos rompantes, voluntariosa e perspicaz, Teresa logo veio a ser a predileta, "devorada de beijos" por toda a família; tanto mais amimada, quanto mais sentida era a sua ausência. "Em toda a minha vida aprouve ao Bom Deus cercar-me de amor; minhas primeiras reminiscências recendem de sorrisos e das mais doces carícias!..."

---

* Outra versão, do Pe. Luís Maria Alves Correia SJ (*História de uma Alma*, Porto, 1952):
"Sorri, cresce! à ventura
Te chamam com ternura
Amor, carinhos mil.
Sorri à luz da Aurora,
Botão que abriste agora
Serás rosa gentil".

O pequeno mundo de Alençon não era idílico, mas bastante expansivo, de sorte que Irmã Teresa, aos vinte e três anos de idade, quando redigia por obediência as recordações de infância que vamos ler, pôde asseverar: "Ah! Quão rapidamente se foram os anos radiosos de minha primeira infância, mas que doce impressão não me deixaram na alma! (...). Tudo me sorria na terra. Deparava com flores a cada um dos meus passos, e minha boa índole também contribuía para que minha vida se tornasse amena" (Ms A, 11 v., 12).

A morte da mãe viria de modo brutal quebrar essa felicidade, e ocasionar a partida para Lisieux. Será, porém, a própria Teresa que no-lo contará...

GENEALOGIA DE TERESA

TRONCO PATERNO

Avô: Capitão Pedro Francisco MARTIN, nascido a 16-4-1777, falecido a 26-6-1865, casado aos 4-4-1818.
Avó: Maria Ana Fanie BOUREAU, nascida a 12-1-1800, falecida a 8-4-1883.
Tios e tias: Pedro MARTIN, nasc. a 29-7-1819, desaparecido em naufrágio, data ignorada. — Maria, por casamento BURIN, nasc. a 18-9-1820, falec. a 19-2-1846. — Ana Francisca (Fanny), por casamento LERICHE, depois BURIN (segundas núpcias com seu cunhado viúvo), nasc. a 10-3-1826, falec. a 9-10-1853. — Sofia MARTIN, nasc. a 7-11-1833, falec. a 23-9-1842.
Pai: LUÍS MARTIN, nasc. a 22-8-1823, falec. a 29-7-1894. (Vem a ser o terceiro filho de Pedro Francisco e de Maria Ana Fanie Martin.)

TRONCO MATERNO

Avô: Isidoro GUÉRIN, nasc. a 6-7-1789, falec. a 3-9-1868, cas. a 5-9-1828.
Avó: Luísa Joana MACÉ, nasc. a 11-7-1804, falec. a 9-9-1859.
Tio e tia: Maria Luísa GUÉRIN, visitandina em Mans, nasc. a 31-5-1829 falec. a 24-2-1877. — Isidoro GUÉRIN, nasc. a 2-1-1841, falec. a 26-9-1909, esposo de Celina FOURNET.
Mãe: AZÉLIA MARIA (Zélia), nasc. a 23-12-1831, falec. a 28-8-1877. (Vem a ser a segunda filha de Isidoro e de Luísa Joana Guérin.)

FAMÍLIA DE TERESA

Luís MARTIN e Zélia GUÉRIN casaram-se a 13 de julho de 1858. Tiveram os seguintes filhos:
Maria, nasc. a 22-2-1860, falec. a 19-1-1940, carmelita desde 15-1-1886 *(Irmã Maria do Sagrado Coração).*

Paulina, nasc. a 7-9-1861, falec. a 28-7-1951, carmelita desde 2-10-1882 *(Madre Inês de Jesus).*
Leônia: nasc. a 3-6-1863, falec. a 16-6-1941, visitandina desde 28-1-1899 *(Irmã Francisca Teresa).*
Helena: nasc. a 13-10-1864, falec. aos 22-2-1870.
José Luís: nasc. a 20-9-1866, falec. a 14-2-1867.
José João Batista: nasc. a 19-12-1867, falec. a 24-8-1868.
Celina: nasc. a 28-4-1869, falec. a 25-2-1959, carmelita desde 14-9-1894 *(Irmã Genoveva da Sagrada Face).*
Melânia Teresa: nasc. a 16-8-1870, falec. aos 8-10-1870.
TERESA: nasc. a 2-1-1873, falec. a 30-9-1897, carmelita desde 9-4-1888 *(Irmã Teresa do Menino Jesus e da Sagrada Face).*

Observação: Todos os filhos da família Martin receberam *Maria* como primeiro prenome.

PRIMOS DE TERESA

Fanny MARTIN, tia de Teresa, casa em 11-4-1842 com Francisco Adolfo LERICHE (nasc. em 1818, falec. a 25-5-1843). Tiveram o filho:
Adolfo LERICHE: nasc. a 7-1-1844, falec. a 7-12-1894.
Isidoro GUÉRIN, tio de Teresa casa em 11-9-1866 com Celina FOURNET (nasc. a 15-3-1847 falec. a 13-2-1900). Tiveram os filhos:
Joana: nasc. a 24-2-1868, falec. a 25-4-1938, casa em 1-10-1890 com o médico Francisco LA NÉELE.
Maria: nasc. a 22-8-1870, falec. a 14-4-1905, carmelita em Lisieux desde 15-8-1895 *(Irmã Maria da Eucaristia).*
Um filho natimorto a 16-10-1871.

MANUSCRITO DEDICADO À REVERENDA MADRE INÊS DE JESUS

Manuscrito "A"

Observação: Os textos daqui por diante citados em *itálico* no rodapé, sem mais referências, figuram nas edições anteriores de *l'Histoire d'une Ame*. São de Madre Inês de Jesus, e constituem úteis complementos, mas não são integrantes dos manuscritos autênticos de Santa Teresa (cf. p. 9).

N. T.: 1. Os números colocados à margem correspondem às páginas dos manuscritos originais da Santa.
2. Os números em **negrito** correspondem aos parágrafos.

Capítulo I

ALENÇON
(1873 - 1877)

Preferências divinas, - As misericórdias do Senhor, - Pais incomparáveis, - Minhas irmãs mais velhas, - Minha querida Celina, - Viagem a Mans, - Meus defeitos, - Meu caráter, - Escolho tudo, - Os medonhos diabretes, - Tudo me sorria.

J. M. J. T

Jesus + janeiro de 1895

*HISTÓRIA PRIMAVERIL
DE UMA FLORINHA BRANCA
ESCRITA POR ELA MESMA, E DEDICADA
À REVERENDA MADRE INÊS DE JESUS*

A vós, minha querida Mãe, duplamente minha Mãe, venho confidenciar-vos a história de minha alma... No dia que me mandastes fazê-lo, pareceu-me que isso iria dissipar meu coração, caso se ocupasse consigo mesmo, mas Jesus logo me fez sentir que lhe daria prazer, se simplesmente obedecesse. De mais a mais, não farei senão uma única coisa: Começar a contar o que hei de repetir eternamente — *"as misericórdias do Senhor!!!"*...[1]

Antes de tomar a pena, pus-me de joelhos diante da estátua de Maria[2] (daquela que tantas provas nos dera das maternais predileções da Rainha do céu por nossa família), supliquei-lhe me guiasse a mão a fim de que não trace uma só linha que lhe não seja agradável. Em seguida, abrindo o Santo Evangelho, meus olhos depararam com estas pala-

---

[1] Cf. Sl. 88, 2.
[2] A "Virgem do Sorriso", que atualmente encima a urna da Santa. O Sr. e a Sra. Martin tinham peculiar veneração pela estátua (cf. cap. III, nota 11). Em janeiro de 1895, encontrava-se na antecâmara da cela de Teresa.

vras: — "Tendo Jesus subido a uma montanha, chamou a si os que *eram de seu agrado;* e eles aproximaram-se Dele"
3 (Mc 3,13). Eis aí exatamente o mistério de minha vocação, de toda a minha vida, sobretudo o mistério dos privilégios de Jesus em favor de minha alma... Não chama os que disso são dignos, mas os que *são de seu agrado, ou* conforme diz São Paulo — : "Deus tem compaixão de quem lhe apraz, e faz misericórdia a quem Ele quer aplicar misericórdia. Isto, portanto, não depende de quem quer, nem de quem corre, mas de Deus que se compadece" (Epíst. aos Rm. 9,15-16).

4 Durante muito tempo perguntava a mim mesma por que Deus tinha preferências, por que todas as almas não recebiam igual medida de graças. Admirava-me de vê-lo
2v prodigalizar favores extraordinários a Santos que o tinham ofendido, como São Paulo, Santo Agostinho, e aos quais forçava, por assim dizer, a receberem suas graças; ou então, ao ler a vida dos Santos, que Nosso Senhor se comprazia em acarinhá-los desde o berço até ao túmulo, sem lhes deixar no caminho nenhum tropeço que os tolhesse de se levantarem até Ele, e em predispor essas almas com tais favores, a ponto de não poderem empanar o brilho imaculado de sua veste batismal, perguntava-me a mim mesma, por que os pobres selvagens, por exemplo, morriam em grande número, antes mesmo de terem ouvido pronunciar o nome de Deus... Dignou-se Jesus esclarecer-me a respeito deste mis-
5 tério. Pôs-me diante dos olhos o livro da natureza, e compreendi que todas as flores por Ele criadas são formosas, que o esplendor da rosa e a brancura do lírio não eliminam a fragância da violetinha nem a encantadora simplicidade da bonina... Fiquei entendendo que se todas as florzinhas quisessem ser rosas, perderia a natureza sua gala primaveril, já não ficariam os vergéis esmaltados de florinhas...

Outro tanto acontece no mundo das almas, que é o jardim de Jesus. Quis Ele criar os grandes Santos que podem comparar-se aos lírios, e às rosas; mas criou-os também mais pequenos, e estes devem contentar-se em serem boninas ou violetas, cujo destino é deleitar os olhos do Bom Deus, quando as humilha debaixo de seus pés. Consiste a perfeição em fazer sua vontade, em ser o que Ele quer que sejamos...

Entendi ainda que o amor de Nosso Senhor se revela tão bem na mais simples das almas que em nada resiste à sua graça, como na mais sublime das almas. Com efeito, sendo o abaixar-se coisa própria do amor, se todas as almas se assemelhassem às almas dos Santos Doutores que iluminaram a Igreja com o fulgor de sua doutrina, parece que o Bom Deus não teria que descer tão baixo, quando chega até ao coração delas. Ele, porém, criou a criancinha que nada sabe e só pode soltar débeis vagidos; criou o pobre selvagem que não dispõe, para sua orientação, senão da lei natural; aos seus corações é que se digna baixar, onde se encontram suas flores campestres, cuja simplicidade o arrebata... Condescendendo desta maneira o Bom Deus mostra sua infinita grandeza. Assim como o sol clareia ao mesmo tempo os cedros e cada pequena flor, como se na terra só ela existisse, assim também Nosso Senhor se ocupa em particular de cada alma, como se não houvesse outra semelhante; e como na natureza todas as estações se dispõem de molde a fazer desabrochar na data prevista a mais singela margarida, assim também todas as coisas estão proporcionadas ao bem de cada alma.

Não há dúvida, minha Mãe querida, será com surpresa que vos perguntais a que ponto pretendo chegar, pois se até agora nada disse ainda que se pareça com a história de minha vida. Vós, porém, me pedistes escrevesse, sem forçar, o que me viria ao *pensamento*. Não é, pois, minha vida propriamente dita que vou escrever, são meus *pensamentos* acerca das graças que o Bom Deus se dignou conceder-me. Estou numa quadra de minha existência em que posso lançar uma vista de olhos no passado. Minha alma amadureceu no cadinho de provações exteriores e interiores. Agora, à semelhança da flor que se alentou com a tempestade, ergo

a cabeça e vejo que em mim se verificam as palavras do salmo 22. (O Senhor é meu Pastor, nada me faltará. Em amenas e férteis pastagens me faz repousar. Ele conduz-me docemente ao longo das águas. Guia minha alma sem lhe
3v causar fadiga... Ainda que descera ao vale da sombra da morte, não temerei mal algum, porque Vós estareis comigo,
9 Senhor!...)[3] O Senhor sempre foi compassivo para comigo e cheio de doçura... Tardio no castigo, copioso em misericórdia... (Sl. 102, v. 8). Portanto, minha Mãe, com satisfação é que venho cantar, junto a vós, as misericórdias do Senhor... Para vós *tão-somente* escreverei a história da *florinha* que Jesus colheu. Vou também falar despreocupada, sem me incomodar nem com o estilo nem com as inúmeras digressões que hei de fazer. Um coração de mãe sempre entende sua filha, muito embora esta só saiba balbuciar, tenho pois a certeza de ser compreendida e adivinhada por vós que me formastes o coração e o ofertastes a Jesus!...

10 Parece-me que se uma florzinha conseguisse falar, limitar-se-ia a dizer o que o Bom Deus fez por ela, sem tentar esconder seus benefícios. Sob capa de falsa humildade, não diria que é sem graça e sem perfume, que o sol lhe roubou a elegância e que as tempestades lhe alquebraram a haste, enquanto em si própria reconhece ser tudo ao contrário. A flor que vai narrar sua história folga em ter que publi-
11 car os obséquios totalmente gratuitos por parte de Jesus. Reconhece que, em si própria, nada seria capaz de atrair seus olhares divinos, e que tão-somente sua misericórdia produziu tudo o que nela há de bom... Foi Ele que a fez nascer em terra santa, como que toda impregnada de *virginal perfume*. Foi Ele que lhe fez precederem oito Lírios rutilantes de brancura. Quis, em Seu amor, preservar sua florzinha do sopro malévolo do mundo. Mal começara sua corola a entreabrir-se, o Divino Salvador transplantou-a sobre a montanha do Carmelo onde já exalavam seu suave perfume

---

[3] Sl 22,1-4.

os dois Lírios que a tinham protegido e docemente embalado na primavera de sua vida... Sete anos já passaram desde que a florzinha lançou raízes no jardim do Esposo das virgens e agora são *três* os Lírios que junto a ela balouçam suas corolas perfumadas. Um pouco mais longe dali, outro lírio se desenvolve sob os olhares de Jesus e os dois benditos pedúnculos que engendraram estas flores estão agora reunidos na Pátria Celeste por toda a eternidade... Lá tornaram a encontrar os quatro Lírios que a terra não vira desabrochar... Oh! digne-se Jesus não deixar muito tempo em região estranha as flores que continuam exiladas. Tomara que a vergôntea de Lírios esteja em breve inteirada no Céu![4]

Acabo, minha Mãe, de resumir em poucas palavras o que O Bom Deus fez por mim. Vou agora entrar nas minúcias de minha vida de criança. Sei que onde qualquer outra pessoa só veria uma narração enfadonha, vosso *coração maternal* encontrará encantos...

E, além do mais, as reminiscências que evocarei são também vossas, pois foi junto a vós que se passou minha infância, e cabe-me a felicidade de ser filha dos incomparáveis pais que nos cercaram com as mesmas atenções e as mesmas ternuras. Oh! dignem-se abençoar a mínima de suas filhas e ajudá-la a cantar as misericórdias divinas!...

Na história de minha alma até minha entrada no Carmelo, distingo três períodos bem distintos. O primeiro, apesar da curta duração, não é o menos fecundo em recordações. Alonga-se desde o despertar de minha razão até a partida de nossa querida Mãe para a pátria dos Céus.

O Bom Deus teve para comigo a bondade de abrir muito cedo minha inteligência e de me incutir tão profundamente na memória as recordações de minha infância que me parece terem ocorrido ontem as coisas que vou contar.

---

[4] Com esta linguagem alegórica, Teresa menciona toda a sua família. No momento que escreve, encontram-se junto dela "três Lírios": Maria, Paulina, e Celina; o terceiro, Leônia, viceja na Visitação de Caen. Por "dois pedúnculos, agora reunidos por toda a eternidade", designa Teresa seus pais; cf. a genealogia, p. 21.

Sem dúvida, queria Jesus, em seu amor, fazer-me conhecer a incomparável Mãe que me dera, mas a quem sua mão divina tinha pressa de coroar no Céu!

14 Aprouve ao Bom Deus cercar-me de *amor* toda a minha vida. Minhas primeiras reminiscências estão imbuídas de sorrisos e das mais afetuosas carícias!... Mas, se colocou muito *amor* junto a mim, também o deitou em meu coraçãozinho, uma vez que o fez amoroso e sensível. Por isso amava muito Papai e Mamãe e de mil maneiras lhes testemunhava minha ternura, pois era muito expansiva. Havia, porém, uma coisa: Os meios por mim empregados eram por vezes esquisitos, como o demonstra a seguinte passagem de uma carta de Mamãe: — "O bebê é um traquinas sem igual. Vem fazer-me carícias, e deseja-me a morte: — "Bem quisera que morresses, coitadinha de minha Mãe!..." Repreendem-na, e ela explica: — "No entanto, é para que vás ao Céu, visto ser preciso morrer para se chegar até lá". Da mesma forma deseja a morte ao pai, quando se encontra em seus transportes de amor!"[5]

5
15 No dia 25 de junho de 1874, quando tinha apenas 18 meses, eis o que de mim dizia a Mamãe: "Vosso pai acaba de armar um balanço. Celina está fora de si de alegria. Mas, vale a pena ver a caçula balançar-se; faz a gente rir, segura-se como uma mocinha, não há perigo que largue a corda, e quando o embalo não é bastante forte, grita. Amarram-na pela frente com outra corda e nem por isso fico tranqüila, quando a vejo empoleirada.

16 Aconteceu-me, ultimamente, singular aventura com a pequena. Costumo freqüentar a missa das 5 horas e meia. Nos primeiros dias, não me animei a deixá-la. Vendo, entretanto, que

---

[5] Carta da Sra. Martin à Paulina, 5 de dezembro de 1875.

nunca acordava, decidi por fim largá-la sozinha. Deito-a em minha cama, e ponho o berço bem perto, de modo a ser impossível que caia. Um dia, esqueci de colocar o berço. Quando cheguei, a pequena já não estava na minha cama. No mesmo instante, ouço um grito, olho, e vejo-a sentada na cadeira que estava em frente da cabeceira de minha cama. Sua cabecinha reclinada no travesseiro, e ali dormia mal, por não se achar à vontade. Não pude imaginar de que modo caíra sentada na cadeira, uma vez que estava deitada. Agradeci ao Bom Deus por não lhe ter acontecido nada. Foi realmente providencial. Devia rolar ao chão, mas seu bom Anjo foi vigilante, e as almas do purgatório, às quais faço diariamente uma oração pela pequena, protegeram-na. Eis como considero o acontecido... considerai-o vós da maneira que quiserdes!..."

No fim da carta, Mamãe acrescentava: "Ora, eis aqui o bebezinho. Vem roçar-me o rosto com a mãozinha e dar-me abraços. Não quer a coitadinha largar de mim, deixa-se ficar sempre comigo. Gosta muito de ir ao jardim; mas se lá não estou, não quer permanecer, e chora até a tragam novamente para mim..."[6]

(Eis o tópico de outra carta): "Teresinha perguntou outro dia se iria para o Céu. Disse-lhe que sim, se fosse bem comportada. Respondeu-me: "De acordo, mas se não for boazinha, iria para o inferno... No entanto, bem sei o que faria. Fugiria,

---

[6] Carta da Sra. Martin à Maria e à Paulina, 25 de junho de 1874. Na *História de uma Alma*, a Madre Inês de Jesus acrescenta esta passagem: *"Tampouco subiria sozinha a escada, sem que chamasse por mim a cada degrau:* Mamãe! Mamãe! *Tantos degraus, tantas vezes* Mamãe! *E se por má sorte esqueço de responder uma única vez:* "Sim, minha filhinha!" *ali se planta, sem se mover nem para diante nem para trás"* (Carta da Sra. Martin à Paulina, novembro de 1875).

a voar contigo que estarias no Céu. Como faria Deus para me agarrar?... Não me segurarias com muita força em teus braços?" Notei-lhe nos olhos que acreditava, positivamente, que o Bom Deus nada lhe poderia fazer, caso se encontrasse nos braços de sua mãe[7]...

18 Maria quer muito bem à irmãzinha, achando-a bastante engraçadinha. Deve ser muita a sua condescendência, pois que a pobre pequena tem grande medo de contristá-la. Ontem queria dar-lhe uma rosa, sabendo que lhe daria prazer. Ela, porém, começou a instar comigo que a não cortasse: Maria tinha-o proibido. Estava enrubescida de emoção. Dei-lhe duas, apesar disso. Já não tinha ânimo de mostrar-se em casa. Baldado o meu esforço de dizer-lhe que as rosas eram minhas. "Qual o que, dizia ela, são de Maria..." É

19 uma criança que se emociona muito facilmente. Quando faz alguma das suas, julga necessário que todo o mundo o saiba. Tendo ontem deixado cair, sem querer, uma pontinha do papel de parede, ficou num estado de meter dó, pois sentia a obrigação de dizê-lo quanto antes ao Pai. Quatro horas depois chegava ele, já ninguém pensava nisso, mas ela foi muito pressurosa dizer a Maria: "Conta logo a Papai que rasguei o papel". Põe-se ali como uma criminosa, que aguarda a sentença de condenação, mas em sua cabecinha pensa ser perdoada mais facilmente, se vier a acusar-se a si mesma"[8].

---

[7] Carta da Sra. Martin à Paulina, 29 de outubro de 1876.

[8] Carta da Sra. Martin à Paulina, 21 de maio de 1876. — A *História de uma Alma* acrescenta: *"Deparando aqui com o nome de nosso querido paizinho, sou naturalmente levada a certas reminiscências muito gratas. Quando ele chegava de fora, eu corria invariavelmente ao seu encontro, e punha-me a*

Queria muito bem à minha querida *madrinha*⁹. Sem dar a perceber, prestava muita atenção a tudo quanto se fazia e dizia em redor de mim. Parece-me que aquilatava as causas do mesmo modo como o faço agora. Ouvia com bastante atenção o que Maria ensinava à Celina, a fim de fazer como ela o fazia. Após sua saída da Visitação ficava eu bem quieta e fazia tudo o que ela queria, a fim de obter o favor de ser admitida no quarto durante as aulas que dava à Celina. Em vista disso cumulava-me de presentes que, não obstante seu pouco valor, me causavam muita satisfação.

Orgulhava-me bastante das minhas duas Irmãs mais velhas, mas o meu *ideal* de criança era Paulina... Quando

cavalo numa de suas botinas. Ele então me passeava assim quanto fosse do meu gosto através dos aposentos e do jardim. A rir, dizia-lhe a Mamãe que me fazia todas as vontades: 'Que queres tu que eu faça, respondia, ela é a rainha!' Depois, tomava-me aos braços, erguia-me bem ao alto, sentava-me aos ombros, abraçava-me e acariciava-me de todas as maneiras.

Não posso, contudo, afirmar que me deixasse mal acostumada. Lembro-me perfeitamente que um dia, como eu estivesse a brincar no balanço, ele passou casualmente, chamou por mim, e disse: 'Vem dar-me um abraço, minha rainhazinha!' Contra meu costume, não quis sair de onde estava, e respondi com certo ar de teimosia: 'Faze-me, tu, o favor, Papai!' Não me atendeu, e fez bem. Maria estava perto. 'Menininha malcriada, disse-me, como é grosseiro responder assim a seu pai!' Larguei incontinenti o fatídico balanço. Não podia a lição surtir melhor efeito! Toda a casa atroava com meus brados de arrependimento. Subi rápida a escada, e desta vez não chamava por Mamãe a cada degrau. Não pensava noutra coisa senão em encontrar o papai e pôr-me em boas graças com ele, o que se fez com muita presteza.

Não me era possível tolerar a idéia de haver atribulado meus estremecidos pais. Reconhecer meus erros era obra de instante, como o demonstra este outro episódio de infância, narrado por minha própria mãe: 'Uma manhã, quis abraçar Teresinha antes de descer. Parecia estar profundamente adormecida. Não tinha pois ânimo de acordá-la, quando Maria me observou: 'Mamãe, ela finge que dorme, disso tenho certeza'. Debrucei-me sobre seu vulto para lhe dar um abraço mas ela de pronto se escondeu debaixo da coberta, dizendo-me com modos de criança enjoada: 'Não quero que ninguém me veja'. O que menos senti foi satisfação, e dei-lho a entender. Dois minutos depois, escutei-a chorar, e eis que com grande surpresa minha, logo a percebi junto a mim! Saíra por si mesma de sua caminha, descera descalça a escada, a tropeçar na camisola de dormir, mais comprida do que ela. O rostinho debulhava-se em lágrimas. 'Mamãe, disse-me ela, atirando-se a meus joelhos, Mamãe, fui maldosa, perdoa-me!' Num átimo foi dado o perdão. Tomei nos braços o meu querubim, aconheguei-o ao coração, e cobri-o de beijos". (Carta da Sra. Martin à Paulina, 13 de fevereiro de 1877.)

⁹ Maria, a mais velha de suas irmãs.

comecei a falar e Mamãe me perguntava — "Em que pensas?" a resposta era invariável — "Em Paulina!!.." Outra ocasião, fazia o dedinho deslizar na vidraça e dizia — "Vou escrever: Paulina!..." Muitas vezes ouvia falar que Paulina seria certamente *religiosa*. Então, sem lá saber muito bem de que se tratava, pensava comigo: Também *serei religiosa*. Esta é uma das [minhas][10] primeiras recordações, e, desde então, nunca mudei de resolução!... Fostes vós, minha Mãe querida, a quem Jesus escolheu para me fazer esposa Dele. Não estáveis então junto a mim, mas já se haviam formado um elo entre nossas almas... Vós éreis o meu *ideal,* queria assemelhar-me a vós, e foi vosso exemplo que desde a idade de dois anos me atraiu ao esposo das virgens... Oh! que doces reflexões não vos quereria confiar! — Mas devo prosseguir com a história da florzinha, com sua história completa e geral, pois se quisesse falar minuciosamente de minhas ligações com "Paulina", deveria deixar de lado tudo o mais!...

22 Minha queridinha Leônia também me tomava grande parte do coração. Queria-me muito bem, era quem ficava comigo à tarde, quando toda a família saía a passeio... Tenho ainda a impressão de ouvir as lindas trovas que cantava para me adormecer... Em todas as coisas procurava um meio de me dar prazer. De minha parte, ficaria bem sentida, se algum desgosto lhe causasse.

6v
23 Lembro-me perfeitamente de sua Primeira Comunhão[11], sobretudo desde o momento em que me tomou nos braços para me fazer entrar junto com ela no presbitério. Afigurou-se-me tão lindo ser levada assim por uma irmã grande, toda de branco igual a mim!... À noite fizeram-me deitar cedo, pois era muito pequena para ficar até o solene jantar. Entretanto, vejo ainda Papai vir, à hora da sobremesa, trazer para sua rainhazinha pedaços do bolo de festa...

---

[10] Os termos esquecidos por Teresa, e não acrescentados por mão estranha no manuscrito, figuram neste trecho entre colchetes.

[11] A 23 de maio de 1875. Teresa tinha, portanto, dois anos e meio de idade.

No dia imediato, ou poucos dias depois, fomos com Mamãe à casa da companheirinha de comunhão de Leônia[12]. Creio ter sido nesse dia que nossa bondosa Mãezinha nos levou atrás de uma parede para nos fazer tomar vinho depois do almoço (que a senhora Dagoreau, pobre, nos tinha servido), pois não queria magoar a boa mulher, mas também não queria que nos faltasse alguma coisa... Ah! como é sensível o coração de Mãe, como exprime sua ternura através de mil cuidados previdentes, nos quais ninguém haveria de pensar!

Resta-me agora falar da minha querida Celina, companheirinha de minha infância, mas tão abundantes são as recordações que não sei quais deva escolher. Extrairei alguns tópicos das cartas que mamãe vos escrevia para a Visitação, mas não copiarei tudo, ficaria longo demais... No dia 10 de julho de 1873[13] (ano de meu nascimento) aqui vai o que vos contava — "A ama[14] trouxe para cá Teresinha na quinta-feira. Não fazia ela outra coisa senão rir; era mormente a Celininha que lhe agradava, uma ria às gargalhadas com a outra. Dir-se-ia que já tem disposição para brincar. Isso logo acontecerá, pois que já se põe de pé com as perninhas inflexíveis como pequenas estacas. Creio que andará cedo e terá boa índole, parece ser muito inteligente e tem a boa aparência de uma predestinada..."

Mas foi principalmente depois de ter largado a ama de leite que dei mostras de minha afeição por minha queridinha Celina. Entendíamo-nos muito bem, só que eu era muito mais viva e muito menos ingênua do que ela. Apesar de ser

---

[12] Armandina Dagoreau. A *História de uma Alma* completa: *Lembro-me também da pobre menininha, sua companheira, a quem nossa querida mamãe dera o vestido, de acordo com o comovente costume das famílias abastadas de Alençon. A criança não se apartou de Leônia um instante sequer no lindo dia; e, à noite, no jantar da festa, puseram-na no lugar de honra.*
[13] A 1º de julho de 1873, e não a 10, como o escreve Teresa.
[14] Rosa Taillé (1836-1908), habitante de Semallé, aldeia situada mais ou menos a duas horas de caminho, distante de Alençon. Teresinha ficou aos seus cuidados de 15 (ou 16) de março de 1873 a 2 de abril de 1874.

três anos e meio mais nova, parecia-me que éramos da mesma idade.

25 Eis uma passagem de uma carta de Mamãe que vos mostrará como Celina era meiga e eu maldosa: — "Minha Celininha é toda propensa à virtude, é o íntimo sentimento de seu ser; possui uma alma cândida e tem horror ao mal. Quanto ao pequeno azougue, não se sabe lá o que vai dar, é tão pequeno, tão inquieto! É de uma inteligência superior à de Celina, mas bem menos acomodada e sobretudo de uma obstinação quase invencível. Quando diz *'não'*, nada pode fazê-la voltar atrás. Se a metessem o dia inteiro no porão, ali ficaria a dormir antes que dissesse 'sim'...

26 Possui, entretanto, um coração de ouro, é muito carinhosa e muito franca. Curioso é vê-la correr atrás de mim para me fazer confissão: — Mamãe, dei um empurrão em Celina, mas foi só uma vez. Bati nela uma vez, mas não o farei mais. — (Assim é em tudo o que faz.) Quinta-feira à tarde fomos passear ao lado da estação ferroviária. Queria, por toda a lei, entrar na sala de espera para ir buscar Paulina. Corria na frente com uma alegria que dava gosto, mas quando viu que tinha de voltar dali sem subir no trem para ir receber Paulina, chorou todo o percurso do caminho"[15].

27 Esta última parte da carta lembra-me a alegria que experimentava, quando vos via retornar da Visitação. Vós, minha mãe, me tomáveis nos braços e Maria tomava Celina. Então fazia-vos milhares de carícias e inclinava-me para

7v trás a fim de admirar vossa grande trança... Depois, vós me dáveis uma barra de chocolate que havíeis guardado durante três meses. Podeis imaginar que relíquia não era para mim!... Lembro-me, outrossim, a viagem que fiz a Mans[16]. Era a primeira vez que viajava em estrada de ferro. Que alegria ver-me sozinha em viagem com Mamãe!... Entre-

---

[15] Carta da Sra. Martin à Paulina, 14 de maio de 1876.
[16] A 29 de março de 1875.

tanto, já não sei por que motivo me pus a chorar e a coitada da Mãezinha só pôde apresentar à minha tia de Mans[17] uma feiosa pequerrucha sem graça, toda vermelha das lágrimas que vertera pelo caminho... Não guardei nenhuma recordação do locutório, mas unicamente do momento em que minha tia me entregou um ratinho branco e um cestinho de papel bristol cheio de bombons, sobre os quais pousavam dois lindos anéis de açúcar justamente da grossura do meu dedo. Desde logo exclamei — "Que bom! teremos um anel para Celina". Mas, que lástima! Tomo meu cesto pela asa, dou a outra mão à Mamãe e partimos. Depois de alguns passos, olho para meu cesto e vejo que meus bombons estavam quase todos espalhados pela rua, como as pedras do Pequeno Polegar... Olho mais de perto e vejo que um dos preciosos anéis tivera a mesma sorte fatal dos bombons... Já não tinha nada que dar a Celina!... Explode então a minha dor. Peço que me deixe voltar, mamãe parece não me dar atenção. Isso era demais. Às minhas *lágrimas* se acrescentam meus *gritos*... Não podia compreender que ela não partilhasse de minha tristeza, e com isso crescia sobremaneira minha dor...

Retorno agora às cartas em que mamãe vos fala de Celina e de mim. É o melhor recurso que posso empregar para vos dar bem a conhecer meu caráter. Aqui uma passagem em que meus defeitos sobressaem com violenta explosão —: "Cá está Celina que se entretém com a pequerrucha num jogo de cubos. Altercam de vez em quando. Celina cede para granjear uma pérola à sua coroa. Sou obrigada a corrigir o pobre bebê que se entrega a medonhas fúrias. Quando as coisas não correm de acordo com sua idéia, põe-se a rolar pelo chão como uma desesperada por crer que tudo está perdido. Momentos há em que vai além de suas forças, a ponto de ficar sufocada. É criança bastante nervosa, sendo, toda-

---

[17] Irmã Maria Dositéia (Maria Luísa Guérin), a mais velha das irmãs da Sra. Martin, e religiosa na Visitação de Mans.

via, muito engraçadinha e assaz inteligente, lembra-se de tudo".[18] Vedes, minha Mãe, quão longe estava de ser uma menina sem defeitos. De mim não se poderia afirmar que "era um anjo quando dormia", por que de noite me agitava mais ainda do que no correr do dia. Deitava fora todas as cobertas e depois (a bom dormir) dava murros contra a guarda de minha caminha. A dor despertava-me e eu então dizia: — "Mamãe, estou atordoada!..." A coitadinha de minha Mãe era obrigada a levantar-se e verificava que tinha com efeito contusões na testa, que estava *atordoada.* Agasalhava-me bem e depois tornava a deitar-se. Dali a pouco, porém, começava novamente a *sentir-me atordoada,* de maneira tão forte que foi necessário *amarrarem-me* à cama. Todas as noites vinha Celininha atar os inúmeros cordões, cuja finalidade era impedir que a buliçosa pequerrucha *ficasse atordoada* e acordasse a mamãe. Como tal recurso deu bom resultado, dali por diante era eu um *anjo quando dormia...* Havia ainda outro defeito que tinha (quando acordada) e do qual Mamãe não fala em suas cartas. Era um grande amor-próprio. Disso vos darei apenas dois exemplos a fim de não alongar demais minha narração. — Mamãe disse-me um dia — "Minha Teresinha, se te prontificares a beijar o chão, dar-te-ei um vintém". Para mim um vintém era uma verdadeira fortuna. Para o ganhar, não me era necessário diminuir minha *altura,* pois meu *pequeno porte* não constituía grande distância entre mim e o chão. Minha altivez, no entanto, se revoltou com a idéia de *"beijar o chão".* Mantendo-me ereta, disse à Mamãe — "Oh! não, minha Mãezinha, prefiro ficar sem o vintém..."

De outra feita tínhamos de ir até Grogny à casa da Sra. Monnier. Mamãe falou à Maria me pusesse o lindo vestido azul celeste, guarnecido de rendas, mas não me deixasse com os braços nus, para não se queimarem ao sol. Deixei que me vestissem com aquela displicência que deveria ser

---

[18] Carta da Sra. Martin à Paulina, 5 de dezembro de 1875.

própria de crianças com a minha idade; mas, interiormente, pensava que teria ficado muito mais graciosa com meus bracinhos nus.

Com uma índole como a minha, se fosse criada por pais carentes de virtude, ou até se fosse como Celina mimada por Luísa[19], ter-me-ia tornado bem maldosa e talvez me tivesse perdido... Mas Jesus olhava pela sua noivinha. Quis que tudo redundasse para o bem dela. Seus próprios defeitos, refreados a tempo, serviram-lhe para crescer na perfeição... Tendo *amor-próprio* e também *amor do bem,* tão logo comecei a pensar seriamente (o que fiz desde pequenina) bastava dizerem-me que alguma coisa *não ficava bem,* para que não precisasse ouvi-lo dizer duas vezes... Nas cartas de Mamãe vejo, com satisfação, que na medida que ia ficando maior lhe proporcionava mais consolo. Não tendo em redor de mim senão bons exemplos, era natural que os quisesse seguir. Veja-se o que ela escrevia em 1876: — "A própria Teresa que por vezes quer pôr-se a marcar suas práticas religiosas[20]... É uma criança encantadora, sutil como a sombra, muito vivaz, mas seu coração é sensível. Celina e ela querem-se muito, bastam as duas para se entreterem. Todos os dias, depois de terem almoçado, Celina vai buscar seu galinho, pega ao mesmo tempo a galinha para Teresa. Por mim não o consigo, mas ela é tão ágil que lhe deita a mão no primeiro bote. Depois vão as duas com as aves sentar-se no canto da lareira e assim se distraem por muito tempo. *(Foi Rosinha que me fizera presente da galinha e do galo. Eu tinha dado o galo à Celina.)* Outro dia Celina deitara comigo, Teresa deitara na cama de Celina no segundo andar. Tinha instado com Luísa a trouxesse para baixo, a fim de lhe porem o vestido. Luísa sobe para a buscar, encon-

---

[19] Luísa Marais (1849-1923), empregada da família Martin, de 1865 até a morte da Sra. Martin.
[20] *Contudo, o mais curioso ainda é ver-se como Teresa mete cem vezes por dia a mão no bolsinho, para marcar uma conta do terço, todas as vezes que faça algum sacrifício.*

tra a cama vazia. Teresa tinha ouvido Celina e descera com ela. Luísa lhe diz: '— Não queres, pois, descer para te vestires?' — 'Oh! não, pobre de minha Luísa, somos como as duas franguinhas, não podemos separar-nos!' Enquanto assim diziam, abraçavam-se e aconchegavam-se uma a outra... Depois, à noite, Luísa, Celina e Leônia foram ao círculo católico e deixaram a pobre Teresa, que bem compreendia ser muito pequena para ir junto. Dizia: — 'Se pelo menos quisessem deitar-me na cama de Celina!'... Mas, não, não o quiseram... Nada falou e sozinha ficou com sua lamparina. Um quarto de hora depois dormia a sono solto[21]..."

34 Outro dia, Mamãe ainda escreveu: "Celina e Teresa são inseparáveis. Não é possível pôr os olhos em duas crianças que se queiram tanto uma a outra. Quando Maria vem buscar Celina para a lição, a coitada da Teresa se desfaz em pranto. Ai! que acontecerá com ela, sua amiguinha vai deixá-la... Maria fica com dó, leva-a também e a pobre pequerrucha permanece sentada numa cadeira duas ou três horas. Dão-lhe pérolas para enfiar ou um retalho para coser. Tem receio de mexer-se e, de vez em quando solta fortes suspiros. Quando a agulha se desenfia, tenta enfiá-la de novo. É interessante observá-la como não o pode conseguir e não quer dar trabalho a Maria. Sem demora, a gente vê
9v duas grossas lágrimas correrem-lhe pelas faces ...Maria não tarda em consolá-la, torna a enfiar a agulha, e o pobre anjinho sorri através de suas lágrimas[22]..."

35 Lembro-me, com efeito, que não podia ficar sem Celina. Preferia sair da refeição antes de terminar a sobremesa, do que não lhe ir atrás, tão logo se levantasse. Virava-me em minha cadeira alta, a pedir que me descessem, e depois íamos brincar juntas. Íamos às vezes com a pequena "prefeita", o que muito me agradava por causa do parque e de todos os lindos brinquedos que ela nos mostrava, mas era mais na

---

[21] Carta da Sra. Martin à Paulina, 8 de novembro de 1876.
[22] Carta da Sra. Martin à Paulina, 4 de março de 1877.

intenção de contentar Celina que ia para lá, preferindo ficar em nosso pequeno jardim a *esgaravatar os muros,* pois extraíamos todas as brilhantes palhetinhas que ali se achavam e íamos em seguida *vendê-las* ao Papai que no-las comprava *com toda a seriedade.*

No domingo, sendo muito pequena para freqüentar os ofícios religiosos, Mamãe ficava para tomar conta de mim. Comportava-me bem e só andava na ponta dos pés durante o tempo da missa. Logo, porém, que visse a porta abrir-se, era sem igual a explosão de alegria. Precipitava-me ao encontro de minha *linda* irmãzinha que estava então *"enfeitada como um oratório"*[23]... e dizia-lhe: "Oh! minha Celininha, dá-me depressa pão bento!" Algumas vezes não o tinha, porque havia chegado atrasada... Que fazer então? Era-me impossível ficar sem ele. Nisso consistia *"minha missa"*... Encontrou-se um meio com muita rapidez. — "Se não tens pão bento, pois então benze-o!" Dito e feito. Celina toma uma cadeira, abre o guarda-comida, pega o pão, corta um bocado, sobre o qual, *muito compenetrada,* recita uma *Ave-Maria,* e apresenta-mo em seguida. E eu, depois de [ter] feito com ele o sinal-da-cruz, como-o com *grande devoção,* achando-lhe, absolutamente, o *gosto de pão bento...*

De vez em quando fazíamos juntas *conferências espirituais:* Aqui está um exemplo que tiro das cartas de Mamãe: — "Nossas queridas pequenas Celina e Teresa são anjos abençoados, naturezas angélicas em miniatura. Teresa constitui a alegria, a felicidade de Maria e sua glória; é incrível como se orgulha disso. Verdade é que tem saídas bem singulares para sua idade, excede Celina, que é o dobro mais velha. Dizia Celina outro dia: — "Como pode Deus caber em hóstia tão pequena?" Falou a pequena: "Não é tanto de admirar, uma vez que Deus é todo-poderoso". — "Que quer dizer Todo-poderoso?" — "Mas é fazer tudo o que Ele quer!..."[24]

---

[23] "Modo de falar que meu pai usava, entre risos" (observação da Madre Inês de Jesus).

[24] Carta da Sra. Martin à Paulina, 10 de maio de 1877.

37 Um dia, julgando-se muito crescida para brincar com boneca, Leônia veio procurar-nos a nós duas com uma cesta cheia de vestidos e de lindos retalhos para fazer outros; por cima estava colocada sua boneca. — "Tomai lá, minhas irmãzinhas, diz-nos ela, *escolhei,* dou-vos tudo isto". Celina estendeu a mão e tomou um pacotinho de cordões que lhe agradava. Após um instante de reflexão, estendi a mão por minha vez e declarei: — "Escolho *tudo!*" e apoderei-me da cesta sem outra formalidade. As testemunhas da cena acharam o caso muito justo, a própria Celina nem pensou em reclamar. (Aliás, brinquedos não lhe faltavam, seu padrinho cumulava-a de presentes e Luísa descobria meios de arrumar-lhe tudo quanto desejasse.)

Este pequeno episódio de minha infância é o apanhado de toda a minha vida. Mais tarde, quando se me tornou evidente o que era perfeição, compreendi que para se tornar *santa* era preciso sofrer muito, ir sempre atrás do mais perfeito e esquecer-se a si mesmo. Compreendi que na perfei-
10v ção havia muitos graus e que cada alma era livre no responder às solicitações de Nosso Senhor, no fazer muito ou pouco por Ele, numa palavra, no *escolher* entre os sacrifícios que exige. Então, como nos dias de minha primeira infância, exclamei: "Meu Deus, *escolho tudo*". Não quero ser *santa pela metade*. Não me faz medo sofrer por vós, a única coisa que me dá receio é a de ficar com minha *vontade*. Tomai-a vós, pois *"escolho tudo"* o que vós quiserdes!..."

38 É forçoso que pare, pois não devo ainda falar-vos de minha juventude, mas da estouvadinha aos quatro anos de idade. Lembro-me de um sonho que devo ter tido por volta dessa idade e que me calou profundamente na imaginação. Sonhei uma noite que saía a passear sozinha pelo jardim. Chegando ao pé dos degraus que precisava subir para ali chegar, me detive tomada de pavor. Diante de mim, rente ao caramanchão, havia uma barrica de cal e sobre a barrica dançavam, com espantosa agilidade, dois *medonhos diabinhos,* não obstante os ferros de engomar que tinham nos pés. De chofre lançaram sobre mim seus olhares chamejantes, mas ao mesmo instante, parecendo muito mais assustados do que eu, precipitaram-se da barrica abaixo e foram esconder-se na rouparia que ficava defronte. Ao vê-los tão pouco valorosos, quis saber o que iriam fazer e acerquei-me da janela. Lá estavam os míseros diabinhos a correr por sobre as mesas, não sabendo o que fazer para se esquivarem do meu olhar. De vez em quando chegavam até a janela, e olhavam com um ar inquieto, se eu ainda estava lá e como sempre me avistassem, começavam a correr de novo como desatinados. — Sem dúvida, este sonho nada tem de extraordinário, acredito, no entanto, que o Bom Deus permitiu que guarde sua lembrança, a fim de me provar que uma alma em estado de graça nada deve temer dos demônios, que são uns medrosos, capazes de fugir diante do olhar de uma criança...

Eis aí mais uma passagem que deparo nas cartas de mamãe. Minha pobre Mãezinha já pressentia o fim do seu desterro[25]: "As duas meninas não me preocupam, estão tão bem todas as duas, são temperamentos primorosos, serão por certo boas criaturas. Maria e tu estareis em perfeitas condições de educá-las. Celina não comete jamais a mínima falta voluntária. A pequerrucha será boa também. Por todo o ouro do mundo não diria uma mentira; é de uma finura de espírito como jamais a observei em nenhuma de vós"[26].

"Estava ela outro dia na mercearia com Celina e Luísa. Falava de suas práticas e discutia fortemente com Celina. A senhora disse à Luísa: "Mas então o que quer ela dizer? quando brinca no jardim não se ouve falar senão de práticas. A Sra. Gaucherin mete a cabeça para fora da janela num esforço de entender o que significa essa altercação sobre práticas..." A coitada da pequena faz a nossa felicidade, vai ser

---

[25] A doença, de natureza cancerosa, que a Sra. Martin sentira pela primeira vez em 1865, manifestou-se claramente em outubro de 1876.
[26] Carta da Sra. Martin, 22 de março de 1877.

boa, já se vê pelo indício. Só fala do Bom Deus, por nada no mundo deixaria de fazer suas orações. Gostaria que a visses recitar pequenas fábulas; nunca presenciei algo de tão gentil. Encontra por si mesma a interpretação e a tonalidade que é preciso dar, mas isto é sobretudo quando diz: — "Criancinha de cabeça loura, onde imaginas que está o Bom Deus?" Quando ela chega às palavras: — "Ele está lá no alto do Céu azul", volve o olhar para cima com uma expressão angélica. Tão belo é que a gente não se cansa de fazê-la recitar. Há em seu olhar algo de tão celestial que nos deixa encantados![27]..."

Ó minha Mãe! Quão feliz era eu nessa idade! Já começava a desfrutar a vida. A virtude tinha encantos para mim, e eu estava, parece-me, nas mesmas disposições em que me acho agora, já dispondo de grande domínio sobre meus atos.

— Ah! como se foram rapidamente os ensolarados dias de minha meninice, mas que doce impressão me deixaram na alma! Com prazer recordo os dias em que Papai nos levava consigo ao *Pavilhão*[28]. As mínimas particularidades gravaram-se em meu coração... Lembro-me, antes de tudo, os passeios de Domingo, nos quais Mamãe sempre nos acompanhava... Sinto ainda as profundas e *poéticas* impressões que me nasciam na alma à vista dos trigais esmaltados de *centáureas* e flores campestres. Já então amava o *além*... O espaço e os agigantados pinheiros, cuja ramagem chegava até ao chão, deixavam-me na alma impressão semelhante à que ainda hoje sinto quando contemplo a natureza... Muitas vezes nestes longos passeios encontrávamos com pobres e era sempre a Teresinha incumbida de dar-lhes a esmola, o que a deixava toda venturosa. Mas, também outras vezes, achando Papai que a caminhada ficava longa demais para sua rainhazinha, levava-a mais cedo de volta para casa (com

---

[27] Carta da Sra. Martin à Paulina, 4 de março de 1877.
[28] O *Pavilhão*, pequena propriedade adquirida pelo Sr. Martin antes de casar, situava-se na rua dos Lavoirs (atualmente rua do Pavilhão Santa Teresa).

grande desgosto dela). Para a consolar, Celina enchia então de margaridas seu lindo cestinho e dava-lho, quando chegava em casa. A boa da vovó[29], ainda mal, achava que a netinha tinha flores demais, tomava-lhe grande parte para sua imagem da Santa Virgem... Isso não agradava à Teresinha, mas ela muito se precavia para que nada dissesse. Tinha adquirido o bom hábito de nunca se queixar, mesmo quando lhe tiravam o que era seu, ou então quando era acusada injustamente. Preferia calar e não escusar-se. Não era mérito seu, mas virtude natural... Que pena que esta boa disposição se tenha desvanecido!...

Oh! realmente, tudo me sorria na terra. Deparava com flores a cada passo que desse, e minha boa índole contribuía também para me tornar a vida agradável. Ia, porém, começar um novo período para minha alma. Devia passar pelo cadinho da provação e sofrer desde a minha infância, a fim de que pudesse ser oferecida mais cedo a Jesus. Assim como as flores da primavera começam a germinar debaixo da neve e desabrocham aos primeiros raios do Sol, assim também a florinha, cujas reminiscências estou a escrever, teve que passar pelo inverno da provação...

12
41

---

[29] A mãe da Sra. Martin, que ia muitas vezes à casa dos filhos nas tardes de domingo.

Capítulo II
NOS BUISSONNETS
(1877 - 1881)

Morte da Mamãe, - Paulina será minha Mamãe, - Lisieux, - Minha classe de aula, - Carinhos de Papai, - O mês de Maria, - Primeira Confissão, - Dias santos e domingos em família, - Educação afetuosa e firme, - Visão profética, - A face velada, - Trouville, - O Sulco de Ouro.

42 Todos os pormenores da doença de nossa querida Mãe estão ainda vivos em meu coração. Lembro-me, principalmente, das últimas semanas que passou na terra. Celina e eu vivíamos como pequeninas exiladas. Todas as manhãs, a Sra. Leriche[1] vinha buscar-nos, e passávamos o dia em casa dela. Um dia não tivemos tempo de fazer nossa oração antes de sair, e no caminho disse-me Celina bem baixinho: "Convém dizer-lhe que não fizemos nossa oração?..." — "Oh! sim", respondi-lhe. Então, com bastante timidez, disse-o à Sra. Leriche. Respondeu-nos ela: — "Está certo, minhas filhinhas, ireis fazê-la". E depois, largando-nos ambas num quarto grande, foi-se embora... Então Celina olhou para mim, e dissemos: "Ah! não é como a Mamãe... Sempre nos fazia recitar nossa oração!"... Quando brincávamos com as crianças, o pensamento de nossa querida Mãe sempre nos acompanhava. Certa vez, tendo ganhado um lindo damasco, Celina abaixou-se e cochichou-me: "Não vamos comê-lo, da-lo-ei à Mamãe". Que lástima! a coitada de nossa Mãezinha já estava doente demais para comer as frutas da terra. Já não se *saciaria* senão no Céu com a *glória* de Deus e não

---

[1] "Prima nossa, por casamento com o Sr. Leriche, sobrinho do meu pai, que lhe havia cedido a joalheria, na rua Ponte-Nova (1870)." (Observação da Madre Inês de Jesus.)

beberia senão com Jesus o *misterioso vinho,* do qual Ele falara em sua última Ceia, quando disse que o tomaria conosco no reino de seu Pai[2].

A comovente cerimônia da extrema-unção também me ficou gravada na alma. Vejo ainda o lugar onde me achava ao lado de Celina. Todas as cinco estávamos pela ordem de idade, e nosso pobre Paizinho estava ali também e soluçava...

No próprio dia ou no dia imediato à partida da Mamãe[3], tomou-me nos braços, dizendo-me: "Vem beijar pela última vez tua pobre Mãezinha". E sem dizer nada cheguei os lábios à fronte de minha Mãe querida... Não me lembro ter chorado muito. Não dizia a ninguém os profundos sentimentos que experimentava... Olhava e escutava em silêncio... Ninguém tinha tempo de ocupar-se comigo. Por causa disso via muitas coisas que teriam a intenção de ocultar-me. Primeiramente, dei comigo diante da tampa do esquife... Fiquei longo tempo parada a contemplá-lo. Nunca tinha visto nenhum, e, no entanto, compreendia... Era tão pequena que, apesar de estar pouco alto o corpo da Mamãe, precisava *erguer* a cabeça para o avistar de cima, e parecia-me muito *grande...* muito *triste...* Quinze anos mais tarde, estive diante de outro esquife, o da Madre Genoveva[4]. Tinha a mesma medida que o da Mamãe, e julguei estar ainda nos dias de minha infância!... Todas as minhas reminiscências retornaram em profusão. Era por certo a mesma Teresinha que estava a olhar, mas *havia crescido* e o esquife parecia-lhe *pequeno.* Já não precisava *erguer* a cabeça para o enxergar. Já não a erguia senão para contemplar o *Céu* que lhe parecia bem *alegre,* pois todas as suas provações tinham tomado um fim e o inverno de sua alma passara para sempre...

---

[2] Cf. Mt 26, 29.
[3] A Sra. Martin morreu à primeira hora de 28 de agosto de 1877, aos quarenta e seis anos de idade.
[4] Madre Genoveva de Santa Teresa, uma das fundadoras do Carmelo de Lisieux.

44 No dia que a Igreja lançou a bênção sobre os despojos mortais de nossa Mãezinha do Céu, nosso Deus quis dar-me outra na terra, e quis que a escolhesse livremente. Estávamos juntas, todas as cinco, a olhar umas às outras, Luísa também estava ali. Quando viu Celina e a mim disse: "Pobres pequenas, já não tendes Mãe!..." Então Celina lançou-se aos braços de Maria e disse: "Pois bem! tu serás minha mãe!
13 Eu, habituada a fazer igual a ela, voltei-me, no entanto, para vós, minha Mãe, e como se o porvir já tivesse rompido seu véu, atirei-me aos vossos braços, exclamando: "Pois, sim, para mim Paulina será Mamãe!"

45 Como o disse mais acima, foi a partir dessa época de minha vida que tive de iniciar o segundo período de minha existência, o mais doloroso dos três, mormente desde a entrada no Carmelo daquela que tinha escolhido como minha segunda "Mamãe". Este período vai da idade de quatro anos e meio até aos quatorze anos, época em que recuperei minha índole de *criança*, bem justamente quando entrava no lado sério da vida.

Devo dizer-vos, minha Mãe, que depois da morte da Mamãe minha boa índole mudou por completo. Tão viva, tão expansiva que era, fiquei tímida e doce, sensível a mais não poder. Bastava um olhar para me desfazer em lágrimas. Era preciso que ninguém me desse maior atenção para me sentir contente. Não podia tolerar a companhia de pessoas estranhas, e só recuperava minha alegre disposição na intimidade da família... Continuava, entretanto, a ser cercada do mais sensível *carinho*. Ao amor que já possuía, o tão *meigo* coração do Papai teve por acréscimo um amor verdadeiramente maternal!... Minha Mãe, vós e Maria não éreis para mim as mais *carinhosas* e mais abnegadas das mães?... Ah! se o Bom Deus não tivesse prodigalizado à sua florzinha seus *raios* benfazejos, ela nunca teria podido aclimatar-se na terra. Era ainda débil demais para suportar chuvas e tempestades. Precisava de calor, de um orvalho suave, de um bafejo primaveril. Nunca careceu de todos estes benefícios. Jesus lhos fez encontrar até debaixo da neve da provação!

Não senti nenhum desgosto por deixar Alençon. Crianças gostam de mudança e com prazer vim para Lisieux[5]. Tenho lembrança da viagem, da chegada pela tarde à casa de minha tia. Vejo ainda Joana e Maria que nos aguardavam à porta... Estava muito satisfeita de ter umas priminhas tão amáveis. Gostava tanto delas como de minha tia, e sobretudo de meu tio; somente que ele me fazia medo e não me sentia tão à vontade em sua casa como nos Buissonnets[6], onde minha vida era realmente feliz... Logo de manhã vínheis para junto de mim a perguntar-me se já entregara meu coração ao Bom Deus. Em seguida me púnheis a roupa, enquanto me faláveis Dele e depois ao vosso lado fazia minha oração. Depois, vinha a lição de leitura. A primeira palavra que consegui soletrar sozinha foi esta: "Céus". Minha querida madrinha encarregava-se das aulas de caligrafia, e vós, minha Mãe, de todas as outras. Não tinha muita facilidade de aprender, mas dispunha de bastante memória. O catecismo e antes de tudo a história sagrada eram as minhas preferências, estudava-os com alegria. Mas a gramática fazia-me às vezes derramar lágrimas... Estais lembrada do masculino e do feminino?

---

[5] A 15 de novembro de 1877, o Sr. Martin resolvera morar em Lisieux para deixar as filhas mais em contato com o ramo materno da família. O Sr. e a Sra. Guérin tinham duas filhas: Joana, então com nove anos de idade, e Maria com sete; cf. Genealogia, p. 21. O Sr. Guérin mantinha uma farmácia no Largo São Pedro.

[6] Diz a *História de uma Alma* com maior precisão: *No dia seguinte* (portanto, a 16 de novembro), *levaram-nos à nossa nova casa, quero dizer aos Buissonnets, bairro solitário, situado muito rente ao lindo logradouro chamado "Jardim da Estrela".*

A casa parecia-me um assombro: um mirante, do qual a vista se perdia ao longe; um jardim agreste na extensão da fachada, e por detrás da casa uma grande horta; para minha imaginação juvenil constituía tudo isso uma venturosa novidade. Com efeito, a risonha mansão veio a ser o cenário de suavíssimas alegrias, de inolvidáveis acontecimentos de família. Aliás, como o deixei dito mais acima, sentia-me exilada, chorava, percebia que já não tinha mãe! Aqui, meu coraçãozinho foi-se expandindo, e eu tinha ainda sorrisos para a vida.

Logo que terminava a aula, subia ao mirante e levava a papai minha caderneta e minha classificação. Como ficava radiante, quando lhe podia dizer: "Tenho 5 *com louvor*, foi *Paulina* a *primeira* que o declarou!..." Pois, quando vos perguntava se tinha 5 com louvor e vós me dizíeis que sim, aos meus olhos era uma nota a menos. Vós também me dáveis bons pontos, e quando tinha alcançado certo número deles, ganhava um prêmio e uma folga. Lembro-me de que os dias de folga se me afiguravam mais longos do que os demais, o que vos dava prazer, por demonstrar que não apreciava ficar sem nenhuma ocupação. Todas as tardes ia dar um pequeno passeio com papai. Fazíamos juntos nossa visita ao Santíssimo Sacramento, e cada dia visitávamos uma nova igreja. Assim entrei pela primeira vez na capela do Carmelo. Papai mostrou-me as grades do coro, dizendo-me que atrás delas havia religiosas. Muito longe estava de pensar que, nove anos mais adiante, me encontraria entre elas!...

Depois do passeio (durante o qual papai me comprava sempre um presentinho de um ou dois soldos), recolhia-me em casa. Fazia então minhas lições. A seguir, ficava todo o resto do tempo a saltitar no jardim em volta do papai, pois *não sabia* brincar com boneca. Para mim era grande alegria preparar chás com grãozinhos e cascas de árvores que encontrava pelo chão. Levava-os depois ao papai numa linda xicarazinha. O coitado do paizinho largava sua ocupação e depois sorridente fazia de conta que tomava. Antes de me devolver a xícara perguntava-me (como que em segredo) se era para jogar fora o conteúdo. Às vezes, dizia que sim, mas o mais freqüente era levar de volta meu precioso chá, com a intenção de tornar a servi-lo várias vezes... Gostava de cultivar minhas florezinhas no jardim que papai me tinha dado. Entretinha-me em armar altarezinhos no vão que havia ao centro do muro. Quando terminava a obra, corria para papai e, levando-o comigo, dizia-lhe que fechasse bem os olhos e só os abrisse no momento que lho mandasse. Fazia tudo o que eu queria, e deixava-se conduzir até a frente do meu jardinzinho. Então eu gritava: "Papai, abre os olhos!" Ele abria-os e extasiava-se para me dar prazer, admirando o que eu julgava ser uma obra-prima!... Seria um nunca acabar se quisera contar mil pequenos episódios desse gênero, que me acodem profusamente à memória... Ah! como poderia enumerar todos os carinhos que *"Papai"* prodigalizava à sua rainhazinha? Há coisas que o coração sente, mas que a palavra e a própria idéia não conseguem formular...

Bonitos para mim eram os dias em que meu "rei querido" me levava à pescaria consigo. Tinha tanto amor ao campo, às flores e às aves! Tentava às vezes pescar com minha varinha, mas de preferência ia sentar *sozinha* na relva florida. Meus pensamentos aprofundavam-se bastante e, sem saber o que era meditar, minha alma mergulhava em autêntica oração... Ouvia ruídos longínquos... O murmúrio do vento e até a música indecisa de soldados, cuja sonoridade me chegavam aos ouvidos, melancolizavam suavemente meu coração... A terra parecia-me lugar de degredo, e eu sonhava com o Céu... A tarde passava rápida, e dentro em pouco era hora de regressar aos Buissonnets. Antes de partir, porém, tomava o lanche trazido no meu cestinho. Mudara de aspecto, a *linda* merenda com geléia de fruta que me tínheis preparado. Em lugar da cor ativa, já não via senão uma ligeira mancha cor-de-rosa, toda ressequida e amarrotada... Então a terra se me apresentava mais tristonha ainda, e compenetrava-me de que só no Céu haverá alegria sem nuvens...

A propósito de nuvens, lembro-me de que um dia o formoso Céu azul campestre se anuviou e logo começou a rugir a tempestade. Os relâmpagos sulcavam as nuvens carregadas, e vi cair um raio a pouca distância. Longe de ficar com medo, extasiava-me, tendo a impressão de que o Bom Deus estava tão perto de mim!... Papai não estava, de modo algum, tão contente como sua rainhazinha. Não que a tempestade lhe incutisse medo, mas porque a relva e as grandes margaridas (mais altas do que eu) brilhavam como pedrarias preciosas, tendo nós de atravessar vários vergéis antes de chegar a um caminho. E meu querido paizinho, temeroso que os diamantes molhassem sua filhinha, tomou-a nas costas, apesar da carga dos apetrechos de pesca.

Nos passeios que fazia com ele, o papai gostava de me mandar entregar a esmola aos pobres que encontrássemos. Certo dia vimos um que se arrastava com dificuldade em suas muletas. Acerquei-me para lhe dar um óbolo. Mas, não se julgando bastante pobre a ponto de aceitar esmola ele olhou-me com triste sorriso e não quis pegar o que lhe oferecia. Não consigo descrever o que se passou em meu coração. Quisera consolá-lo e reconfortá-lo. Em lugar disso, porém, julguei que o tinha magoado. O pobre doente adivinhou por certo meu pensamento, pois que o vi virar-se para trás e envolver-me num sorriso. Papai acabava de comprar um doce para mim. Bem me veio a vontade de lho dar, mas não tive coragem. Ainda assim queria dar-lhe alguma coisa que não me pudesse recusar, pois sentia por ele uma simpatia muito grande. Ocorreu-me então ter ouvido falar que, no dia da primeira comunhão, a gente obteria tudo o que pedisse. Este pensamento foi um consolo para mim, e disse comigo mesma, embora só tivesse seis anos ainda: "Rezarei pelo *meu pobre* no dia da minha primeira comunhão". Cumpri a promessa cinco anos mais tarde, e espero que o Bom Deus tenha atendido a oração que me inspirara a fazer-lhe por um de seus membros sofredores....

Tinha muito amor ao Bom Deus, e amiúde lhe oferecia meu coração, valendo-me da breve fórmula que mamãe me ensinara. No entanto, certo dia, ou melhor, certa noite do lindo mês de maio, cometi uma falta que bem merece referência. Deu-me grande motivo de humilhar-me, e a respeito dela creio ter tido contrição perfeita. Sendo muito pequena para freqüentar o mês de Maria, ficava com Vitória[7] e fazia

---

[7] Vitória Pasquim, empregada doméstica da família Martin em Lisieux.

com ela minhas devoções diante do *meu altarzinho do mês de Maria,* adornado de acordo com minha capacidade. Tudo era tão miudinho: castiçais e vasos de flores, de sorte que dois fósforos à guisa de velas, o iluminavam perfeitamente. Às vezes, Vitória fazia-me a surpresa de dar-me dois toquinhos de velas, mas era caso raro. Uma noite, estando tudo prestes para nos pormos em oração, digo-lhe: "Vitória, queres começar com o 'Lembrai-vos', que vou acender as velas". Ela fez menção de começar, mas não disse palavra, e olhava-me rindo. Eu que via meus preciosos fósforos consumirem-se rapidamente, supliquei-lhe fizesse a oração, e ela continuou calada. Levantei-me então e pus-me a dizer-lhe, com voz gritada, que era maldosa, e, abandonando minha habitual brandura batia o pé com toda a minha força... A pobre da Vitória já não tinha vontade de rir. Olhou para mim com estranheza, e mostrou-me os tocos de cera que me havia trazido... Depois de verter lágrimas coléricas, derramei lágrimas de sincero arrependimento, com o firme propósito de não tornar a fazê-lo!...

Aconteceu-me, mais uma vez, outra peripécia com Vitória, mas não tive nenhum arrependimento, pois conservei perfeitamente minha serenidade. Desejava ter um tinteiro que se encontrava em cima da chaminé da cozinha. Sendo muito pequena para o tomar, pedi à Vitória muito *delicadamente* mo entregasse, mas ela o recusou e mandou-me subir numa cadeira. Sem dizer nada, tomei a cadeira, mas a pensar que não era atenciosa. Querendo fazer que o sentisse, busquei em minha cabecinha o que mais me ofendia. Quando se aborrecia comigo, ela chamava-me de "pirralhinho", o que muito me humilhava. Então, antes de *pular da minha cadeira abaixo,* virei-me *com dignidade* e disse-lhe: "Vitória, sois um *pirralho!"* Depois escapei dali, deixando que meditasse a profunda declaração que eu acabava de fazer-lhe... A reação não se fez esperar. Logo a escutei, que esbravejava: *"Sinhá moça Maria...* a *Tresa* acaba de dizer-me que não passo de um *pirralho!"* Veio Maria e obrigou-me a pedir perdão, o que, porém, fiz sem contrição, por achar merecido o título de *pirralho,* uma vez que não quis estender seu *grande braço* para me prestar um *pequeno serviço...* Entretanto, ela me queria muito, e também eu gostava muito dela. Um dia, tirou-me de *grande risco* em que caíra por culpa minha. Estava Vitória a passar roupa, e tinha ao lado um balde com água dentro. Eu, porém, olhava para ela balançando-me numa cadeira (como era meu costume), e de repente me escapa a cadeira e caio, não no chão, mas no *fundo do balde!!!...* Os pés tocavam na cabeça, e eu enchia o *balde* como o pintinho enche o ovo!... A pobre da Vitória contemplava-me com um extremo de surpresa, pois nunca tinha visto situação igual. Tinha todo o empenho de safar-me quanto antes do meu *balde,* coisa que resultava impossível. Minha prisão era tão ajustada que eu não lograva fazer nenhum movimento. Com um pouco de dificuldade, ela salvou-me do meu *grande perigo,* mas não salvou meu vestido e tudo o mais, de sorte que tive de trocar a roupa, pois estava molhada como uma sopa.

— Outra ocasião caí dentro da lareira. Felizmente o fogo não estava aceso. Vitória não teve senão o incômodo de levantar-me e sacudir a cinza de que ficara coberta. Foi numa quarta-feira, quando estávies no ensaio de canto com Maria, que todos esses reveses me aconteceram. Foi também numa quarta-feira que o Padre Ducellier[8] veio visitar-nos. Como Vitória lhe dissesse que não havia ninguém em casa senão Teresinha, ele entrou na *cozinha* para me visitar e olhou minhas lições. Fiquei orgulhosa por receber meu *confessor,* porque pouco tempo antes me tinha confessado pela primeira vez. Que suave lembrança para mim!...

— Ó minha Mãe querida! com que solicitude me preparastes, quando me explicastes que não era a um homem, mas ao Bom Deus que iria contar meus pecados. Disto estava tão convicta, que fiz minha confissão com grande

---

[8] Vigário Cooperador na Catedral de São Pedro em Lisieux.

espírito de fé, e cheguei até a perguntar-vos, se não seria mister referir ao Padre Ducellier que o amava de todo o meu coração, pois que em sua pessoa era ao Bom Deus que ia falar...

Bem instruída a respeito de tudo quanto devia fazer e dizer, entrei no confessionário e pus-me de joelhos. Quando, porém, abriu a portinhola, Padre Ducellier não enxergou ninguém. Era tão pequena, que a cabeça não alcançava o parapeito, onde se apóiam as mãos. Então mandou-me ficar de pé. Obedecendo imediatamente, levantei-me e postei-me bem na frente dele para o ver melhor. Fiz minha confissão, como se fosse uma *menina grande,* e recebi sua bênção com *grande devoção,* porque me havíeis explicado que, nesse momento, as *lágrimas do Menino Jesus* purificariam minha alma. Lembro-me de que a primeira exortação que me foi feita, incitava-me principalmente a ter devoção à Santíssima Virgem, e prometi a mim mesma redobrar minha ternura para com ela[9]. Ao sair do confessionário estava tão contente e leve, como jamais sentira tamanha alegria na alma. Depois, tornava a confessar-me em todas as grandes festas litúrgicas, e para mim era cada vez um verdadeiro *gozo,* quando o fazia.

Os *dias santos!...* Ah! quantas recordações não desperta esta palavra!... Os *dias santos,* como os amava!... Vós, minha querida Mãe, sabíeis explicar-me tão bem todos os mistérios ocultos em cada um deles, que para mim eram verdadeiramente dias do Céu. Gostava mormente das procissões do Santíssimo Sacramento. Que alegria esparzir flores aos pés do Bom Deus!... Antes, porém, de deixá-las cair, atirava-as o mais alto que podia, e nunca me dava por tão

---

[9] *Apresentei por fim meu tercinho para benzer (...). Isto foi à noitinha. Logo, ao chegar debaixo de um lampião da rua, parei, tirei da algibeira o terço há pouco benzido, virei-o e revireio-o de todos os lados. "Que estás tu a olhar, minha Teresinha? —, perguntastes-me. "Ora essa, estou verificando que feição tem um terço bento!" A ingênua resposta vos provocou muita hilaridade. Eu, porém, fiquei por muito tempo compenetrada da graça que recebera.*

55

feliz como na ocasião que via minhas rosas desfolhadas *tocarem* no sagrado Ostensório...

59 Os dias santos! Ah! se os grandes eram raros, cada semana trazia de novo um muito chegado ao meu coração: "o Domingo!" Que dia grande, o Domingo!... Era o dia santo do Bom Deus, o dia santo do *repouso*. Primeiro ficava *nanando* mais tempo do que nos outros dias, e depois mamãe Paulina mimava sua filhinha, quando lhe servia o chocolate em sua *cama,* e em seguida a vestia como uma rainhazinha... Vinha a madrinha fazer o penteado da *afilhada*. Esta nem sempre ficava quietinha, quando lhe assentavam o cabelo, mas depois tinha toda a satisfação de ir pegar a mão de seu *Rei* que, em tal dia, lhe dava um abraço mais afetuoso do que de ordinário, pois toda a família se movimentava para a Missa. Em todo o trajeto do caminho, e mesmo dentro da igreja, a "Rainhazinha do Papai" dava-lhe a mão. Tomava lugar ao lado dele, e quando nos víamos obrigados a chegar mais adiante para o sermão, era preciso ainda encontrar dois assentos, um ao lado do outro. Não se tornava muito difícil. Toda a gente parecia achar muito gentil ver um Ancião tão *imponente* com uma *filha tão pequenina,* que as pessoas não se incomodavam em ceder seus lugares. Meu tio que ficava nos bancos da diretoria alegrava-se quando nos via chegar. Dizia ser eu seu mimoso raio de Sol... Por mim, não me inquietava de ser alvo de olhares. Ouvia muito atenta os sermões, dos quais, aliás, não compreendia grande coisa. O primeiro que *entendi,* e que me *comoveu profundamente* foi um sermão sobre a Paixão, pregado pelo Padre Ducellier. Dali por diante entendi todos os outros sermões.

60 Quando o pregador falava de Santa Teresa, papai curvava-se para me dizer baixinho: "Escuta bem, minha rainhazinha, ele fala de tua Santa Padroeira". Realmente, estava escutando bem, mas olhava mais vezes para o papai do que para o pregador. Seu belo semblante dizia-me tantas coisas!... Por vezes, seus olhos marejavam-se de *lágrimas*. Em vão procurava retê-las. Parecia estar já desligado da terra, tanto sua alma gostava de imergir nas verdades eternas... Sua carreira, porém, estava longe do termo final. Longos anos deviam passar, antes que o belo Céu se abrisse a seus olhos embevecidos, e o Senhor enxugasse as lágrimas do seu bom e fiel servidor!...

Mas, novamente torno ao meu dia de Domingo. Esse dia de gozo que passava tão depressa, tinha seu toque de *melancolia*. Lembro-me que, até a hora de Completas, minha felicidade era sem mescla. Durante essa hora canônica, vinha-me o pensamento de que o dia de repouso ia terminar... que no dia seguinte seria necessário recomeçar a vida, trabalhando, aprendendo lições, e o coração sentia o *exílio* da terra... Suspirava pelo eterno repouso do Céu, pelo *Domingo* sem ocaso da *Pátria!*...

Acontecia que até os próprios passeios, feitos antes de recolher-nos aos Buissonnets, me deixavam na alma um sentimento de tristeza. A família, então, já não se reunia toda, porque Papai, querendo agradar a Titio, deixava-lhe Maria ou *Paulina* todas as tardes de Domingo. Havia a única circunstância de que, para mim, era grande alegria poder ficar também. Gostava que assim acontecesse, mais do que ser convidada exclusivamente, porque então se ocupavam menos comigo. Meu máximo prazer era escutar tudo quanto meu Tio falava. Não apreciava, porém, que me fizesse perguntas, e sentia bastante medo, quando me punha sobre um joelho só, enquanto cantava o Barba-Azul com voz formidável... Era, pois, com satisfação que aguardava a chegada do Papai para nos buscar.

Na volta, olhava para as *estrelas* que cintilavam docemente, e esta vista me enlevava... Havia, sobretudo, uma constelação de *pérolas de ouro* que notava com alegria, por achar que tinha a forma de um T (aqui ponho mais ou menos sua forma ***). Fazia com que Papai a visse, dizendo-lhe que meu nome estava escrito no Céu. Depois, não querendo ver nada desta terra mesquinha, pedia-lhe que me guiasse. Então, sem olhar onde punha os pés, erguia a cabecinha bem alto para o ar, e não me cansava de contemplar o azul do Céu estrelado!...

63 Que direi de nossos serões de inverno, mormente dos de Domingo? Ah! como me era agradável, depois do *jogo de damas,* sentar-me com Celina nos joelhos de Papai[10]... Com sua bela voz, entoava canções que enchiam a alma de pensamentos elevados... ou então, embalando-nos de mansinho, recitava poesias inspiradas nas verdades eternas... Depois, subíamos para fazer a oração em comum, e a rainhazinha ficava só ao pé do seu Rei, não precisando senão olhar para ele para saber como rezam os Santos... Afinal, íamos por ordem de idade dar boa-noite a Papai e receber um beijo. A

18v *rainha* vinha naturalmente por última. Para a beijar, o *rei* tomava-a pelos *cotovelos,* e ela exclamava bem alto "Boa-noite, Papai, boa-noite, dorme bem". Todas as noites era a mesma repetição...

Em seguida, minha mãezinha tomava-me nos braços e levava-me à cama de Celina. Então eu dizia: "Paulina, fui boazinha hoje?... Será que os *anjinhos voarão ao meu redor?*" A resposta era sempre que *sim.* Do contrário, passaria a noite toda a chorar... Depois de me beijar, como também o fazia minha querida madrinha, *Paulina* tornava a descer, e a coitada da Teresinha ficava completamente só na escuridão. Por mais que imaginasse *os anjinhos a voarem em derredor,* o pavor logo a dominava, as trevas faziam-lhe medo, porque da cama não divisava as estrelas que cintilavam docemente.

64 Considero verdadeira graça que vós, minha querida Mãe, me acostumastes a vencer meus temores. De vez em quando, mandáveis-me de noite ir buscar sozinha algum objeto num cômodo distante. Se não fora tão bem orientada, teria ficado muito medrosa, ao passo que agora é realmente difícil assustar-me... Ocasiões há em que indago a mim mes-

---

[10] *Maria ou Paulina lia* L'Année Liturgique (de Dom Guéranger); *depois, umas páginas de algum livro que fosse ao mesmo tempo interessante e instrutivo.*

ma como pudestes educar-me com tanto *amor* e delicadeza sem me poupar; pois, a verdade é que não me deixáveis passar nenhuma imperfeição. Nunca me censuráveis sem razão de ser, como também nunca voltáveis atrás depois de haver dado uma ordem. Estava tão ciente disso, que não poderia nem quereria dar um passo, se mo tivésseis proibido. O próprio Papai era obrigado a conformar-se à vossa vontade. Sem o consentimento de *Paulina,* eu não saía a passear, e quando Papai me falava que fosse, respondia: "*Paulina* não o quer". Então punha-se a interceder a meu favor. Algumas vezes, para lhe agradar, *Paulina* dizia que sim. Vendo, porém, pelo semblante, que isso não vinha de bom coração, Teresinha começava a chorar sem admitir consolo, até que *Paulina* dissesse que *sim* e a *abraçasse de bom coração!*

Quando Teresinha ficava doente, o que lhe acontecia todos os invernos[11], não é de se dizer com que maternal solicitude era atendida. Paulina acomodava-a em sua própria cama (privilégio incomparável) e depois dava-lhe tudo o que apetecesse. Um dia Paulina tirou debaixo do travesseiro uma *linda faquinha* que era dela. Quando a deu de presente à sua filhinha, deixou-a tomada de admiração que se não pode descrever: — "Ah! Paulina, exclamou, tu me queres a tal ponto, que por mim te privas de tua linda faquinha, guarnecida com uma *estrela de madrepérola?*... Mas, uma vez que me amas tanto, farias talvez o sacrifício de teu *relógio,* para me impedir de *morrer?*...

— "Não só para impedir que morras daria meu relógio, mas faria logo o sacrifício só para te ver logo curada." Quando escutei as palavras de *Paulina,* meu espanto e minha admiração eram tão grandes, que não consigo externá-los... No verão, sentia algumas vezes ânsia de vômi-

---

[11] "Os resfriados passavam a bronquite. Mais tarde, porém, acabou por completo. No Carmelo, era difícil que ela se resfriasse" (observação da Madre Inês de Jesus).

tos. Paulina cuidava de mim afetuosamente. Com o intuito de me distrair, o que era o melhor dos remédios, fazia-me passear ao redor do jardim no carrinho de mão, depois, fazia-me descer, e no meu lugar colocava um lindo pezinho de margaridas, que *levava a passear* com toda a precaução até ao meu jardim, onde era transplantado com grande solenidade...

66 Era Paulina quem acolhia todas minhas íntimas confidências, que esclarecia todas as minhas dúvidas... Admi-
19v rava-me, certa vez, que no Céu o Bom Deus não dê glória igual a todos os eleitos, e receava que nem todos fossem felizes. Então, Paulina mandou-me que fosse buscar o grande "copo de Papai" e o colocasse a par do meu dedalzinho, e enchesse ambos de água. Em seguida, perguntou-me qual deles estava mais cheio. Disse-lhe que ambos estavam cheios, e que era impossível pôr mais água, acima de sua capacidade. Minha querida Mãe fez-me então compreender que no Céu o Bom Deus dará aos seus eleitos tanta glória, quanta cada qual poderá receber, de sorte que o último nada terá de invejar ao primeiro. Assim, pondo ao alcance de minha compreensão os mais sublimes segredos, sabíeis, minha Mãe, dar à minha alma a nutrição que lhe era necessária...

67 Com que alegria não via chegar, todos os anos, a distribuição de prêmios!... Como sempre, era guardada a *justiça e* só recebia as recompensas que merecesse. Sozinha, de pé no meio da *nobre assembléia,* escutava minha sentença, proferida pelo "Rei de França e Navarra". O coração batia-me muito forte, quando recebia os prêmios e a coroa... Para mim, era como que a imagem do julgamento!... Logo após a distribuição, a Rainhazinha largava o vestido branco, e apressavam-se em fantasiá-la, para tomar parte na *grande representação!...*

Ah! como eram expansivas as festas em família... Vendo então meu querido Rei tão radiante, longe estava eu de prever as provações que deviam visitá-lo!...

Um dia, porém, o Bom Deus mostrou-me, em *visão* realmente extraordinária, uma imagem *viva* da provação, para a qual teve a bondade de preparar-me antecipadamente[12]. Estava Papai de viagem desde alguns dias, e demoraria ainda outros dois antes de voltar. Seriam duas ou três horas da tarde. O sol brilhava com viva luminosidade, e toda a natureza parecia estar em festa. Estava sozinha, à janela de um quarto que dava para o grande jardim. Olhava para frente, com o ânimo entretido em idéias risonhas. Senão quando, enxergo diante da lavanderia, que ficava bem defronte, um senhor em traje absolutamente igual ao de Papai, com o mesmo porte e o mesmo modo de andar, só que era *muito mais curvado*... Encobria-lhe a cabeça uma espécie de avental de cor imprecisa, de sorte que lhe não podia divisar o rosto. Trazia um chapéu semelhante ao de Papai. Eu o vi caminhar com passo regular, beirando meu jardinzinho... No mesmo instante, apoderou-se de minha alma um temor sobrenatural, mas num átimo ponderei que, indubitavelmente, Papai estava de volta, e se escondia para me causar surpresa. Então, chamei bem alto com voz trêmula de emoção: — "Papai, Papai!..." Mas o misterioso personagem parecia não ouvir-me. Continuava seu passo regular, sem virar sequer para trás. Seguindo-o com os olhos, avistei-o quando se dirigia para o arvoredo que cortava em dois o grande caminho do jardim. Contava vê-lo reaparecer no outro lado das grandes árvores, mas a visão profética tinha desvanecido!... Tudo foi obra de um instante apenas, mas gravou-se-me tão viva em meu coração, que no dia de hoje, 15 anos após... a lembrança me está presente, como se a visão ainda continuasse diante de meus olhos...

Maria estava convosco, minha Mãe, num quarto que comunicava com aquele em que me encontrava. Quando me ouviu chamar por Papai, teve um sobressalto, percebendo,

---

[12] A visão — sobrevinha em pleno dia, e não em sonhos — ocorreu no estio de 1878 ou 1880. O Sr. Martin encontrava-se em Alençon, em viagem de negócios.

como me disse depois, que algo de extraordinário devia ter acontecido. Sem me deixar notar sua emoção, correu para junto de mim, e perguntou-me o que me levava a chamar por Papai, estando ele em Alençon. Contei-lhe então o que acabava de ver. Para me tranqüilizar, disse-me Maria que sem dúvida seria Vitória que, querendo amedrontar-me, escondera a cabeça com o avental. Interpelada, porém, Vitória assegurou que não saíra da cozinha. De mais a mais, estava bem certa de que vira um senhor, e que esse homem tinha a aparência de Papai. Então fomos, todas as três, ao lado detrás do arvoredo. Como, no entanto, não encontramos nenhuma pista que indicasse a passagem de alguém, dissestes-me que não pensasse mais nisso...

Não estava em mim deixar de pensar nisso. Por muitas vezes, minha imaginação me representava a misteriosa cena que presenciara. Muitas vezes procurei levantar o véu que me encobria o sentido, porque no fundo do coração guardava a íntima convicção de que a visão tinha um sentido que um dia seria revelado... Esse dia tardou muito tempo, mas depois de 14 anos o próprio Bom Deus rasgou o véu misterioso.

Estando um dia de licença com a Irmã Maria do Sagrado Coração[13], falávamos como sempre de assuntos da outra vida e de nossas recordações de infância, quando me ocorreu lembrar-lhe a visão que tivera na idade de 6 a 7 anos. De súbito, recordando os pormenores da cena extraordinária, tivemos simultaneamente a compreensão do que significava... Era realmente o *Papai* que eu tinha visto, a caminhar, curvado pela idade... Era ele mesmo, que no venerando semblante e na cabeça encanecida trazia a marca de sua *gloriosa* provação[14]... Como a Face Adorável de Jesus este-

---

[13] Segundo um costume então vigente no Carmelo, tinham as religiosas "licença" de conversarem em particular, umas com as outras, na ocorrência de determinados dias de festa.

[14] Paralisia que perturbará as faculdades mentais do Sr. Martin nos cinco últimos anos de vida, e tornará necessária internação em hospital psiquiátrico. Cf. o cap. VII.

ve velada durante a Paixão, assim também a face de seu fiel servidor devia ficar velada nos dias de suas dores, a fim de que pudesse refulgir na Pátria Celeste junto a seu Senhor, o Verbo Eterno!... Do meio dessa glória inefável, quando já reinava no Céu, nosso querido Pai obteve-nos a graça de compreendermos a visão que sua rainhazinha tivera, numa idade em que não se teme uma ilusão. Foi em meio à sua glória que nos alcançou a doce consolação de compreendermos que, 10 anos antes de nossa grande provação, o Bom Deus já no-la dava a conhecer, à semelhança de um pai que deixa seus filhos entreverem o glorioso porvir que lhes prepara, comprazendo-se em avaliar de antemão as inapreciáveis riquezas que constituirão sua herança...

Ah! por que foi a mim que o Bom Deus comunicou tal iluminação? Por que mostrou, a criança tão pequena, uma coisa que não podia compreender: coisa que, se fosse por ela compreendida, viria a matá-la de dor, por quê?... Aqui está um dos mistérios que, sem dúvida, compreenderemos no Céu, e será objeto de nossa eterna admiração!...

Como o Bom Deus é bom!... Envia as provações na medida de nossas forças. Nunca, como acabo de afirmá-lo, poderia suportar a própria idéia dos amargos sofrimentos que o futuro me reservava... Sem frêmito não conseguia sequer pensar em que o Papai podia morrer... Certa vez subira ele ao topo de uma escada e como me encontrava justamente por debaixo, gritou-me: "Arreda-te, *filhinha,* se despencar, esmago-te". Ao ouvir isso, tive uma reação interior. Em vez de afastar-me, apoiei-me contra a escada, pensando comigo: "Pelo menos, se o Papai cair, não terei a dor de vê-lo morrer, pois morrerei com ele". Não consigo externar quanto amava Papai. Tudo nele me causava admiração. Quando me explicava suas idéias (como se fora menina crescida), dizia-lhe com sinceridade que, por certo, se falasse tudo isso aos grandes homens do governo, toma-lo-iam para o constituir *Rei,* e que então a França seria feliz como nunca o fora antes... No fundo, porém, alegrava-me (e disso me inculpava como de um pensamento egoísta) por não haver ninguém senão eu que *conheça bem* Papai. Pois, se viesse a ser *Rei de França e de Navarra,* sabia que se daria por infeliz, porque tal é a sorte de todos os monarcas, e sobretudo porque já não seria o meu Rei, só para mim!...

73   Tinha eu seis ou sete anos, quando Papai nos levou a Trouville[15]. Jamais esquecerei a impressão que o mar me causou. Não podia impedir-me de contemplá-lo sem interrupção. Sua majestade, o bramir das ondas, tudo me falava à alma a respeito da Grandeza e do Poder do Bom Deus. Recordo-me de que, no passeio que fazíamos pela praia, um senhor e uma senhora, como me vissem a correr alegre em redor do Papai, aproximaram-se e perguntaram-lhe *se eu era dele,* dizendo que era uma menininha muito graciosa. Respondeu-lhes Papai que sim, mas notei que lhes deu sinal para não me fazerem elogios... Era pela primeira vez que ouvi falar que era graciosa. Isto me deixou bem contente, pois não supunha que o fosse. Vós tomáveis, minha querida Mãe, tanta precaução em não permitir, junto a mim, nada que pudesse comprometer minha inocência, principalmente em não me deixar ouvir alguma palavra que insinuasse vaidade em meu coração. Como só dava atenção às vossas palavras e às de Maria (e de vossa parte nunca me dirigistes um único elogio), não liguei muita importância às palavras e aos olhares admirados daquela senhora.

22   Ao entardecer, à hora que o sol parece banhar-se na imensidão das ondas, deixando atrás de si um sulco *luminoso,* ia sentar-me sozinha com *Paulina* no rochedo... Então, acudia-me à lembrança a comovente história do *"Sulco de ouro"*[16]! Fiquei a contemplar longamente a esteira luminosa, imagem da graça a clarear a rota do barquinho de graciosa vela branca... Junto a Paulina, tomei a resolução

---

[15] 8 de agosto de 1878; na realidade, Teresa tinha cinco anos e oito meses.
[16] A história faz parte de uma série de leituras: *La Tirelire aux histoires,* da Sra. Luísa S. W. Belloc. — Tal meditação porém, não foi feita a 8 de agosto de 1878, mas por ocasião de outro passeio (1879-1881).

de nunca distanciar minha alma do olhar de Jesus, a fim de que navegue tranqüila em direção da Pátria dos Céus!...
    Minha vida deslizava quieta e feliz. A afeição de que era cercada nos *Buissonnets,* fazia-me crescer, por assim dizer, mas não havia dúvida de que já era bem desenvolvida, para começar a conhecer o mundo e as misérias de que anda cheio...

Capítulo III
ANOS DOLOROSOS
(1881 - 1883)

Aluna da Abadia, - Folguedos, - Chorosa ao extremo, - Primeira comunhão de Celina, - Paulina ia separar-se de mim, - Curiosa enfermidade, - Tomada de hábito de Paulina, - Titio e Titia, - A Santíssima Virgem sorriu-me, - O que sofri.

74 Tinha meus oito anos e meio quando Leônia deixou o internato, e tomei o lugar dela na Abadia[1]. Ouvi dizer, muitas vezes, que o tempo passado em colégio é o melhor e o mais doce da vida. Para mim, não foi assim. Os cinco anos que ali passei foram os mais tristonhos da minha vida. Não tivesse comigo minha querida Celina, ali não poderia ter ficado um mês sequer, sem cair doente... A pobre florzinha estava habituada a lançar suas débeis raízes em *terra escolhida,* feita expressamente para ela. Parecia-lhe, também, muito desagradável viver entre flores de toda espécie, com raízes às vezes um tanto grosseiras, e ver-se na obrigação de procurar em *terra comum* a seiva necessária para sua subsistência!...

Vós, porém, me instruístes tão bem, minha querida Mãe,
75 que chegando ao colégio era a mais adiantada das crianças
22v de minha idade. Entrei em classe de alunas maiores do que eu. Uma delas, com seus 13 a 14 anos, era pouco inteligente, mas sabia, contudo, impor-se às colegas e às próprias mestras. Vendo que eu, tão pequenina, era quase sempre a primeira da classe e estimada de todas as religiosas, sentiu por certo inveja, coisa muito perdoável em aluna interna, e fez-me pagar de mil modos os meus pequenos sucessos...

---

[1] Pensionato mantido pelas Monjas Beneditinas, estabelecido desde o século XVI, junto à Abadia de Notre-Dame-du-Pré, em Lisieux.

Com minha índole tímida e delicada, não sabia como defender-me e limitava-me a chorar sem dizer nada, não me queixando, *nem sequer a vós,* daquilo que padecia. Não tinha, contudo, bastante virtude para me sobrepor a tais misérias da vida, e meu pobre coraçãozinho sofria deveras. ... Por sorte minha, todas as tardes retornava ao lar paterno, e então meu coração expandia-se. Pulava aos joelhos do meu Rei, a quem dizia as notas que tinha recebido, e o seu beijo fazia-me esquecer todas as minhas mágoas... Com que alvoroço não anunciei o resultado de minha *primeira composição* (composição de História Sagrada). Faltou-me *um só ponto* para a nota máxima, pois não soubera o nome do pai de Moisés. Era, portanto, a primeira, e tirei uma bela condecoração de prata. Papai deu-me em recompensa uma *linda moedinha* de quatro soldos. Coloquei-a num estojo que ficou destinado a receber nova moeda, sempre da mesma importância, quase toda a quinta-feira... (Do mesmo estojo ia tirar, quando em algumas festas queria contribuir do meu bolso na coleta de esmolas, quer para a propagação da fé, quer para outras obras semelhantes.) Encantada com o bom êxito de sua aluninha, *Paulina* deu-lhe de presente um lindo arco de brincar, com o fito de encorajá-la a continuar bem estudiosa. A pobrezinha tinha real necessidade das alegrias de família, sem as quais a vida de colégio lhe seria árdua demais.

Quinta-feira de tarde não havia aulas. Não era, porém, como as *folgas dadas por Paulina.* Não ficava no mirante com Papai. Tinha que brincar, não com minha *Celina, o que* me agradava, quando sozinha com ela, mas em companhia de minhas priminhas e das meninas Maudelonde[2]. Era para mim verdadeira mortificação, pois não sabia brincar, como as demais crianças. Não era companheira agradável.

---

[2] Primas irmãs de Joana e Maria Guérin. A Sra. Maudelonde (1843-1926), irmã da Sra. Guérin, tinha dois filhos e três filhas: Margarida Maria, Celina e Helena.

No entanto, sem o conseguir, fazia todo o meu possível para imitar as outras. Sentia muito tédio, principalmente quando tinha que passar toda a tarde a *dançar quadrilhas.* A única coisa do meu gosto era ir ao *Jardim da Estrela.* Tomava, então, a dianteira em toda a parte, a colher flores em profusão, e, por saber descobrir as melhores, provocava a inveja de minhas coleguinhas...

77 O que também me agradava era ficar por acaso a sós com Mariazinha. Por já não contar com Celina Maudelonde que a levava a *jogos ordinários,* deixava-me livre escolha, e eu escolhia então um jogo inteiramente novo. Maria e Teresa davam-se ares de dois *anacoretas,* que não dispunham senão de uma mísera choupana, de um pequeno trigal, e de alguns legumes para cultivar. A vida deles decorria numa contemplação contínua, isto é, um dos *anacoretas* substituía o outro na oração, quando era preciso ocupar-se com a vida ativa. Tudo se fazia num acordo, num silêncio, em moldes tão religiosos, que era perfeito. Quando Titia vinha

23v buscar-nos a passeio, nosso jogo continuava até na rua. Os dois anacoretas recitavam juntos o terço, valendo-se dos dedos, a fim de não exibir sua devoção ao público indiscreto. Um dia, entretanto, o mais novo dos anacoretas descuidou-se. Tendo recebido um bolo para a merenda, traçou rasgado sinal-da-cruz antes de comê-lo, o que provocou o riso de todos os profanos do século...

78 Maria e eu tínhamos sempre os mesmos palpites. Os próprios gostos afinavam-se tão harmoniosamente que, certa vez, nossa *união de vontades* passou da conta. Ao voltarmos uma tarde da Abadia, disse à Maria: "Conduze-me, que vou fechar os olhos". — "Eu também quero fechá-los", respondeu-me. Dito e feito. Sem *discutir,* cada qual pôs em obra sua *vontade...* Estávamos na calçada, não havia o que temer dos veículos. Depois de agradável caminhada de alguns minutos, tendo apreciado o gozo de andar sem ver, as duas estouvadinhas tombaram *juntas* por cima de umas caixas colocadas à porta de uma loja, por outra, derrubaram-nas. Muito encolerizado, saiu o negociante para levantar a mercadoria. As duas cegas voluntárias se levantaram por si mesmas em boas condições, e corriam a *passos largos,* com *olhos arregalados,* enquanto ouviam as justas reprimendas de Joana, que ficara tão zangada quanto o negociante!... Por isso, para nos punir, resolveu separar-nos uma da outra. E daquele dia em diante Maria e Celina iam juntas, enquanto eu caminhava com Joana. Isto pôs um termo à nossa demasiada *união de vontades.* Não foi um mal para as mais velhas, que nunca entravam em acordo e discutiam durante todo o trajeto. Desta forma a paz foi completa.

Nada disse ainda a respeito de minhas íntimas relações com Celina. Oh! se fosse mister narrar tudo, não poderia chegar ao fim...

Em Lisieux, inverteram-se os papéis. Celina tornara-se uma criança terrivelmente arteira e boliçosa, enquanto Teresa já não passava de uma menininha muito tratável, mas *chorona* a mais não poder... Isto não impedia que Celina e Teresa crescessem cada vez mais em sua mútua afeição. De vez em quando, havia algumas pequenas discussões, sem maiores conseqüências, e no fundo elas sempre se entendiam. Posso dizer que minha querida maninha *jamais* me causou *desgosto,* mas foi para comigo como que um raio de sol, sempre a alegrar-me e a consolar-me... Quem descreverá a intrepidez com que tomava minha defesa na Abadia, quando me acusavam?... Tão grande era seu cuidado pela minha saúde, que por vezes me importunava. O que não me enfadava era *observá-la,* quando *brincava.* Punha em certa ordem o grupo de nossas bonequinhas, e dava-lhes aula como uma mestra competente. Só que dava um jeito de serem suas filhas sempre bem comportadas, enquanto que as minhas eram, muitas vezes, expulsas da classe, por mau comportamento... Falava-me de todas as coisas novas que vinha aprendendo na classe, o que muito me entretinha, considerando-a um poço de ciência.

Haviam-me apelidado "filhinha de Celina". Por isso, quando ela estava descontente comigo, seu maior sinal de aborrecimento era declarar-me: "Já não és minha filhinha. Acabou-se. *Disso nunca esquecerei...*" Então só me restava chorar como Madalena, suplicando-lhe ainda me considerasse sua filhinha. Logo me abraçava e prometia-me de já *não se lembrar de nada...* Para me consolar, tomava uma de suas bonecas e dizia-lhe: "Minha querida, dá um abraço em tua tia". Certa ocasião, a boneca foi tão ardorosa em abraçar-me com carinho, que me enfiou os dois bracinhos pelo *nariz...* Celina, que não o fizera de caso pensado, olhava estupefata... para mim que estava com a boneca suspensa no nariz. A *tia* não levou muito tempo em se desfazer dos abraços por demais carinhosos de sua *sobrinha,* e desatou a rir, gostosamente, de tão singular aventura.

O mais divertido era ver-nos comprar juntas nossos presentes no bazar. Cuidávamos de ficar escondidas uma da outra. Dispondo de 10 soldos para gastar, precisávamos pelo menos de 5 ou 6 objetos diferentes, e tratava-se de ver quem compraria *as coisas mais bonitas.* Encantadas com nossas aquisições, aguardávamos com impaciência o primeiro dia do ano, a fim de oferecermos, uma à outra, nossos grandiosos presentes. Quem acordasse antes da outra, apressava-se em lhe desejar feliz ano novo, e logo nos dávamos uma à outra os *presentes de boas-festas.* Cada qual de nós ficava extasiada com as *preciosidades* que se vendiam por 10 soldos!...

Estes mimos nos causavam quase tanto prazer quanto *os lindos presentes de boas-festas* que vinham de Titio. Isto, aliás, era apenas o começo das alegrias. Naquele dia, vestíamo-nos num instante, e cada qual se punha à espreita para saltar ao pescoço de Papai. Logo que ele saísse do quarto, eram gritos de alegria por toda a casa, e nosso bom Paizinho mostrava-se feliz por nos ver tão contentes... Os presentes de boas festas que Maria e Paulina davam às suas filhinhas, não eram de grande valor, mas também lhes proporcionavam *grande alegria*... Oh! naquela idade não éramos *indiferentes*. Nossa alma expandia-se em toda a sua frescura, como uma flor que é feliz por receber o orvalho da manhã... a mesma aragem fazia balançar nossas corolas, e o que para uma fosse motivo de alegria ou de mágoa, sê-lo-ia ao mesmo tempo também para a outra. Com efeito, nossas alegrias eram em comum. Bem o percebi no belo dia da primeira comunhão de minha querida Celina. Só tendo sete anos, ainda não freqüentava a Abadia, mas conservei no coração a gratíssima lembrança da preparação que vós, minha querida Mãe, proporcionastes à Celina. Todas as tardes, vós a tomáveis sobre os joelhos, e com ela conversáveis sobre o grande ato que ia realizar. Eu cá escutava, muito desejosa de preparar-me também, mas freqüentemente me dizíeis que fosse embora, por ser ainda muito pequena. Sentia então um desgosto muito grande, pensando comigo que quatro anos não eram demais como preparação para receber o Bom Deus...

Uma tarde, escutei-vos falar que, feita a primeira comunhão, se devia começar vida nova. Resolvi, imediatamente, a não esperar por esse dia, mas começá-la ao mesmo tempo que Celina... Jamais senti quanto a amava, como vim a senti-lo durante seu retiro de três dias. Pela primeira vez na vida estava longe dela e não dormia em sua cama... No primeiro dia, esquecida de que não ia voltar, guardei um galhinho de cerejas para as comer com ela. Quando percebi que não chegava, fiquei muito pesarosa. Papai consolou-me com a declaração de que no dia seguinte me levaria até à Abadia para visitar minha Celina, e que eu lhe daria outro galho de cerejas!...

O dia da primeira comunhão de Celina deixou-me uma impressão semelhante à que tive na minha própria. Ao despertar de manhã, sozinha, na cama grande, senti-me *inundada de alegria*. "É hoje!... Chegou o grande dia..." Não me cansava de repetir estas palavras. Parecia-me que era eu quem ia fazer minha primeira comunhão. Creio ter recebido grandes graças nesse dia, e considero-o como um dos mais *belos* de minha vida...

82 Retrocedi um pouco no assunto para reavivar esta deliciosa e carinhosa reminiscência. Devo, agora, falar da dolorosa provação que veio partir o coração de Teresinha, quando Jesus lhe arrebatou a querida *mamãe,* a sua *Paulina,* tão afetuosamente amada!...
Um dia dissera à Paulina que queria ser anacoreta, partir com ela para um deserto longínquo. Deu-me por resposta que meu desejo era também o seu, e que *esperaria* até que eu fosse bastante grande para a partida. Isto, sem dúvida, não fora dito seriamente, mas Teresinha tinha-o levado a sério. Por conseguinte, qual não foi sua dor ao ouvir, um dia, sua querida Paulina falar com Maria de sua próxima entrada no Carmelo... Não sabia o que era Carmelo, mas entendia que Paulina me deixaria para entrar num convento. Entendia que não *esperaria por mim,* e que eu perderia minha segunda *Mãe!...* Oh! Como descrever a angústia do meu coração?... Compreendi num instante o que era a vida. Até ali não a tinha visto tão tristonha, mas então se me deparou em toda a sua realidade. Vi que não era senão sofrimento e separação contínua. Derramei lágrimas bem amargas, pois ainda não compreendia o *gozo* do sacrifício. Era *fraca, tão fraca,* que tomo por grande graça ter podido suportar uma provação que parecia colocar-se muito acima de minhas forças... Se ficasse sabendo, aos poucos, da partida de minha querida Paulina, talvez meu sofrimento não

26 fora tanto. Mas, tê-lo sabido de surpresa foi como se uma espada se me cravasse no coração...

83 Sempre me lembrarei, minha querida Mãe, com que ternura me consolastes... Depois, explicastes-me a vida do Carmelo, a qual se me afigurou muito bonita! Ao repassar pelo espírito tudo quanto me falastes, senti dentro de mim ser o Carmelo o *deserto onde o* Bom Deus queria que fosse também esconder-me. Senti-o com tanta veemência que não tive a mínima dúvida no coração. Não era um devaneio de

criança que se deixa levar, mas a *certeza* de um chamado divino. Queria eu ir para o Carmelo, não por causa de *Paulina,* mas por *Jesus tão somente...* Pensei *muitas* coisas que se não podem exprimir por palavras, mas que me deixaram grande paz na alma...

No dia seguinte, confiei meu segredo à Paulina. Tomando meus desejos como vontade do Céu, disse-me que eu iria logo com ela visitar a Madre Priora do Carmelo, e precisava dizer-lhe o que o Bom Deus me fazia sentir... Escolheu-se um domingo para a solene visita. Grande foi meu acanhamento, ao saber que Maria G.[3] ficaria junto a mim, por ser eu muito pequena para visitar as Carmelitas. Entretanto, precisava descobrir um meio de estar sozinha. Eis a idéia que me ocorreu. Disse à Maria que, tendo o privilégio de visitar a Madre Priora, devíamos ser muito atenciosas e delicadas. Por isso, tínhamos de confiar-lhe nossos *segredos.* Portanto, cada qual, por sua vez, sairia um instante e deixaria a outra sozinha. Maria acreditou no que eu dizia, e apesar de sua repugnância em confiar *segredos que não possuía,* permanecemos, uma após outra, sozinha junto à nossa Madre. Tendo ouvido minhas *grandes confidências,* Madre Maria de Gonzaga acreditou em minha vocação. Declarou-me, todavia, que não eram recebidas postulantes de *nove anos,* e seria preciso aguardar meus dezesseis anos... Resignei-me, não obstante meu vivo desejo de entrar o mais cedo possível, e de fazer minha primeira comunhão no dia que Paulina tomasse o hábito... No mesmo dia, pela segunda vez, recebi louvores. Tinha vindo ver-me a Irmã Teresa de Santo Agostinho e não cansava de repetir que eu era engraçadinha... Minha intenção não era ir ao Carmelo para receber elogios, razão por que, após o locutório, não parava de repetir ao Bom Deus que era *única e exclusivamente por Ele* que queria ser carmelita.

26v

---

[3] Maria Guérin entrou no Carmelo a 15 de agosto de 1895 e ali tomou o nome de Irmã Maria da Eucaristia.

84 Aproveitei bem da minha querida Paulina durante as poucas semanas que ainda continuava no mundo. Todos os dias, Celina e eu comprávamos para ela bolo e bombons, pensando que dentro em pouco já não os comeria. Estávamos sempre ao seu lado, e não lhe dávamos um minuto de sossego. Chegou, afinal, o *dia 2 de outubro*, dia de lágrimas e de bênçãos, quando Jesus colheu a primeira de suas flores, que devia ser a *mãe* daquelas que poucos anos depois viriam unir-se de novo a ela.
Vejo ainda o lugar, onde recebi o derradeiro beijo de *Paulina*. Em seguida, Titia levou-nos todas para a missa, enquanto Papai subia a montanha do Carmelo para oferecer seu *primeiro sacrifício*... Toda a família se debulhava em lágrimas, de sorte que as pessoas, vendo-nos entrar na igreja, olhavam admiradas para nós, mas isto pouco se me dava e não me impedia de chorar. Creio que, se tudo desmoronasse em redor de mim, não teria tomado nenhum conhecimento. Contemplava o belo céu azul, e ficava surpresa de

27 que o Sol luzisse com tanto esplendor, enquanto minha alma estava inundada de tristeza!... Pensais talvez minha querida Mãe, que exagero a aflição que estava sentindo?... Levo em conta que não podia ser lá muito grande, pois tinha a esperança de encontrar-vos novamente no Carmelo, mas é que minha alma estava LONGE da *maturidade*. Por muitos cadinhos devia eu passar até atingir o termo que tanto almejava...

85 Dois de outubro era o dia fixado para a reabertura de aulas na Abadia. Por isso precisei ir para lá, não obstante minha tristeza... Pela tarde veio Titia buscar-nos para irmos ao Carmelo, e vi minha *querida Paulina* atrás das *grades*... Oh! como sofri *nessa visita* ao Carmelo! Já que escrevo a história de minha alma, tenho a obrigação de dizer tudo à minha querida Mãe. Confesso que os sofrimentos anteriores à sua entrada não eram nada em comparação com os que lhe sucederam... Cada quinta-feira, íamos *toda a família* ao Carmelo, e eu, habituada que era a entreter-me com *Paulina,* de coração a coração, conseguia a muito custo dois ou três minutos ao terminar a visita. Entende-se que os passasse a chorar, e me fosse embora com o coração partido... Não compreendia que, por atenção à Titia, preferíeis dirigir a palavra à Joana e à Maria, em vez de falar com vossas filhinhas... Não o percebia, e no fundo do coração punha-me a dizer: "Paulina está perdida para mim!!!" É surpreendente ver como meu espírito se abriu no meio do sofrimento. Abriu-se a tal ponto que não tardei em cair doente.

A doença que me atingira provinha certamente do demônio. Furioso com vossa entrada no Carmelo, quis desforrar-se contra mim do grande dano que nossa família lhe infligiria para o futuro, mas não sabia que a carinhosa Rainha do Céu velava por sua débil florzinha e lhe *sorria* do alto de seu trono, dispondo-se a deter a tempestade no momento que sua flor poderia quebrar-se irremediavelmente...

Pelo fim do ano, fui acometida de contínua dor de cabeça, que quase não me fazia sofrer. Estava em condições de continuar os estudos, e ninguém se preocupava por minha causa. Assim ficou a situação até a Páscoa de 1883. Tendo Papai ido a Paris com Maria e Leônia, Titia levou-me com Celina para sua casa. Certa noite, Titio que ficara comigo, falou-me de Mamãe, de recordações antigas, de uma maneira tão bondosa, que profundamente me comoveu e fez chorar. Disse-me, então, que eu tinha um coração demasiado sensível e necessitava de muita distração. E, com Titia, resolveu proporcionar-nos folguedos nos feriados de Páscoa.

Naquela noite, devíamos ir ao Círculo Católico. Achando, porém, que estava muito cansada, Titia fez-me deitar. Ao trocar de roupa, fui sacudida por estranho tremor. Crendo que eu estava com frio, Titia rodeou-me de cobertores e botijas com água quente. Nada, entretanto, fazia reduzir minha agitação, que durou quase a noite inteira.

Ao regressar do Círculo Católico, com minhas primas e Celina, Titio ficou muito surpreso de encontrar-me em tal estado. Tinha-o por muito grave, mas não o quis declarar, para que Titia se não sobressaltasse. No dia seguinte, mandou chamar o Dr. Notta que achou, como Titio, estar eu com doença muito grave, da qual nunca fora atingida criança tão nova. Todo o mundo ficou consternado. Minha Tia viu-se obrigada a conservar-me em sua casa, e cuidou de mim com um desvelo verdadeiramente *maternal*. Quando Papai voltou de Paris com minhas irmãs maiores, Amada[4] recebeu-os com um ar tão desconsolado, que Maria pensou que eu tivesse morrido. A doença, porém, não era ainda de morrer. Era, antes, como a de Lázaro, para a glorificação de Deus[5]. De fato, Ele o foi, graças à admirável resignação do meu pobre *Paizinho,* que pensava que *"sua filhinha ficaria louca, ou então morreria".* Ele o foi, outrossim, graças à [resignação] de Maria!... Oh! quanto não sofreu por minha causa... Como lhe sou reconhecida pelos cuidados que com tão grande desprendimento me prodigalizou... O coração ditava-lhe o que me era necessário. Na verdade, *o coração de mãe* é muito mais *sagaz* do que o de um médico. Sabe *adivinhar* o que convém na doença da filha.

87   A coitada da Maria teve de acomodar-se em casa do meu Tio, por não haver então possibilidade de me transportarem aos Buissounets. Aproximava-se, entretanto, a tomada de hábito de Paulina[6]. Diante de mim, evitavam de falar a respeito, sabendo do desgosto que teria em não poder assistir, mas era eu quem muitas vezes tocava no assunto, quando dizia que estaria bastante melhor para visitar minha querida Paulina.

    Realmente, o Bom Deus não quis privar-me dessa consolação. Quis antes consolar sua querida *Desposada* que tanto sofrera com a doença de sua filhinha... Notei que, no dia dos desposórios, Jesus não quer submeter suas filhas a

---

[4] Amada (Aimée) Roger, cozinheira da família Guérin.
[5] Cf. Jo 11,4.
[6] Ia realizar-se a 6 de abril de 1883.

provações. Deve a festa correr sem contratempos, como antegozo das alegrias do Paraíso. Disso, não deu Ele prova já cinco vezes?[7]... Pude, por conseguinte, *abraçar* minha Mãe querida, *sentar-me* em seus joelhos, e cobri-la de afagos... Pude contemplá-la, tão encantadora, em seu branco ornato de noiva... Oh! foi um *dia radiante,* de permeio em minha sombria provação, mas o dia passou com presteza... Tive logo de tomar a carruagem que dali me levou, bem longe de Paulina... bem longe do meu amado Carmelo[8]. Depois de chegarmos aos Buissonnets, fizeram-me deitar, contra a minha vontade, pois eu assegurava estar perfeitamente curada e já não precisar de tratamento. Ainda mal, não me encontrava senão no começo de minha provação!... No dia seguinte, tive uma recaída, e a doença agravou-se de tal maneira, que, por cálculos humanos, eu já não podia sarar... Não sei como descrever doença tão estranha. Persuadi-me agora de ser obra do demônio. Mas, bastante tempo depois da cura, acreditava ter ficado doente a propósito, o que constituía *verdadeiro martírio* para minha alma...

Falei disso com Maria que me tranqüilizou o mais que podia, com sua *bondade* de sempre. Falei disso também em confissão, e meu confessor tentou acalmar-me, alegando que não era possível fingir estado de doença ao ponto em que ficara. O Bom Deus que indubitavelmente queria purificar-me, e antes de tudo *humilhar-me,* deixou comigo tal *martírio íntimo* até minha entrada para o Carmelo, onde *o Pai* de nossas almas[9] me tirou, como que com a mão, todas as minhas dúvidas, e desde então ando perfeitamente tranqüila.

Não é de surpreender que receasse ter-me aparentado doente, sem o ser na realidade? Pois, dizia e fazia coisas em que nem pensava, quase sempre parecia estar em delírio, a

---

[7] Alusão às tomadas de hábito de suas quatro irmãs e à sua própria.
[8] Quando voltou do Carmelo, foi levada de novo aos Buissonnets, e não à casa do Sr. Guérin, onde caíra doente.
[9] Padre Almir Pichon S.J. (1843-1919).

proferir palavras incoerentes. Apesar disso, *tenho a certeza de não ter ficado, um instante sequer, privada do uso da razão*... Muitas vezes parecia estar desmaiada, e não fazia o mínimo movimento. Então, deixaria fazer de mim o que quisessem, até que me matassem. Não obstante, escutava tudo o que se dizia ao meu redor, e ainda me lembro de tudo...

Certa vez, aconteceu-me ficar por muito tempo sem poder abrir os olhos, e abri-los por um instante, quando estava sozinha...

29
90 Creio que o demônio recebera um poder *exterior* sobre mim, mas não podia acercar-se de minha alma nem de meu espírito, senão para me inspirar enormes *receios* de certas coisas[10], por exemplo, de remédios muito simples, que em vão se esforçavam por me fazer tomar. No entanto, se o Bom Deus permitia ao demônio achegar-se a mim, também me enviava anjos visíveis... Maria ficava sempre junto à minha cama, cuidava de mim e consolava-me com a afeição de mãe. Jamais externou o menor enfado, e eu, todavia, lhe dava muito incômodo, não admitindo que se arredasse de mim. No entanto, ela tinha a justa necessidade de ir tomar refeição com Papai, mas eu não parava de chamar por ela todo o tempo de sua ausência. Vitória, que me fazia guarda, era por vezes obrigada a ir chamar minha querida "Mamã", como eu a chamava. Se Maria quisesse sair, havia de ser para ir à missa, ou visitar *Paulina*. Então, eu não falava nada...

91 Meu Tio e minha Tia eram igualmente muito bons para comigo. Minha boa querida Titia vinha visitar-me *todos os dias,* e trazia-me uma infinidade de agrados. Vinham também visitar-me outras pessoas, amigas da família. Eu, porém, suplicava à Maria lhes dissesse que não queria rece-

---

[10] *Sentia medo de tudo, absolutamente. Minha cama parecia-me cercada de medonhos precipícios. Alguns pregos, fixados nas paredes do quarto, assumiam aos meus olhos a feição assustadora de grandes dedos pretos, carbonizados, e faziam-me soltar gritos de pavor. Um dia, estando papai a olhar silencioso para mim, o chapéu que segurava entre as mãos transformou-se de repente em não sei qual forma de fantasma e dei mostras de tão grande pavor, que o pobre do meu pai saiu dali a soluçar.*

ber visitas. Não me era agradável *"ver, em redor de minha cama, pessoas sentadas,* ENFILEIRADAS, *a olharem para mim como se fosse um bicho raro"*. A única visita que me dava prazer era a do Titio e da Titia.

— Depois da doença, não poderia precisar quanto minha afeição por eles aumentou. Mais do que nunca, compreendi melhor que, para nós, não se tratava de parentes comuns. Oh! o pobre de nosso Paizinho tinha muita razão em nos repetir, de vez em quando, as palavras que acabo de escrever. Mais tarde, teve prova de que não se enganara, e agora deve por certo proteger e bendizer os que lhe tributaram tão abnegadas atenções... Quanto a mim, como estou ainda no exílio, e não posso demonstrar meu reconhecimento, só disponho de um único meio para aliviar meu coração: rezar pelos parentes que estremeço, e que foram e ainda são tão bondosos para comigo!

Leônia também usava de muita bondade para comigo. Tentava distrair-me do melhor modo ao seu alcance. Eu é que algumas vezes a magoava, pois ela bem via que, junto a mim, Maria era insubstituível...

E que não fazia minha querida Celina por sua Teresa?... Em dia de domingo, em vez de sair a passeio, vinha fechar-se horas inteiras dentro de casa, ao pé de uma pobre menininha que tinha a aparência de idiota. Realmente, precisava haver amor para que se não esquivassem de mim... Ah! minhas queridas maninhas, quanto não vos fiz padecer!... Ninguém, mais do que eu, vos causou tanto sofrimento, e ninguém recebeu tanto *amor,* quanto vós me prodigalizastes... Por sorte, terei o Céu para me vingar. Muito rico é meu Esposo, e de seus tesouros de amor tirarei para vos retribuir, ao cêntuplo, tudo quanto sofrestes por minha causa...

Na doença, meu maior consolo era receber carta de *Paulina...* Eu a lia, tornava a ler, até sabê-la de cor... Certa vez, minha querida Mãe, enviastes-me uma ampulheta e uma das minhas bonecas vestida de carmelita. Dar uma idéia de minha alegria é algo de impossível... Titio não ficou satisfeito, dizendo que, em vez de me fazerem lembrar do Carmelo, seria preciso mantê-lo longe do meu espírito. Mas eu sentia, pelo contrário, que a esperança de ser um dia carmelita, me alentava viver... Meu gosto era trabalhar para Paulina. Fazia-lhe pequenos trabalhos de papel brístol, e minha maior ocupação era tecer grinaldas de boninas e miosótis para a Santíssima Virgem. Estávamos no belo mês de maio. Toda a natureza se guarnecia de flores e trescalava de alegria. Só a *"florzinha"* enlanguescia e parecia murchar para sempre...

Entretanto, tinha junto a si um Sol. Esse Sol era a *estátua milagrosa* da Santíssima Virgem que, por duas vezes, tinha falado à Mamãe[11]. Amiúde, sim, bem amiúde, a florzinha pendia sua corola em direção do Astro bendito... Certo dia, vi quando Papai entrou no quarto de Maria, onde eu estava acamada. Deu-lhe, com expressão de grande tristeza, várias moedas de ouro, dizendo-lhe escrevesse para Paris, mandando celebrar missas em honra de Nossa Senhora das Vitórias, para curar sua pobre filhinha. Oh! como me comoveu ver a fé e o amor do meu querido Rei! Queria poder dizer-lhe que estava curada, mas já eram demais as falsas alegrias que lhe tinha preparado. Não eram, pois, meus desejos que poderiam produzir *milagre,* e para minha cura se fazia mister um milagre... Era preciso um *milagre,* e foi Nossa Senhora das Vitórias que o fez. Num domingo[12] (durante a novena de missas), Maria saiu para o jardim, e deixou-me com Leônia, que lia perto da janela. Ao cabo de

---

[11] "Houve equívoco por parte dela, foi só uma vez. Após a morte de nossa irmãzinha Helena, Mamãe preocupava-se com a lembrança de leve mentira que a criança tinha pronunciado. Encontrava-se pois em oração diante da estátua da Virgem, com remorso de a não ter levado a confessar-se com receio de que estivesse no purgatório, quando escutou as palavras: *'Ela está aqui, ao meu lado...'*" (Observação da Madre Inês de Jesus.)

[12] Dia de Pentecostes, 13 de maio de 1883.

alguns minutos, pus-me a chamar quase que à surdina: "Mamã... Mamã". Habituada a ouvir-me sempre chamar assim, Leônia não me deu atenção. Isso durou muito tempo. Então chamei mais forte, e por fim Maria voltou. Vi perfeitamente quando entrou, mas não conseguia dizer que a reconhecia, continuando a chamar cada vez mais forte: "Mamã..." *Padecia muito* com a luta violenta e inexplicável, e Maria talvez sofresse mais do que eu. Após baldados esforços para me mostrar que estava junto a mim[13], pôs-se de joelhos perto de minha cama, com Leônia e Celina. Voltando-se depois para a Santíssima Virgem, e rezando-lhe com o fervor de *uma mãe* que pede pela vida de sua filha, *Maria* alcançou o que desejava...

Por não encontrar nenhuma ajuda na terra, a coitada da Teresinha também se voltara para sua Mãe do Céu, suplicando-lhe de todo o coração, tivesse enfim piedade dela... De repente, a Santíssima Virgem me pareceu *bela, tão bela,* como nunca tinha visto nada tão formoso. O rosto irradiava inefável bondade e ternura, mas o que me calou no fundo da alma foi o *"empolgante sorriso da Santíssima Virgem"*. Nesta altura, desvaneceram-se todos os meus sofrimentos. Das pálpebras me saltaram duas grossas lágrimas e deslizaram silenciosas sobre as faces. Eram lágrimas de uma alegria sem inquietação... Oh! pensei comigo, a Santíssima Virgem sorriu para mim, como sou feliz... Mas, nunca jamais o contarei a ninguém, porque então *desapareceria minha felicidade*. Sem nenhum esforço, baixei os olhos e enxerguei Maria que olhava para mim com amor. Parecia emocionada e dava impressão de suspeitar o favor que a Santíssima Virgem me concedera... Oh! era exatamente a

---

[13] *Ela* (Maria) *voltou-se para Leônia, segredou-lhe uma palavra, e desapareceu pálida e trêmula.*
Minha querida Leônia logo me levou para perto da janela. Vi então no jardim, sem a reconhecer ainda, Maria, que caminhava lentamente, a estender os braços para mim, a sorrir-me, e a chamar por mim, com toda a meiguice de sua voz: "Teresa, minha Teresinha!" Como esta última tentativa não surtisse efeito (...).

ela, às suas edificantes orações que devia a graça do *sorriso* da Rainha dos Céus. Quando viu meu olhar fito na Santíssima Virgem, disse de si para si: "Teresa está curada!" Sim, a florzinha ia renascer para a vida, o *Raio* luminoso que a reanimara não pararia suas beneficências. Não atuou de uma só vez, mas de modo manso e agradável foi levantando e revigorando sua flor, de tal sorte que cinco anos depois ela desabrocharia na montanha do Carmelo.

Como o disse, Maria adivinhara que a Santíssima Virgem me tinha outorgado alguma graça oculta. Por isso, logo que fiquei a sós com ela, como perguntasse o que vira, não pude resistir às suas indagações, tão carinhosas e insistentes. Admirada de ver meu segredo descoberto, sem que o tivesse revelado, confiei-o todo inteiro à minha querida Maria... Mas, infelizmente, como o tinha pressentido, minha felicidade ia desaparecer e redundar em amargura. Por quatro anos, a lembrança da inefável graça recebida foi para mim verdadeiro *tormento espiritual*. Não recuperaria minha felicidade senão aos pés de Nossa Senhora das Vitórias[14], quando então me foi devolvida *em toda a sua plenitude*... Mais tarde, tornarei a falar desta segunda graça da Santíssima Virgem.

Tenho agora que vos contar, minha Mãe querida, como minha alegria se converteu em tristeza. Depois de ter ouvido o relato ingênuo e sincero da "minha graça", Maria pediu-me autorização de comunicá-la ao Carmelo, e por mim não podia dizer que não... Por ocasião de minha primeira visita ao querido Carmelo, fiquei inundada de alegria, quando vi minha *Paulina* com o hábito da Santíssima Virgem. Foi para nós duas um momento muito venturoso... Havia tanta coisa por dizer, que não pude absolutamente falar nada. O coração estava cheio demais.... A bondosa Madre Maria de Gonzaga ali estava também, e dava-me mil demonstrações de afeto.

---

[14] A 4 de novembro de 1887, véspera de sua viagem a Roma.

Vi ainda outras freiras, diante das quais perguntaram-me a respeito da graça que recebera, e quiseram saber de mim, se a Santíssima Virgem trazia ao colo o Menino Jesus, ou também se havia muita luminosidade etc. Todas essas perguntas me conturbaram e atormentaram. Só podia declarar uma cousa: "A Santíssima Virgem pareceu-me *muito linda...* e eu a vi *sorrir para mim*". Foi sua *simples figura* que me impressionara, razão por que me parecia *ter mentido* (meus tormentos espirituais acerca de minha doença já tinham começado), ao verificar que em seu íntimo as carmelitas imaginavam coisa muito diferente...

Não padece dúvida, tivesse guardado meu segredo, teria também guardado minha felicidade, mas a Santíssima Virgem permitiu tal tormento para o bem de minha alma. Sem ele, teria talvez algum pensamento de vaidade. Quando, pelo contrário, a *humilhação* se tornou minha partilha não podia considerar-me senão com sentimento de profunda *aversão...* Oh! só no Céu poderei revelar o quanto sofri!...

Capítulo IV
PRIMEIRA COMUNHÃO — TEMPO DE ESCOLA (1883-1886)

Imagens e leituras, - Tornar-me grande Santa, - Atos de amor, - Retiro espiritual, - Fusão de amor, - Consagração à Santíssima Virgem, - Crisma, - A doutorazinha, - Parábola do bom médico, - Doença de escrúpulos, - A Sra. Papinau, - Filha de Maria, - Férias em Trouville, - Um verdadeiro bazar, - Maria no Carmelo.

96   Por falar em visitas às carmelitas, lembro-me da primeira, pouco após a entrada de *Paulina*. Esqueci-me de falar disto, mas trata-se de uma minúcia que não posso deixar de lado. Na manhã do dia em que devia dirigir-me ao locutório, estando a refletir sozinha na *cama* (pois ali fazia minhas orações mais recolhidas, e sempre encontrava meu Bem-Amado, ao contrário do que acontecia à esposa dos Cantares), perguntava-me qual seria meu nome no Carmelo.

    Sabia que lá existia uma Irmã Teresa de Jesus. Apesar disso, meu belo nome de Teresa não me podia ser tirado. De
31v súbito me ocorreu a lembrança de Jesus *pequenino,* a quem tanto amava, e disse comigo: "Oh! que felicidade, se me chamasse Teresa do Menino Jesus!" No parlatório, *nada disse* do sonho que tivera de olhos abertos, mas a boa Madre Maria de Gonzaga, consultando as Irmãs qual nome me seria imposto, veio-lhe à mente chamar-me pelo nome que eu tinha *sonhado*... Grande foi minha alegria, e a coincidência de pensamentos pareceu-me uma delicadeza do meu bem-amado Menino Jesus.

97   Olvidei ainda alguns pequenos traços da minha infância, anteriores à vossa entrada no Carmelo. Não vos falei de minha predileção por estampas e por leitura... No entanto, minha querida Mãe, às belas estampas que me mostráveis, como recompensa, devo uma das mais doces alegrias e uma

das mais vivas impressões que me incitavam à prática da virtude... Ficava horas esquecidas a contemplá-las. A *Florzinha do Divino Prisioneiro*, por exemplo, falava-me de tantas coisas, que me deixavam embevecida[1]. Vendo o nome de *Paulina* escrito embaixo da florzinha, queria que o de Teresa também o fosse, e oferecia-me a Jesus para ser sua *florzinha*...

Se não sabia brincar, gostava muito de ler, e nisso levaria minha vida. Por sorte, para me guiarem, havia *anjos* da terra, que para mim selecionavam livros que me distraíssem e ao mesmo tempo me alimentassem o espírito e o coração. Depois só devia aplicar certo tempo na leitura, o que me impunha grandes sacrifícios, interrompendo às vezes minha leitura no meio do trecho mais empolgante... O atrativo pela leitura durou até minha entrada para o Carmelo. Não poderia indicar o número de livros que me passaram pelas mãos. Mas, o Bom Deus nunca permitiu que lesse um só deles, capaz de me prejudicar.

Verdade é, na leitura de certas histórias de cavalaria, nem sempre sentia, no primeiro instante, a verdade da vida. O Bom Deus, porém, de pronto me fazia intuir que a verdadeira glória é a que dura eternamente, não havendo, para sua consecução, necessidade de realizar obras aparatosas, mas de esconder-se e praticar a virtude, de molde a não saber a mão esquerda o que faz a direita[2]... Foi assim que, lendo a narração dos feitos patrióticos de heroínas francesas, mormente da Venerável JOANA D'ARC, sentia grande desejo de imitá-las. Parecia verificar em mim o mesmo ardor de que estavam animadas, a mesma inspiração celestial.

Recebi, então, uma graça que sempre tomei como uma das maiores de minha vida, pois nessa idade não recebia, como agora, as *luzes* em que estou imersa. Cuidava que nascera para a *glória,* e como procurasse um meio de alcançá-la, o Bom Deus inspirou-me os sentimentos que acabo de

---

[1] Quer dizer: profundamente recolhida.
[2] Cf. Mt 6,3.

descrever. Fez-me, outrossim, compreender que *minha* glória característica não apareceria aos olhos dos mortais mas consistiria em tornar-me grande *Santa!*... Poderia tal desejo parecer temeridade, tomando-se em consideração quanto era fraca e imperfeita, e quanto ainda o sou, depois de passar sete anos em religião. Muito embora, sinto sempre a mesma audaciosa confiança de tornar-me grande Santa, pois não conto com meus méritos, por não ter *nenhum,* mas espero em Aquele que é a Virtude, a própria Santidade. Só Ele é que, contentando-se aos meus débeis esforços, me elevará a si próprio, e, cobrindo-me com seus méritos infinitos, fará de mim uma *Santa.* Não calculava, então, que seria preciso sofrer muito para chegar à santidade. O Bom Deus não tardou em mo demonstrar, quando enviou as provações que mais acima relatei... Agora retomarei minha exposição, desde o ponto em que a tinha largado.

100   — Três meses após minha cura, Papai levou-nos em viagem a Alençon. Era a primeira vez que para lá voltava. Bem grande foi minha alegria de rever os lugares onde vivera

32v   minha infância, e de poder principalmente rezar junto à sepultura de Mamãe, pedindo-lhe que sempre me proteja...

O Bom Deus concedeu-me a graça de conhecer o *mundo* na medida suficientemente exata para o desprezar, e dele me conservar afastada. Poderia afirmar ter sido na minha permanência em Alençon que fiz minha primeira entrada no *mundo.* Em redor de mim, tudo era gozo e felicidade. Tornava-me alvo de festas, de mimos e admirações. Numa palavra, dentro de quinze dias tive uma vida semeada só de flores... Não nego que tal vida tinha encantos para mim. Muita razão tem a Sabedoria em ponderar: "Porque a fascinação das frivolidades seduz até o espírito afastado do mal"[3]. Na idade de dez anos, o coração deixa-se facilmente fascinar. Por isso, considero como grande graça não ter ficado em Alençon. Os amigos que ali tínhamos eram muito dados

[3] Sb 4,12.

ao mundo, sabiam conciliar, demasiadamente, as alegrias da terra com o serviço de Deus. Não pensavam bastante na morte, e no entanto veio a *morte* visitar grande número de pessoas, minhas conhecidas, jovens, ricas e ditosas!!! Gosto de reportar meus pensamentos aos lugares *encantados,* onde elas viveram, e de perguntar a mim mesma onde estão, e que lhes valeram os castelos e parques onde as vi gozarem as boas vantagens da vida... E vejo que debaixo do Sol tudo é vaidade e aflição de espírito[4]... que o *único bem* consiste em amar a Deus de todo o coração e ser *pobre* de espírito aqui na terra...

Jesus quis, talvez, mostrar-me o mundo antes da *primeira visita que* estava para me fazer, a fim de que eu com mais liberdade escolhesse o caminho que lhe prometeria seguir. A época de minha primeira comunhão ficou gravada no coração como uma lembrança sem penumbras. Parece-me, não podia estar mais bem disposta do que estava. Além do mais, meus sofrimentos espirituais deixaram-me em sossego durante quase um ano. Queria Jesus fazer-me gozar de uma alegria tão perfeita, quanto possível neste vale de lágrimas...

Lembrai-vos, minha querida Mãe, do maravilhoso livrinho que me fizestes três meses antes da minha primeira comunhão?... Foi o que me ajudou a preparar o coração de uma maneira contínua e rápida. Pois, se desde muito já o vinha preparando, era bem necessário dar-lhe novo impulso, enchê-lo de *novas flores,* para que nele pudesse Jesus repousar com alegria... Praticava diariamente grande número de piedosos exercícios, que constituíam outras tantas *flores.* Fazia um número maior ainda de jaculatórias, que escrevestes para cada dia em meu livrinho, e tais atos de amor formavam os *botões* de flores...

Cada semana, escrevíeis-me uma linda cartinha, que enchia minha alma de profundos pensamentos e me ajuda-

---

[4] Cf. Ecl 2,11.

va a praticar a virtude. Era um consolo para vossa pobre filhinha, que fazia tão *grande sacrifício* em se conformar com não ser, todas as tardes, *preparada* em vossos joelhos, como o fora sua querida Celina... No meu caso, era Maria que fazia as vezes de Paulina. Eu sentava sobre seus joelhos, e nessa posição escutava *com avidez* o que me dizia. Parecia-me que todo o seu coração, tão *grande,* tão *generoso,* se transferia para dentro de mim. — Como guerreiros famosos ensinam aos filhos o traquejo das armas, assim também ela me falava dos *combates* da vida, da palma outorgada aos vitoriosos... Maria falava-me ainda das imorredouras riquezas que são fáceis de juntar todos os dias, da infelicidade de passar ao largo, sem querer dar-se ao trabalho de estender a mão para as agarrar. Depois, mostrava-me o meio de ser *santa* pela fidelidade nas mínimas coisas. Deu-me o folheto "Sobre a renúncia", que eu meditava com toda a delícia...

Oh! como era *eloqüente* minha querida madrinha! Quisera que não fosse a única a ouvir-lhe os profundos ensinamentos. Sentia-me tão *enternecida,* que em minha ingenuidade acreditava que os maiores pecadores ficariam comovidos como eu, deixariam então suas riquezas perecíveis, e já não quereriam ganhar outras senão as provenientes do Céu... Nessa época, ninguém ainda me ensinara o modo de fazer oração, apesar da grande vontade que tinha de aprendê-lo. Como, porém, me achasse bastante piedosa, Maria só me deixava fazer minhas preces. Um dia, uma das minhas mestras da Abadia me perguntou o que fazia nos dias de folga, quando estava sozinha. Respondi-lhe que me punha atrás de minha cama num vão que ali havia, fácil para mim de fechar com o cortinado, e nesse lugar ficava a "pensar". Mas, em que pensáveis? perguntou-me. — Penso no Bom Deus, na vida... na ETERNIDADE, afinal *penso!*... Muito se divertiu a boa religiosa à minha custa. Mais tarde, gostava de me fazer lembrar o tempo em que *pensava,* e perguntava-me se ainda me punha a *pensar...* Compreendo agora que, sem o saber fazia oração, e que o Bom Deus já me instruía em segredo.

Depressa se passaram os três meses de preparação. Tive logo de entrar em retiro, e de ficar interna para esse fim, pernoitando na Abadia. Não consigo externar em palavras a suave recordação que o retiro me deixou. Na verdade, se muito padeci como interna, grande compensação me coube no inefável gozo dos poucos dias que passei à espera de Jesus... Não creio que se possa fruir tal alegria noutro lugar senão em comunidades religiosas. Sendo restrito o número de crianças, fácil se tornava dar atenção a cada uma delas em particular, e na ocasião tiveram, realmente, nossas mestras maternais cuidados para conosco. De mim se ocupavam mais que de outras. Todas as noites, vinha a mestra diretora, com a lanterninha, abraçar-me na cama, dando-me sinais de grande afeição. Comovida com sua bondade, disse-lhe uma noite que lhe confiaria um segredo. Depois de tirar, com ar misterioso, meu *precioso livrinho* que estava debaixo do travesseiro, mostrei-lho com olhos radiantes de alegria...

De manhã, achava muito bonito ver como as alunas se levantavam da cama, ao toque da campainha, e queria fazer como elas, mas não estava habituada a aprontar-me sozinha. Não estava ali *Maria para me arrumar o cabelo*. Por isso, tive de apresentar, timidamente, meu pente à supervisora do vestiário, a qual se riu ao ver uma menina crescida, de 11 anos, que não sabia cuidar de si mesma. No entanto, ela penteava-me, não de *modo tão delicado,* como Maria, mas nem por isso me atrevia a *gritar,* segundo meu costume de todos os dias, quando me submetia à *leve* mão da *madrinha...* No retiro, averiguei que era uma criança cercada de mimos e atenções, como poucas o serão na terra, antes de tudo entre crianças órfãs de mãe... Diariamente, vinham Maria e Leônia visitar-me, em companhia de Papai que me cumulava de mimos, de sorte que não sofri com a privação de estar longe da família, e nada ofuscou o lindo céu do meu retiro.

106   Escutava com muita atenção as instruções que o Sr. Padre Domin nos dava, e delas fiz até um apanhado. Quanto aos meus próprios pensamentos, não quis anotar nenhum, alegando que os conservaria bem de memória, o que foi verdade... Para mim era grande satisfação acompanhar as religiosas a todos os ofícios. No meio de minhas companheiras, atraía a atenção por causa de um *grande crucifixo* que Leônia me tinha dado, e que eu metia na cintura à maneira dos missionários. O crucifixo despertava a inveja das religiosas. Cuidavam que, andando com ele, queria imitar minha *irmã carmelita...* Oh! realmente era para ela que se dirigiam meus pensamentos. Sabia que *minha Paulina* estava em retiro como eu, não para que Jesus se desse a ela, mas para ela se dar a Jesus[5]. Por conseguinte, a solidão que passei em expectativa, era-me duplamente querida...

107   Tenho recordação de que uma manhã me passaram para a enfermaria, porque estava tossindo muito (desde minha doença as mestras tinham grande cuidado comigo; por ligeira dor de cabeça, ou quando me vissem mais pálida do

34v   que de costume, mandavam-me respirar ao ar livre ou repousar na enfermaria). Vi entrar minha querida *Celina* que, *não obstante o retiro,* obtivera permissão de visitar-me, para me oferecer um santinho que me causou grande prazer. Era a "Florzinha do Divino Prisioneiro". Oh! como me foi grato receber tal lembrança das mãos de *Celina!...* Quantos pensamentos de amor não tive por causa dela!...

108   Na véspera do grande dia, recebi a absolvição sacramental pela segunda vez. A confissão geral deixou-me grande paz na alma, e o Bom Deus não permitiu que a mais leve dúvida a perturbasse. No correr da tarde, pedi perdão a *todos da família* que vieram visitar-me, mas não conseguia falar senão através de minhas lágrimas. Estava por demais comovida... Paulina não estava presente, mas pelo coração

---

[5] A Irmã Inês de Jesus preparava-se para fazer profissão no Carmelo, no mesmo dia da primeira comunhão de Teresa.

senti que se mantinha junto a mim. Enviara-me por Maria uma *bela estampa,* que não me cansava de admirar e fazer admirar por toda a gente!... Escrevera ao bom Padre Pichon para me recomendar às suas orações, dissera-lhe também que logo me tornaria carmelita, e então seria ele meu diretor. (Com efeito, foi o que aconteceu quatro anos mais tarde, pois no Carmelo lhe abri minha alma...) Maria entregou-me uma *carta dele.* Na verdade, senti-me sobremaneira feliz!... Chegavam-me, simultaneamente, todas as felicidades. O que me causou mais prazer, em sua carta, foi esta frase: "Amanhã, subirei ao Sagrado Altar, e a intenção será por vós e por vossa Paulina!" No dia 8 de maio, Paulina e Teresa se uniram cada vez mais, pois Jesus parecia confundi-las inundando-as de suas graças...

Raiou, enfim, o "mais belo de todos os dias". Quão inefáveis não são as recordações que na alma me deixaram as mínimas *circunstâncias* desse dia de céu!... A alegre alvorada, os respeitosos e afetuosos ósculos das mestras e das colegas maiores... O grande quarto, repleto de *flocos de neve,* com os quais cada criança se via adornada por sua vez... Acima de tudo, a entrada na Capela e a entoação matinal do lindo cântico: "Ó Santo Altar, que de Anjos sois rodeado!"

Não quero, contudo, descer a pormenores. Coisas há que perdem a fragrância, quando expostas ao ar. Existem *pensamentos da alma* que se não podem traduzir em linguagem terrena, sem perderem o sentido autêntico e celestial. São como a *"pedrinha branca que se dará ao vencedor, sobre a qual está escrito um nome, que só CONHECE,* QUEM *a recebe"*[6]. Ah! como foi afetuoso o primeiro ósculo de Jesus à minha alma!...

Foi um ósculo de *amor. Sentia-me amada,* e de minha parte dizia: "Amo-vos, entrego-me a vós para sempre". Não houve pedidos, nem lutas, nem sacrifícios. Desde muito, Jesus e a pobre Teresinha se tinham olhado e compreendi-

---

[6] Ap 2,17.

do. Naquele dia, porém, já não era um *olhar*, era uma *fusão*. Já não eram dois, Teresa desaparecera como a gota de água que se perde no seio do oceano. Ficava só Jesus, era ele o Senhor, o Rei. Teresa pedira-lhe tirasse sua *liberdade,* pois sua liberdade lhe fazia medo. Sentia-se tão fraca, tão frágil, que desejava permanecer para sempre unida à Força Divina!... Sua alegria era grande demais, e muito profunda, para que a pudesse conter. Não tardou em debulhar-se em deliciosas lágrimas, com grande espanto das colegas que, mais tarde, diziam entre si: "Por que será que chorou? Sentiria algo que a acabrunhasse?... Não será, antes, por não ver junto a si a própria mãe ou a irmã, que é carmelita, a quem tanto ama?" — Não compreendiam que, ao descer a um coração toda a alegria do céu, este coração exilado não podia suportá-la, sem derramar lágrimas... Oh! não, a ausência de Mamãe não me contristava no dia de minha primeira comunhão. Não estava o céu dentro de mim, e nele não tinha Mamãe desde muito tomado lugar? Desta forma, quando recebi a visita de Jesus, recebi também a de minha querida Mãe, que me abençoava e se regozijava com minha felicidade...

Não chorava, outrossim, a ausência de Paulina. Sem dúvida alguma, ficaria contente se a visse ao meu lado, mas desde muito meu sacrifício estava aceito. Nesse dia, meu coração se encheu só de alegria. Uni-me a ela, que irrevogavelmente se dava àquele que tão amorosamente se dava a mim!...

Na parte da tarde, fui eu quem recitou o ato de consagração à Santíssima Virgem. Era muito justo que, em nome de minhas companheiras, falasse à minha Mãe do Céu, eu que tão cedo me privara de minha Mãe da terra... De todo o coração me pus a *falar-lhe,* a consagrar-me a ela, como filha que se lança aos braços da Mãe, pedindo-lhe velar sobre ela. Parece-me que a Santíssima Virgem terá olhado para sua florzinha e ter-lhe-á *sorrido,* pois não foi ela quem a curara com *visível sorriso?...* Não foi ela que no cálice de sua florzinha depositara seu Jesus, a Flor dos Campos, o Lírio do Vale?⁷...

À tarde do belo dia, estive novamente com minha família terrena. Pela manhã, já tinha abraçado *Papai* e todos os meus queridos parentes. Agora, porém, se estabelecia a verdadeira reunião, quando Papai tomou pela mão sua rainhazinha e se dirigiu ao *Carmelo*... Vi então minha *Paulina,* que se tornara esposa de Jesus. Divisei-a com seu véu branco, como o meu, e com sua coroa de rosas... Oh! minha alegria foi sem amargura. Esperava estar em breve novamente com ela, e com ela esperar pelo *céu!*

Não fiquei insensível à festa de família, que se realizou na tarde da minha primeira comunhão. Grande prazer me causou o lindo relógio que o meu Rei me deu, mas minha alegria era tranqüila, e nada chegou a perturbar minha paz interior. Maria levou-me consigo na noite imediata ao grande dia, pois os dias mais radiosos são seguidos de trevas. Sem ocaso será só o dia da primeira e única, da eternal Comunhão do Céu...

O dia que se seguiu à minha primeira comunhão foi ainda um dia bonito, mas repassado de melancolia. Toda a linda roupa que Maria me tinha comprado, todos os presentes recebidos, não me enchiam o coração. Não havia senão Jesus que pudesse contentar-me. Anelava pelo momento em que me fosse dado recebê-lo pela segunda vez. Cerca de um mês após minha primeira comunhão fui confessar-me para a festa da Ascensão, e animei-me a pedir licença de fazer a Santa Comunhão. Contra toda a expectativa, o senhor sacerdote mo permitiu, e coube-me a felicidade de ajoelhar-me à Sagrada Mesa entre Papai e Maria. Que doce recordação não guardei da segunda visita de Jesus! Desta vez ainda, corriam minhas lágrimas com inefável doçura. Sem cessar repetia a mim mesma as palavras de São Paulo: "Já não sou eu que vivo, Jesus é quem

---

⁷ Ct 2,1.

vive em mim!..."⁸ A partir dessa Comunhão, meu desejo de receber o Bom Deus tornou-se cada vez maior; obtive permissão de fazê-lo em todas as festas principais. Na véspera desses ditosos dias, Maria punha-me à noite sobre os seus joelhos e preparava-me, como o fizera para minha primeira comunhão. Tenho lembrança de que me falou, certa vez, a respeito do sofrimento, dizendo-me que provavelmente não andaria por tal caminho, mas que o Bom Deus sempre me carregaria, como se faz com uma criança...

113   No dia seguinte, depois de ter comungado, as palavras de Maria voltaram-me ao pensamento. Senti nascer no coração *grande desejo de sofrer* e, ao mesmo tempo, a íntima segurança de que Jesus me reservava grande número de cruzes. Senti-me inundada de *tão grandes* consolações, que as considero como uma das *maiores* graças de minha vida. O sofrer tornou-se-me um atrativo. Tinha encantos que me arrebatavam, sem os conhecer com clareza. Até então, so-
36v fria sem *amar* o sofrimento; desde aquele dia senti por ele verdadeiro amor. Sentia também o desejo de amar só a Deus, de não encontrar alegria senão nele. Muitas vezes, repetia em minhas comunhões as palavras da Imitação de Cristo: "Ó Jesus! *doçura* inefável, convertei-me em *amargura* todas as consolações da terra!..."⁹ Esta oração me saía dos lábios sem esforço, sem constrangimento. Vinha-me a impressão de que a repetia, não por minha vontade, mas como criança que repete as palavras que uma pessoa amiga lhe sugere... Mais adiante, minha querida Mãe, dir-vos-ei como aprouve a Jesus realizar meu desejo, como só ele foi sempre minha inefável *doçura*. Se disso vos falasse desde já, seria obrigada a antecipar-me ao tempo de minha adolescência. Ainda me restam muitas particularidades de minha infância que vos devo contar.

⁸ Gl 2,20.
⁹ *Imit. de Cristo* III, 26,3.

Pouco tempo depois da minha primeira comunhão en- **114** trei em novo retiro para a Crisma[10]. Tinha-me preparado, com bastante empenho, para receber a visita do Espírito Santo. Não conseguia compreender que se não dê maior cuidado à recepção deste sacramento *de Amor*. De ordinário, fazia-se um só dia de retiro para a Crisma. Como, porém, o Senhor Bispo não podia vir no dia marcado, coube-me o consolo de ter dois dias de solidão. Para nos distrair, nossa mestra levou-nos ao Monte Cassinos[11], onde colhi a mãos cheias *boninas graúdas* para a festa do Corpo de Deus. Oh! como estava exultante a minha alma! Igual aos apóstolos, eu aguardava, venturosa, a visita do Espírito Santo... Folgava com a idéia de que dentro em breve seria perfeita cristã, sobretudo que eternamente teria na fronte a misteriosa cruz que o bispo traça, quando faz a imposição do Sacramento... Chegou afinal o ditoso momento. Não senti, quando desceu o Espírito Santo, nenhum vento impetuoso, mas antes aquela *leve brisa,* cujo murmúrio o profeta Elias ouviu no monte Horeb[12]... Nesse dia, recebi a força de *sofrer,* pois logo em seguida devia começar o martírio de minha alma... Foi minha querida e gentil Leônia que me serviu de *37* madrinha. Estava tão comovida que não pôde conter a efusão de lágrimas todo o tempo da cerimônia. Recebeu, comigo, a Santa Comunhão, pois nesse belo dia tive ainda a felicidade de unir-me a Jesus.

Terminadas as deliciosas e inolvidáveis festas, minha **115** vida retornou ao ritmo *ordinário,* isto é, tive de retomar a vida colegial, que tanto me custava. Quando fiz minha primeira comunhão, apreciava a convivência com crianças de minha idade, todas cheias de boa vontade, tendo tomado, como eu, a resolução de praticar seriamente a virtude. Mas,

---

[10] Teresa foi crismada por Dom Hugonin, bispo de Bayeux, a 14 de junho de 1884.
[11] "Pequena elevação atrás do jardim das Beneditinas, propriedade delas" (observ. da Madre Inês de Jesus).
[12] Cf. 1Rs 19,12-13.

era preciso pôr-me em relação com alunas bem diferentes, dissipadas, não desejosas de cumprir o regulamento, e isto me deixava muito desconsolada. Tinha um temperamento alegre, mas não sabia entregar-me aos brinquedos próprios de minha idade. No recreio, apoiava-me muitas vezes contra uma árvore, contemplando dali o *andamento do jogo*, enquanto me entregava a sérias reflexões! Inventara um jogo que me agradava. Era o de enterrar as pobres avezinhas que encontrávamos mortas debaixo das árvores. Muitas alunas tiveram gosto em ajudar-me, de sorte que nosso cemitério se tornou muito bonito, plantado de árvores e flores, proporcionais ao tamanho de nossas avezinhas.

Gostava, outrossim, de contar histórias. Inventava-as na medida que me vinham à imaginação. Minhas colegas rodeavam-me com entusiasmo, e de vez em quando alunas maiores integravam-se ao grupo de ouvintes. Ia continuando a mesma história por vários dias, pois tinha prazer em torná-la cada vez mais interessante, na proporção que via as impressões despertadas, marcadas na fisionomia de minhas companheiras. Logo, porém, a mestra me proibiu continuar minha atividade *oratória,* pois queria ver-nos brincar e *correr,* e não *discorrer...*

Apanhava com facilidade o sentido das matérias que aprendia, mas tinha dificuldade em aprender palavra por palavra. Por isso, quanto ao catecismo, no ano que precedeu minha primeira comunhão, pedia quase todos os dias a permissão de aprendê-lo no tempo dos recreios. Meus esforços coroaram-se de bom êxito, e sempre fui a primeira. Perdendo casualmente meu lugar, por causa de uma *única palavra esquecida,* minha dor manifestava-se por lágrimas amargas, que o Padre Domin não sabia como estancar... Estava muito satisfeito comigo (quando não chorava), e chamava-me sua *doutorazinha,* por causa de meu nome Teresa. Certa vez, a aluna que vinha depois de mim não soube formular a argüição de catecismo para sua colega. Depois de passar, em vão, toda a roda das alunas, o Sr. Padre voltou-se novamente para mim, declarando que ia verificar se eu merecia o lugar de primeira da classe. Em minha *profunda humildade,* era só o que esperava. Levantei-me com segurança, respondi o que me era perguntado, sem cometer erro nenhum, com grande surpresa de todo o mundo... Feita minha primeira comunhão, continuei meu zelo pelo catecismo até a saída do colégio.

Tinha bom êxito nos estudos. Era quase sempre a primeira. Meus maiores sucessos eram em História e redação. Todas minhas mestras me tinham como aluna muito inteligente. Outro tanto não acontecia em casa de Titio, onde passava por ignorantinha, boa e meiga, dotada de bom critério, mas incapaz e desajeitada...

Não me surpreende a opinião que Titio e Titia tinham e certamente ainda terão a meu respeito. Por ser muito tímida, quase não falava. Quando escrevia, meus rabiscos e minha ortografia — que não passam de normais — não eram para encantar... Verdade é que, em costurinhas, em bordados e noutras tarefas, me desempenhava bem, a gosto de minhas mestras. Mas, o modo torto e tolhido com que manejava meu trabalho de agulha justificava a opinião pouco vantajosa que tinham de mim. Considero tudo isso como uma graça. Uma vez que o Bom Deus queria meu coração só para si, já atendia minha oração, quando "trocava em amargura as consolações da terra"[13]. Para mim, isso se tornava tanto mais necessário, quanto mais não me conservaria insensível a louvores. Muitas vezes, gabavam diante de mim a inteligência das outras, e jamais a minha. Daí concluí que a não tinha, e resignei-me com esta privação.

Meu coração, sensível e amoroso, facilmente se teria rendido, caso deparasse com um coração capaz de compreendê-lo... Tentei ligar-me a meninas de minha idade, principalmente a duas dentre elas. Tinha-lhes amor, e elas por sua vez me amavam tanto, quanto eram capazes de fazê-

---

[13] *Imit. de Cristo* III, 26,3.

lo. Mas, que lástima! Como é *mesquinho e volúvel* o coração das criaturas!!!... Não demorei em perceber que meu amor era incompreendido. Uma de minhas amigas precisou procurar a família, e voltou alguns meses depois. Durante sua ausência, pensava nela e guardava cuidadosamente um anelzinho que me dera. Quando tornei a ver minha companheira, grande foi minha alegria, mas não obtive, ainda mal, senão um olhar indiferente... Meu amor não fora compreendido. Percebi-o, e não mendiguei uma afeição que me era negada. O Bom Deus, porém, deu-me um coração tão leal que, amando com pureza, ama para sempre. Por isso, continuei a rezar pela minha companheira, e ainda lhe tenho afeição... Ao ver que Celina queria bem a uma de nossas mestras, quis imitá-la, mas não pude consegui-lo, pois não sabia conquistar as boas graças das criaturas. Ó ditosa ignorância! Como me livrou de grandes males!...

Quanto não agradeço a Jesus de me fazer encontrar só "amargura nas amizades da terra"! Com um coração como o meu, deixar-me-ia seduzir e cortar as asas. Como poderia, então, "voar e repousar?"[14] Como pode unir-se intimamente a Deus, um coração entregue à afeição das criaturas?... Tenho o sentimento de que não é possível. Sem beber da taça envenenada do amor por demais ardente das criaturas, sinto em mim que me não é possível estar enganada. Vi tantas almas que, seduzidas por essa falsa luz, esvoaçaram como míseras mariposas e queimaram as asas. Depois, volveram-se à verdadeira e meiga luz do amor. Esta lhes deu novas asas, mais brilhantes e mais ligeiras, a fim de poderem voar para junto de Jesus, Fogo Divino, "que arde sem se consumir"[15].

Ah! eu o sinto, Jesus conhecia-me como fraca demais para me expor à tentação. Talvez, deixar-me-ia queimar toda inteira pela luz enganadora, se a visse fulgurar diante dos

---

[14] Cf. Sl 54,7.
[15] Cf. Ex 3,2 e S. João da Cruz, *Chama viva de Amor* (comentário da estrofe II).

olhos... Não aconteceu assim. Só encontrei amargura, onde almas mais robustas deparam com alegria, e desta se desfazem por fidelidade. Não tenho, portanto, nenhum mérito em me não ter entregue ao amor das criaturas, uma vez que só fui preservada pela grande misericórdia do Bom Deus!... Reconheço que, sem ele, poderia cair tão baixo como Santa Madalena. E com grande doçura ecoa em minha alma a profunda palavra de Nosso Senhor a Simão... Eu o sei, "menos AMA aquele a quem menos se perdoa"[16]. Mas, não ignoro também que a mim Jesus perdoou mais do que a Santa Madalena, pois me perdoou por antecipação, porquanto me impediu que caísse. Oh! pudera explicar o que sinto!... Dou aqui um exemplo que traduzirá um pouco meu modo de pensar. — Suponho que o filho de um entendido doutor depare no caminho com uma pedra, que o faz cair e fraturar um membro. De pronto lhe acorre o pai, ergue-o com amor, pensa-lhe as feridas, aplicando todos os recursos de sua arte. E o filho, completamente curado, logo lhe testemunha sua gratidão. Não resta dúvida, o filho tem todo o motivo de querer bem ao Pai! Farei, contudo, outra suposição ainda.

— Sabendo que no caminho do filho se encontra uma pedra, o pai apressa-se em tomar a dianteira, e remove-a, sem que ninguém o veja. O filho, por certo, objeto de seu previdente carinho, não TENDO CONHECIMENTO da desgraça, da qual o pai o livrara, não lhe mostrará gratidão, e ter-lhe-á menos amor do que se fora curado por ele... Mas se vem a conhecer o perigo, do qual acaba de escapar, não o amará mais? Ora, tal filha sou eu, objeto do amor previdente do Pai, que enviou seu Verbo para resgatar não os justos, mas os pecadores[17]. Quer que o ame, porque me perdoou, não digo muito, mas TUDO. Não esperava que eu muito o amasse, como Santa Madalena, mas quis que SOUBESSE como me amou com um amor de *inefável previdência,* a fim

---

[16] Lc 7,47.
[17] Cf. Mt 9,13.

de que agora o ame *até a loucura*!... Ouvi dizer que se não encontra alma pura mais amorosa do que uma alma arrependida. Oh! Quem me dera desmentir esta afirmação!...

Percebo que me afastei muito do meu assunto, motivo pelo qual me dou pressa em retomá-lo. — O ano seguinte à minha primeira comunhão passou-se quase todo sem provações interiores para minha alma. No retiro para a segunda comunhão[18] é que fui assaltada pela terrível doença dos escrúpulos... É preciso passar por tal martírio, para o compreender. Ser-me-ia impossível dizer quanto não sofri em ano e meio... Todos os meus pensamentos e as mais simples atividades se tornavam para mim motivo de perturbação. Só tinha sossego quando os contava à Maria, e isto me era muito penoso, por sentir a obrigação de lhe dizer todas as idéias extravagantes que me vinham à mente a respeito dela própria. Logo que depunha o meu fardo, desfrutava um instante de paz, mas a paz desvanecia-se como um relâmpago, e logo começava novamente meu martírio. De quanta paciência não precisava minha querida Maria, para me ouvir, sem dar mostras de nenhum aborrecimento! ...Mal chegava eu da Abadia, punha-se ela a arrumar-me os cabelos para o dia seguinte (pois, querendo agradar ao Papai, a rainhazinha andava todos os dias com os cabelos em cachinhos, para grande admiração das colegas, mormente das professoras que não tinham diante de si crianças tão bem cuidadas pelos pais). E durante a arrumação não parava de chorar, contando todos os meus escrúpulos.

Como tivesse terminado os estudos, Celina voltou para casa no fim do ano, e a pobre Teresa, na necessidade de internar-se sozinha, não tardou em cair doente. O único encanto que a retinha em internato, era o de viver em companhia de sua inseparável Celina, sem a qual "sua filhinha" já não poderia ali continuar...

---

[18] O retiro realizou-se de domingo à noite, dia 17, até quinta-feira, 21 de maio de 1885.

Deixei, pois, a Abadia na idade de 13 anos[19], e continuei minha educação, tomando várias aulas semanais em casa da "Sra. Papinau". Era uma pessoa boníssima, *muito instruída*, com uns ares de solteirona. Vivia com a mãe, e encantava ver-se o pequeno lar, que juntas constituíam a três (pois a *gata fazia parte da família*, devendo eu admitir que ronronasse, deitada sobre meus cadernos, e manifestar até minha admiração pela sua graciosidade). Houve, para mim, vantagem de viver na intimidade da família. Como os Buissonnets ficavam muito longe para as pernas já um tanto envelhecidas de minha professora, pedira ela que fosse tomar as aulas em sua casa.

Ao chegar, encontrava ordinariamente a velha senhora Cochain. Fitava-me *"com seus olhos grandes e límpidos"*, e depois chamava com voz descansada e criteriosa: *"Sra. Papinau*... a... a... Senhorita Te...resa... já... che-e...gou!...". A filha respondia-lhe prontamente, com voz infantil: "Aqui estou, *Mamãe*". E logo começava a aula. (Além da instrução que ali recebia), as aulas tinham ainda a vantagem de me fazerem conhecer o mundo... Quem o diria?... Na sala, mobiliada à moda antiga, rodeada de livros e cadernos, presenciava muitas vezes visitas de todos os gêneros, de sacerdotes, senhoras, senhoritas, etc... Na medida do possível, a conversa ficava por conta da Sra. Cochain, a fim de que a filha pudesse dar-me aula, mas, em tais dias, não aprendia grande coisa. Com o nariz metido no livro, ouvia tudo o que se falava, até o que para mim seria melhor não escutar. A vaidade insinua-se tão facilmente no coração!... Dizia uma senhora que eu tinha cabelos bonitos... Na saída, uma outra, julgando não ser ouvida, indagava quem era essa menina tão bonita. E tais palavras, tanto mais lisonjeiras, quanto não eram ditas diante de mim, deixavam-me na alma uma impressão de gozo, que claramente me indicava como eu era cheia de amor-próprio.

---

[19] Teresa saiu da Abadia no decorrer do segundo trimestre do ano escolar de 1885-1886.

124 Oh! quanta compaixão não sinto das almas que se perdem!... É tão fácil desgarrar-se nas sendas floridas do mundo... Não há dúvida, para uma alma mais formada a doçura que ele oferece, vem mesclada de amargura, e o *imenso vácuo dos desejos* não poderia preencher-se com louvores momentâneos... No entanto, se meu coração *desde o seu despertar não se erguera até Deus,* se o mundo me tivera sorrido desde minha entrada na vida, que teria acontecido comigo?... Ó minha Mãe querida, com que gratidão canto as misericórdias do Senhor!... De acordo com as palavras da Sabedoria, não foi ele que *"me retirou do mundo, antes que meu espírito se pervertesse com sua malícia, e que suas enganosas aparências me seduzissem a alma?"*[20] A Santíssima Virgem também velava sobre sua florzinha. Não querendo que ela se manchasse ao contato com as coisas da terra, retirou-a para o alto de sua *montanha,* antes que desabrochasse... Enquanto aguardava o ditoso momento, Teresinha crescia no amor à sua Mãe do Céu. Para lhe dar prova desse amor, praticou uma *ação* que *muito lhe custou,* e que *a despeito de sua extensão* vou narrar em poucas palavras ...

40v
125 Quase logo depois de minha admissão na Abadia, fui recebida na associação dos Santos Anjos. Apreciava muito as práticas de devoção que se me impunham, pois sentia um atrativo todo particular em rezar aos Bem-aventurados Espíritos do Céu, especialmente ao que o Bom Deus me dera para ser companheiro do meu exílio. Algum tempo depois da minha primeira comunhão, a fita de aspirante a Filha de Maria substituiu a dos Santos Anjos. Antes, porém, de ser admitida na Associação da Santíssima Virgem, deixei a Abadia. Por ter saído antes de concluir os estudos, não me era facultada a admissão como antiga aluna. Considerando, contudo, que todas as minhas irmãs tinham sido "Filhas de Maria", tive receio de ser, menos do que elas, filha de minha

[20] Sb 4,11.

Mãe do Céu, e fui com toda a humildade (apesar do muito que me custava) pedir a licença de ser recebida na Associação da Santíssima Virgem na Abadia. A primeira mestra não quis recusar-me, mas pôs como condição que, duas vezes por semana, me recolhesse uma tarde na Abadia, para mostrar se era digna de ser admitida. Bem ao invés de me causar prazer, a concessão foi-me custosa ao extremo. Não tinha, como outras antigas alunas, uma *professora amiga*, com a qual pudesse passar algumas horas. Contentava-me, por conseguinte, em cumprimentar a professora, e depois trabalhava em silêncio até ao fim da aula de trabalhos.

Ninguém me dava atenção, e por isso subia à tribuna do coro da capela, ficando diante do Santíssimo Sacramento até o momento em que Papai ia buscar-me. Esta era minha exclusiva consolação. Não era Jesus meu *único amigo*?... Não conseguia falar senão com ele. Fatigava-me a alma conversar com as criaturas, ainda que se tratasse de conversas piedosas... Sentia que era maior vantagem falar com Deus do que falar de Deus, pois em conversas espirituais se intromete muito amor-próprio!... Oh! bem era, única e exclusivamente, pela Santíssima Virgem que me apresentava na Abadia... Por vezes, sentia-me *sozinha*, muito sozinha.

Como nos dias de minha vida de semi-interna, quando triste e doente no grande pátio, repetia as palavras que sempre me fizeram renascer paz e alento no coração: "A vida é tua embarcação, não é tua morada!"[21]... Quando ainda pequenina, estas palavras me restituíam a coragem. Ainda agora, a despeito dos anos que apagam tantas impressões da piedade infantil, a imagem da embarcação enleva minha alma, ajudando-lhe a suportar o exílio... Não nos diz também a Sabedoria que "a vida é como uma nau que sulca as

---

[21] Verso tirado do poema de Lamartine: *Réflexion*. Teresa cita-o de memória. Madre Inês retifica: "Ela enganou-se, é: "*O tempo, que não a vida*".

ondas agitadas, e de cuja rápida passagem não fica nenhum vestígio?[22]..." Quando penso tais coisas, minha alma submerge no infinito. Afigura-se-me que já abordo a praia da eternidade... Afigura-se-me receber os amplexos de Jesus... Creio avistar minha Mãe do Céu que me vem ao encontro na companhia do Papai... da Mamãe... dos quatro anjinhos... Creio, afinal, gozar para sempre da verdadeira vida eterna em família...

126   Antes de ver a família congregada no lar paterno dos Céus, devia ainda passar por muitas separações. No ano de minha admissão como filha da Santíssima Virgem, ela arrebatou-me minha querida Maria[23], único esteio de minha alma... Era Maria quem me guiava, consolava, ajudava a praticar a virtude. Era meu único oráculo. Sem dúvida, Paulina já ficara muito antes dentro do meu coração, mas estava longe, bem longe de mim!... Sofrera um martírio para me habituar a viver sem ela, por ver entre nós muros

41v   intransponíveis. Mas afinal de contas acabei aceitando a triste realidade. Paulina estava perdida para mim, quase mesmo como se tivesse morrido. Sempre me queria bem, rezava por mim, mas aos meus olhos *minha* querida *Paulina* se tornara uma santa, que já não poderia compreender as coisas da terra, e as misérias de sua pobre Teresa, se as conhecesse, tê-la-iam espantado e impedido de amar-me tanto... Por outro lado, ainda se quisera confidenciar-lhe meus pensamentos, como o fazia nos Buissonnets, não teria possibilidade, porque os atendimentos no locutório eram somente para Maria. Celina e eu tínhamos permissão de chegar lá *só no final,* justamente o tempo necessário para nos deixar com o coração apertado... Assim não tinha na realidade senão Maria, que me era, por assim dizer, indispensável. Só a ela contava meus escrúpulos e era tão obe-

---

[22] Sb 5,10.
[23] Maria entrou no Carmelo de Lisieux a 15 de outubro de 1886. Teresa foi admitida como Filha de Maria a 31 de maio de 1887 (e não em 1886).

diente que meu confessor nunca chegou a saber de minha desagradável doença. A ele dizia exatamente o número de pecados que Maria me autorizava confessar, nem um a mais. Por isso poderia ser tida como a alma menos escrupulosa da terra, embora o fosse até ao último grau... Maria sabia, por conseguinte, tudo o que se passava em minha alma. Sabia também dos meus desejos a respeito do Carmelo, e eu a amava tanto, que não podia viver sem ela. Titia convidava-nos todos os anos a irmos, uma por vez, à sua casa em Trouville. Gostava muito de ir lá, mas em companhia de Maria! Não a tendo comigo, ficava muito aborrecida. Uma vez, entretanto, senti-me satisfeita em Trouville. Foi no ano da viagem de Papai a Constantinopla[24]. Para nos distrair um pouco (pois estávamos desgostosas por saber Papai a tão grande distância), Maria mandou-nos, à Celina e a mim, passar quinze dias à beira-mar. Tive ali muita distração, porque minha Celina estava comigo.

Titia arranjava-nos todos os passatempos possíveis: montaria em jumentinho, pesca de ápodes etc. ... Era ainda muito criança, apesar dos meus doze anos e meio. Lembro-me de minha satisfação, quando punha as lindas fitas azul-celeste que Titia me dera para os cabelos. Lembro-me, também, de ter confessado em Trouville até essa alegria infantil. Representava-me que fosse um pecado...

Uma tarde fiz uma experiência que me surpreendeu bastante. — Maria (Guérin), que vivia quase sempre adoentada, choramingava de vez em quando. Titia então fazia-lhe carícias, dizia-lhe os nomes mais afetuosos, e minha querida priminha nem por isso parava de dizer, toda lacrimosa, que estava com dor de cabeça. Ora, eu que quase todos os dias também tinha dor de cabeça[25] e nunca me quei-

---

[24] O Sr. Martin partiu para Constantinopla em fins de agosto de 1885. A estada em Trouville situa-se na segunda quinzena de setembro.
[25] As dores de cabeça manifestaram-se principalmente em maio de 1885.
Teresa está de férias no Chalé das Rosas, no cais de la Touques, em Deauville.

xava, quis uma tarde imitar Maria. Senti, pois, a obrigação de choramingar numa poltrona ao canto da sala. Joana e Titia logo se aproximaram de mim, perguntando-me o que tinha. Respondi, igual à Maria: "Estou com dor de cabeça". Parece que não me saí bem no modo de queixar-me, pois nunca pude convencê-las de ter sido dor de cabeça que me fizera chorar. Em vez de me afagarem, falaram comigo como se fala com gente grande. De sua parte, Joana censurou-me por falta de confiança na Titia, pois julgava que eu estava às voltas com alguma inquietação de consciência... Afinal, aprendi à própria custa, tomando a firme resolução de não imitar mais os outros, e entendi a fábula de "O asno e o cachorrinho"[26]. *Eu representava o asno* que, vendo as carícias que se faziam ao *cachorrinho,* ergueu a pesada pata sobre a mesa, para receber seu quinhão de beijos. Mas, ah! se não levei pancadas, como o mísero animal, recebi realmente a moeda de minha paga, moeda que me curou, por toda a vida, do desejo de atrair a atenção. Só o esforço que nisso apliquei, custou-me caro demais!...

No ano seguinte, que era o da partida de minha querida Madrinha, Titia ainda me convidou, mas desta vez a mim sozinha, mas tão desambientada fiquei que, ao cabo de dois ou três dias adoeci, e foi preciso que me fizessem voltar para Lisieux[27]. Minha doença, que temiam como grave, não passava de uma nostalgia dos Buissonnets. Mal pus os pés ali, voltou a saúde... E a essa criança, ia o Bom Deus arrebatar-lhe o único apoio que a prendia à vida!...

Logo que soube da determinação de Maria, resolvi não mais procurar nenhum prazer na terra... Depois que saí do pensionato, alojei-me no antigo gabinete de pintura de *Paulina*[28], e arrumei-o a meu gosto. Era um verdadeiro bazar, um aglomerado de coisas piedosas e de coisas curiosas,

---

[26] La Fontaine, *Fábulas,* Livro IV, 5.
[27] A curta permanência foi em julho de 1886.
[28] Uma das duas salas, no segundo andar.

uma jardineira e um viveiro... Assim, também, na parede do fundo, sobressaíam uma *grande cruz* de madeira preta, sem o corpo de Cristo, e alguns desenhos que me agradavam. Na outra parede, uma cestinha guarnecida de musselina e fitas cor-de-rosa, cheia de folhinhas picadas e de flores. Afinal, na última parede, salientava-se, como peça única, o retrato de *Paulina* aos 10 anos de idade. Debaixo do retrato, conservava eu uma mesa, onde se achava uma *grande gaiola,* que comportava grande número de passarinhos, cujos melodiosos gorjeios atordoava a cabeça dos visitantes, mas não a de sua jovem proprietária, que lhes tinha grande afeição... Ali havia ainda o *"pequeno móvel branco",* cheio de meus livros de estudo, de cadernos etc. Em cima do móvel estava colocada uma estátua da Santíssima Virgem, com vasos sempre providos de flores naturais, com castiçais. Em derredor, havia uma multidão de estatuetas de Santos e Santas, cestinhos feitos de conchas, caixas de papel brístol etc. Afinal, minha jardineira ficava *suspensa* diante da janela, onde eu cultivava vasos de flores (os mais raros que podia encontrar). No interior do "meu museu" havia ainda uma mesa para folhagem, sobre a qual punha minha planta predileta... Defronte à janela era o lugar de minha mesa, coberta de forro verde, e sobre o forro coloquei, no centro, uma *ampulheta,* uma estatueta de São José, um porta-relógio, corbelhas de flores, um tinteiro etc. ... Algumas cadeiras *mancas* e a fascinante *caminha de boneca de Paulina* completavam todo o meu mobiliário. Realmente, este pobre quarto era um mundo para mim, e, como o Sr. De Maistre, poderia eu compor um livro com o título: "Passeio ao redor do meu quarto". Gostava de permanecer horas inteiras nesse quarto, a estudar e a meditar diante do panorama que se descortinava aos meus olhos... Quando eu soube da partida de Maria, meu *quarto* perdeu para mim todo o encanto. Não queria abandonar um só instante a querida irmã que dentro em breve se subtrairia à nossa convivência... Quantos atos de paciência não a obriguei a praticar! Todas as vezes que passava diante da porta de seu quarto, batia até que ela abrisse, e abraçava-a de todo o coração. Queria fazer provisão de beijos por todo o tempo que ficaria sem eles.

Um mês antes de sua entrada no Carmelo, Papai levou-nos a Alençon[29], mas a viagem ficou longe de assemelhar-se à primeira, porque tudo se me converteu em tristeza e amargura. Não poderia descrever as lágrimas que derramei junto ao túmulo de Mamãe, por ter esquecido de levar um ramalhete de centáureas, colhidas para ela. Na verdade, eu ficava realmente triste com *qualquer coisa!* Era ao contrário de agora, pois o Bom Deus concedeu-me a graça de me não abater com nenhuma coisa passageira. Quando me lembro do passado, minha alma transborda de gratidão, vendo os favores que recebi do Céu. Em mim se operou tal mudança, que já não sou reconhecível... Desejava realmente a graça "de ter absoluto domínio sobre meus atos, de ser senhora e não escrava deles"[30]. Estas palavras da *Imitação de Cristo* tocavam-me profundamente. Mas, por meus desejos, por assim dizer, devia adquirir essa inestimável graça. Não passava ainda de uma criança, que parecia não ter outra vontade senão a dos outros, levando as pessoas de Alençon a comentarem que era fraca de caráter... Foi nesta viagem que Leônia fez sua tentativa nas Clarissas[31]. Desgostei-me com sua entrada fora do comum, pois queria-lhe muito bem, e não pude abraçá-la antes da partida.

Jamais esquecerei a bondade e a perplexidade de nosso pobre Paizinho, quando nos veio comunicar que Leônia já estava revestida com o hábito de clarissa... Tanto como nós, achava que era muito singular, mas não quis fazer nenhum comentário, vendo quanto Maria se contrariava. Le-

---

[29] Na realidade, alguns dias antes da partida de Maria. Cf. nota 31.
[30] *Imit. de Cristo* III 38,1.
[31] A 7 de outubro de 1886. "Fora ela expor seus desejos à Madre Abadessa, a qual instou entrasse imediatamente, e a revestiu com o 'pequeno hábito' de postulante, que nessa Ordem é semelhante ao das noviças" (observ. da Madre Inês de Jesus).

vou-nos ao convento, onde senti um *aperto de coração* como jamais o tivera à vista de um mosteiro. Em mim produziu uma impressão oposta à do Carmelo, onde tudo me dilatava a alma... A apresentação das religiosas também não me encantou, e não me senti tentada a ficar entre elas. No entanto, nossa pobre Leônia tinha boa aparência em sua nova roupagem. Disse-nos que lhe fitássemos bem os *olhos,* porque já não tornaríamos a vê-los (uma vez que as clarissas só se apresentam de olhos baixos). Mas o Bom Deus contentou-se com dois meses de sacrifícios, e Leônia tornou a mostrar-nos *seus olhos azuis,* muitas vezes rasos de lágrimas... Quando deixei Alençon, julgava que ela permaneceria com as clarissas, e por isso me afastei da *tristonha* rua da Meia-Lua, com muita vontade de chorar. Já não éramos mais do que três, e dentro em breve nossa querida Maria teria também de deixar-nos... 15 de outubro foi o dia da separação! Da alegre e numerosa família dos Buissonnets só ficavam as duas últimas filhas... As pombas tinham fugido do ninho paterno. As restantes quereriam por sua vez levantar vôo atrás delas, mas as asas eram débeis demais para que pudessem levantar o vôo...

O Bom Deus, que queria chamar a si a menor e a mais franzina de todas, apressou-se em desenvolver suas asas. Ele que se compraz em mostrar sua bondade e seu poder, lançando mão dos instrumentos menos dignos, houve por bem chamar-me a mim antes de Celina, indubitavelmente muito mais merecedora desse favor. Jesus, porém, sabia quanto eu era fraca, e por esse motivo escondeu-me, como primeira, na fenda do rochedo[32].

Quando Maria entrou para o Carmelo, era eu ainda muito escrupulosa. Já não podendo confiar-me a ela, voltei-me para o lado dos Céus. Foi aos quatro anjinhos, meus predecessores lá no alto, que me dirigi com a idéia de que suas almas inocentes, por não terem jamais conhecido in-

---

[32] Cf. Ct 2,14.

quietações nem temores, deviam compadecer-se de sua pobre maninha que sofria aqui na terra. Falava-lhes com ingenuidade de criança, e fazia-lhes ver que, sendo a caçula da família, tinha sido sempre a mais estremecida, a mais contemplada com carinhos por parte de minhas irmãs, e que eles, por certo também me teriam dado provas de afeição, se tivessem continuado aqui na terra... Sua partida para o Céu não me parecia motivo de me esquecerem. Pelo contrário, estando em condições de haurir nos tesouros divinos, neles poderiam buscar a paz para mim, e mostrar-me assim que no Céu a gente ainda sabe amar!... A resposta não se fez esperar. A paz logo me inundou a alma com sua deliciosa exuberância, e compreendi que, se era amada aqui na terra, também o era lá no Céu... Desde aquele momento, cresceu minha devoção para com meus irmãozinhos. Gosto de entreter-me muitas vezes com eles, de falar-lhes das tristezas do exílio... do meu desejo de logo juntar-me a eles novamente na Pátria!...

Capítulo V

DEPOIS DA GRAÇA RECEBIDA NO NATAL (1886-1887)

Uma corrida de gigante, - A noite de luz, - Pranzini, meu primeiro filho, - A Imitação de Cristo e o Padre Arminjon, - No Mirante (Belvedere), - Chamamento urgente. Desejo de entrar no Carmelo, - Minha grande confidência, - Recusa de Titio, - Concessão do milagre, - Oposição do Superior do Carmelo, Visita ao Bispo, - Em Bayeux, - Não estava tudo perdido.

Se o Céu me cumulava de graças, não era porque as merecesse, sendo ainda muito imperfeita. Tinha, na verdade, grande desejo de praticar a virtude, mas procedia fora de propósito. Eis um exemplo! Como era a caçula, não estava habituada a servir-me sozinha. Celina arrumava nosso quarto de dormir em comum, e eu não fazia nenhum trabalho doméstico. Depois da entrada de Maria no Carmelo, acontecia-me algumas vezes que, para agradar ao Bom Deus, tentava arrumar a cama, ou então na ausência de Celina ia de tarde recolher seus vasos de flores. Como o disse fazia tais coisas *unicamente por amor do Bom Deus,* e por isso não deveria contar com o *agradecimento* das criaturas. Mas, infelizmente não era o que se dava. Se Celina por desgraça não aparentava estar feliz e surpresa com meus pequenos préstimos, eu não ficava satisfeita, e fornecia-lhe provas com minhas lágrimas... Tornava-me realmente insuportável por causa de minha extrema sensibilidade. Por esta razão, quando me acontecia causar involuntariamente algum pequeno desgosto a uma pessoa querida, em vez de conter-me e não *chorar,* agravando a falta, em vez de atenuá-la, *chorava* como se fosse uma Madalena, e quando começava a consolar-me pela coisa em si mesma, *chorava por ter chorado...* Eram inúteis to-

132

44v

dos os raciocínios, e não tinha por onde corrigir o mesquinho defeito.

133 Não sei como acalentava a doce idéia de entrar para o Carmelo, se ainda estava nos *cueiros da infância!*... Foi mister que o Bom Deus operasse um pequeno milagre para me fazer *crescer* de uma vez, e tal milagre se realizou no inolvidável dia de Natal. Nessa *noite* luminosa que projeta, num clarão, as delícias da Santíssima Trindade, Jesus, a doce *criancinha* nascida há uma hora, mudou a noite de minha alma em torrentes de luz... Nessa *noite,* quando se fez *fraco* e sofredor por meu amor, tornou-me *forte* e corajosa, revestiu-me de sua armadura. Desde aquela abençoada noite, não me deixei vencer em nenhum combate. Pelo contrário, avançava de vitória em vitória, e entrava, por assim

45 dizer, *"numa corrida de gigante"*[1]... Estancou-se a fonte de minhas lágrimas, e só rara e dificilmente se abria dali por diante, vindo a justificar-se a observação que me fora feita: "Tanto choras em tua infância, que não te sobrarão lágrimas para chorar mais tarde!..."

Em 25 de dezembro de 1886 recebi a graça de sair da infância, numa palavra, a graça de minha conversão completa. — Voltávamos da Missa da meia-noite, na qual tive a ventura de receber o Deus *forte e poderoso.* Chegando aos Buissonnets, senti alegria de ir pegar meus sapatos na lareira. Tanta alegria nos proporcionara na infância o antigo costume, que Celina queria continuar a ter-me como caçula, por ser o bebê da família... Papai gostava de ver minha satisfação, de ouvir meus gritos de alegria, quando eu retirava cada surpresa de dentro dos *sapatos encantados,* e o contentamento do meu querido Rei aumentava minha felicidade. Jesus, porém, querendo mostrar-me que devia livrar-me dos defeitos da infância, subtraiu-me também as inocentes alegrias dessa idade. Permitiu que Papai, extenuado com a Missa da meia-noite, se enfadasse à vista dos

---

[1] Cf. Sl 18,6.

meus sapatos na lareira, e proferisse estas palavras que me atravessaram o coração: "Afinal, que sorte ser este o último ano!..." Então, subia eu a escada para tirar o chapéu. Conhecendo minha sensibilidade, e vendo lágrimas brilharem em meus olhos, Celina também estava bem a ponto de chorar, pois me queria muito bem e compreendia minha mágoa: "Ó Teresa, disse-me ela, não desças. Ser-te-ia por demais custoso ir neste momento ver o que há nos teus sapatos". Teresa, porém, já não era a mesma. Jesus transformara-lhe o coração. Depois de sufocar minhas lágrimas, desci rapidamente a escadaria. A comprimir as batidas do coração, peguei meus sapatos, coloquei-os diante do Papai, e fui tirando *alegre* todos os objetos, com ar feliz de uma rainha. Papai ria-se, tinha também recuperado a alegria, e Celina estava sob a impressão de um sonho!... Felizmente, era uma doce realidade. Teresinha reencontrara a força de ânimo que perdera aos quatro anos e meio, e conserva-la-ia para sempre!...

A partir desta *noite de luz,* começou o terceiro período de minha vida, o mais belo de todos, o mais repleto de graças do Céu... A tarefa que em dez anos não me foi possível desempenhar, Jesus a executou num ápice, contentando-se com minha *boa vontade,* que nunca me faltou. Como seus Apóstolos, poderia dizer-lhe: "Senhor, pesquei toda a noite, e nada apanhei"[2]. Para comigo, mais misericordioso ainda, do que para com seus Discípulos, o *próprio Jesus* tomou a rede, lançou-a, e recolheu-a cheia de peixes... Fez-me pescadora de *almas.* Senti grande desejo de trabalhar pela conversão dos pecadores, desejo que nunca sentira de maneira tão pronunciada... Senti, numa palavra, a *caridade* penetrar-me no coração, a necessidade de esquecer-me a mim mesma, para dar prazer, e, desde então, fui feliz!...

Quando num domingo olhava uma gravura de Nosso Senhor na Cruz, impressionei-me com o sangue que escor-

[2] Lc 5,5.

ria de uma das mãos divinas. Acometeu-me grande dor, considerando que o sangue caía por terra, sem que a ninguém interessasse recolhê-lo. E tomei a resolução de manter-me em espírito de fé junto à Cruz, para receber o divino orvalho que dela promana, compreendendo que, depois, deveria espargi-lo por sobre as almas... No coração me repercutia também, continuamente, o brado de Jesus na Cruz: *"Tenho sede!"*[3] Estas palavras acendiam em mim um ardor estranho e muito vivo... Queria dar de beber ao meu Bem-Amado, e sentia-me a mim própria devorada de *sede pelas almas*... Não eram ainda as almas de sacerdotes que me empolgavam, mas as de *grandes pecadores*. Ardia no desejo de desviá-los das chamas eternas...

135 Com o fito de incitar meu zelo, o Bom Deus mostrou-me que meus desejos lhe eram agradáveis. — Ouvira falar de um grande facínora, que acabava de ser condenado à morte, por crimes horrendos[4]. Tudo levava a crer que morreria impenitente. A todo custo queria eu impedi-lo de cair no inferno. Para o conseguir, aplicava todos os meios imagináveis. Sentindo que nada poderia por mim mesma,
46 ofereci ao Bom Deus todos os infinitos méritos de Nosso Senhor, os tesouros da Igreja. Pedi afinal a Celina mandasse celebrar uma missa em minha intenção, não me animando a fazê-lo pessoalmente, pelo receio de ser obrigada a declarar que era por Pranzini, o grande criminoso. Não queria também declará-lo à Celina, mas ela fez-me perguntas tão carinhosas e insistentes, que lhe confiei meu segredo. Longe de zombar de mim, pediu-me para me ajudar na conversão do *meu pecador*. Aceitei-o reconhecida, pois quereria que todas as criaturas se unissem a mim, para implorarmos o perdão do culpado. Sentia, no fundo do coração, a *certeza* de que nossos desejos seriam atendidos. Entretanto, na inten-

---

[3] Jo 19,28.
[4] Henrique Pranzini, cujo processo começou em 9 de julho de 1887 e terminou no dia 13 pela condenação à morte. Foi então que Teresa se apaixonou pela conversão dele. Pranzini foi executado a 31 de agosto de 1887.

ção de criar coragem para continuar a rezar pelos pecadores, declarei ao Bom Deus que estava muito segura de seu perdão ao mísero e desditoso Pranzini; que nisso acreditaria, apesar de que *não se confessasse nem manifestasse alguma sombra de arrependimento,* tanta era a minha confiança na infinita misericórdia de Jesus; mas, que para meu simples consolo lhe pedia, unicamente, um "sinal" de arrependimento...

Minha oração foi atendida ao pé da letra! Não obstante a determinação de Papai não lêssemos nenhum jornal, julguei não estar desobedecendo, quando lia os tópicos que se referiam a Pranzini. No dia imediato à execução, tomo em mãos o jornal *La Croix*. Abro-o pressurosa, e que vejo?... Oh! minhas lágrimas traíram minha emoção, foi preciso recatar-me... Não tendo confessado, Pranzini subiu ao patíbulo e preparava-se para meter a cabeça no lúgubre orifício, quando, levado por súbita inspiração, se volta e toma o *Crucifixo,* que o sacerdote lhe apresentava, *beijando três vezes as Sagradas Chagas!...* Sua alma foi então receber a *misericordiosa* sentença Daquele que declara haver no Céu maior alegria por causa de um só pecador que faz penitência, do que por noventa e nove justos que não precisam de penitência![5]...

Obtive o "sinal" pedido, e o sinal era uma expressão fiel de graças que Jesus me tinha outorgado, para me induzir a rezar pelos pecadores. Não foi diante das *Chagas de Jesus,* vendo correr seu *Sangue* Divino, que a sede de almas me calou no coração? Queria eu dar-lhes a beber esse *Sangue imaculado,* e os lábios do "meu primeiro filho" foram colar-se às sagradas chagas!!!... Que resposta de inefável doçura!... Oh! a partir dessa graça singular, dia por dia se avolumava meu desejo de salvar almas. Tinha a impressão de que Jesus me dizia, como à samaritana: "Dá-me de beber!"[6] Era um verdadeiro intercâmbio de amor. Às almas dava o

---
[5] Lc 15,7.
[6] Jo 4,7.

Sangue de Jesus, a Jesus oferecia as mesmas almas retemperadas com seu divino *orvalho*. Assim me parecia tirar-lhe a sede. Mas, quanto mais lhe dava de beber, tanto mais crescia a sede de minha pobre alminha, e era esta sede ardente que ele me dava como a mais deliciosa bebida de seu amor...

137 Em pouco tempo, o Bom Deus soube fazer-me sair do estreito círculo, no qual girava, sem saber como dele sairia. Grande é minha gratidão, quando vejo o caminho que me fez percorrer, todavia, devo dizê-lo: apesar de já ter dado o passo maior, restavam-me ainda muitas coisas a que devia renunciar. Uma vez desembaraçado de seus escrúpulos e de sua excessiva sensibilidade, meu espírito se desenvolveu. Sempre gostei do grandioso, do belo, mas naquela época fui levada por extremo desejo de *saber*. Não me restringindo às aulas e aos exercícios que minha professora me dava, aplicava-me por mim mesma a estudos especiais de *história* e *ciências*. Outros estudos deixavam-me indiferente, mas estas duas matérias prendiam toda a minha atenção. Desta forma, adquiri em poucos meses maiores conhecimentos, do que durante meus anos de estudos. Oh! que tudo não passava de vaidade e tribulação de espírito[7]... Muitas vezes, acudia-me à mente o capítulo da *Imitação de Cristo,* onde se fala de *ciências*[8], mas sempre industriava um meio de continuar, apesar de tudo, dizendo a mim mesma que, estando

47 em idade de estudar, nenhum mal havia em fazê-lo. Creio não ter ofendido ao Bom Deus (muito embora reconheça ter aí aplicado um tempo inútil), porque para tal fim só empregava certo número de horas, que não queria exceder, com o intuito de mortificar o desejo demasiado vivo de saber... Estava na idade mais cheia de perigos para as adolescentes. O Bom Deus, contudo, fez por mim o que Ezequiel refere em suas profecias: "Passando junto a mim, viu Jesus que

---

[7] Cf. Ecl 2,11.
[8] *Imit. de Cristo* III, 43.

me chegara o tempo de ser *amada*. Fez aliança comigo, e passei a pertencer-lhe *como sua*... Estendeu sobre mim seu manto, lavou-me com aromas preciosos, revestiu-me de roupas recamadas, e deu-me colares e adereços de inestimável valor... Nutriu-me com flor de farinha, com azeite e mel *em abundância*... então fiquei formosa aos seus olhos, e fez de mim poderosa rainha!..."[9]

Sim, Jesus fez tudo isso por mim. Poderia retomar cada palavra que acabo de escrever, provando que se realizou em meu favor, mas as graças que citei mais acima, demonstram-no de maneira suficiente. Vou apenas falar do alimento que me prodigalizou *"em abundância"*. Desde muito, nutria-me da "flor de farinha", contida na *Imitação de Cristo*. Era o único livro que me fazia bem, pois não tinha ainda deparado com os tesouros que se ocultam no Evangelho. Sabia, de memória, quase todos os capítulos da minha querida *Imitação de Cristo*. Esse livrinho não me deixava nunca. No verão, carregava-o no bolso; no inverno, dentro do regalo; isto se tornou tradicional. Em casa de Titia, entretinham-se muito com ele, abriam-no ao léu, e faziam-me recitar de cor o capítulo que se apresentava aos olhos.

Aos 14 anos, com o meu desejo de saber, o Bom Deus achou ser preciso juntar à *"flor de farinha"*, *"mel e azeite em abundância"*. O mel e o azeite, mos fez descobrir nas conferências do Padre Arminjon sobre o fim do mundo atual e sobre os mistérios da vida futura[10]. O livro fora emprestado ao Papai por minhas queridas carmelitas, motivo pelo qual, ao contrário do meu costume (pois não lia os livros de Papai), o pedi para ler.

Essa leitura foi também uma das maiores graças de minha vida. Eu a fazia junto à janela do meu quarto de estudos, e a impressão que dela me ficou é por demais íntima e afetuosa, para que a possa externar...

---

[9] Ez 16,8-13.
[10] Conferências pregadas na catedral de Chambéry, editadas em 1881, com o título: *Fin du monde présent et mystère de la vie future*.

Todas as verdades fundamentais da religião, os mistérios da eternidade, mergulhavam minha alma numa bemaventurança, que não é desta terra... Já pressentia (não com a vista corpórea, mas com a do coração)[11] aquilo que Deus reserva aos que o amam, e, vendo que as eternas recompensas não estão em nenhuma proporção com os leves sacrifícios da vida[12], queria *amar, amar a* Jesus *apaixonadamente,* dar-lhe mil sinais de amor, enquanto ainda o pudesse... Copiei vários trechos relativos ao perfeito amor e à acolhida que o Bom Deus dará aos seus eleitos no momento que *Ele próprio* se lhes tornar sua grande e eternal recompensa. Não parava de repetir as palavras de amor que me tinham abrasado o coração...

139 Celina tornara-se íntima confidente dos meus pensamentos. Desde o Natal podíamos entender-nos. Já não existia a distância de idade, porque eu tinha crescido em tamanho, e sobretudo em graça... Antes dessa época, queixava-me às vezes por não conhecer os segredos de Celina. Dizia-me ela que eu era muito pequena, e precisava crescer "até a altura de um tamborete", para que lhe fosse possível ter confiança em mim... Quando estava ao seu lado, gostava de trepar no precioso tamborete, e dizer-lhe que me falasse com intimidade. Mas era inútil meu estratagema, havia uma distância que ainda nos separava!...

Jesus que queria fazer-nos progredir juntas, criou em nossos corações vínculos mais possantes do que os do sangue. Fez com que nos tornássemos *irmãs de alma.* Em nós se averiguaram as palavras do Cântico de São João da Cruz (falando ao Esposo, a esposa exclama): "Seguindo vossos passos, as donzelas percorrem ligeiras o caminho. O toque

48 da faísca, o vinho temperado fazem com que tenham aspirações divinamente perfumadas"[13]. Sim, era bem *ligeiras* que

---

[11] Cf. 1Cor 2,9.
[12] Cf. Rm 8,18.
[13] São João da Cruz, *Cântico espiritual,* estrofe XXV.

seguíamos os passos de Jesus. As faíscas de amor que semeava a mãos-cheias em nossas almas, o vinho delicioso e forte que nos dava a beber, faziam desaparecer de nossos olhos as coisas passageiras, e de nossos lábios brotavam aspirações de amor, inspiradas por ele. Quão doces não eram as conversas que tínhamos todas as noites no mirante! Com o olhar absorto no longínquo, contemplávamos a branca lua que se erguia suavemente por detrás das grandes árvores... Os reflexos prateados que irradiava sobre a natureza adormecida... As brilhantes estrelas que cintilavam no azul profundo do céu... O brando murmúrio da brisa vespertina que fazia flutuar as nuvens esbranquiçadas. Tudo elevava nossas almas ao céu, ao formoso céu, ainda que do mesmo não contemplássemos senão o "puro *reverso*"[14]...

Não sei se estou enganada, mas parece-me que a expansão de nossas almas se assemelhava a de Santa Mônica com seu filho, quando no porto de Óstia ficavam absortos em êxtase, ao contemplarem as maravilhas do Criador!... Recebíamos, ao que me parece, graças de categoria tão elevada, como as que são concedidas aos grandes Santos. Como diz a *Imitação de Cristo,* de vez em quando o Bom Deus se comunica no meio de vivo esplendor, ou então *"se encobre mansamente por debaixo de sombras e figuras"*[15]. Era de tal maneira que se dignava manifestar-se às nossas almas. Mas, como era *diáfano e leve* o véu que subtraía Jesus aos nossos olhares!... Não era possível duvidar, a fé e a esperança já não eram necessárias. O amor fazia-nos encontrar na terra Aquele a quem procurávamos. *"Encontrando-o sozinho, deu-nos ele seu ósculo, para que dali por diante ninguém tivesse motivo de desprezar-nos."*[16]

Graças tão grandes não podiam ficar sem frutos; estes **140** por sua vez foram abundantes. A prática da virtude tornou-

---

[14] Reminiscência de uma poesia de Alfredo Besse de Larz (1848-1904), intitulada: *L'envers du Ciel* [O reverso do Céu].
[15] *Imit. de Cristo* III, 43,4.
[16] Ct 8,1.

48v se-nos suave e natural. No começo, minha fisionomia traía muitas vezes sinal de luta, mas tal reação foi desaparecendo aos poucos, e a renúncia tornou-se-me fácil desde o primeiro instante. Jesus tinha dito: "A quem já tem, ser-lhe-á dado, e dado em abundância"[17]. Por uma graça recebida com fidelidade, concedia-me grande número de outras tantas... Ele próprio dava-se a mim na Santa Comunhão, muito mais amiúde do que eu teria coragem de esperar. Como norma, determinara fazer, sem omissão de nenhuma, as Comunhões que meu confessor me permitisse, e concordara em que regulasse sua freqüência, sem nunca lhe fazer algum pedido. Naquela época, não dispunha da *audácia* que tenho agora. Não fosse assim, procederia de outra maneira, pois acho muito seguramente, que a alma deve revelar ao confessor o atrativo que sente em receber o seu Deus. Não é para ficar no cibório que ele baixa *todos os dias* do céu. É para encontrar outro céu, que lhe é infinitamente mais estimável do que o primeiro, o céu de nossa alma, feita à sua imagem, templo vivo da adorável Trindade!...

Vendo meu desejo e a retidão do meu coração, Jesus fez com que meu confessor me autorizasse a fazer a Santa Comunhão quatro vezes por semana no mês de maio, e, depois de passado o belo mês, acrescentasse uma quinta Comunhão, todas as vezes que ocorria um dia santo. Ao sair do confessionário, saltavam-me dos olhos lágrimas bem confortantes. Parecia ser o próprio Jesus que queria dar-se a mim; pois, eu tinha confessado há pouco tempo, e nunca dizia nada acerca de meus íntimos sentimentos. O caminho pelo qual andava era tão reto e tão luminoso, que não havia mister de outro guia senão Jesus... Os diretores espirituais, eu os comparava a espelhos fiéis que refletem Jesus nas almas, achando que, no meu caso, o Bom Deus não se valia de nenhuma pessoa intermediária, mas atuava diretamente!...

---

[17] Mt 13,12.

Quando um hortelão cerca de cuidados uma fruta que ele quer que amadureça antes do tempo, nunca o faz para a deixar pendurada na árvore, mas para a colocar num brilhante serviço de mesa. Era em intenção análoga que Jesus despendia suas graças à sua queridinha... Ele que nos dias de sua vida mortal exclamou num transporte de alegria: "Meu Pai, graças vos dou, porque escondestes estas coisas aos sábios e aos prudentes, e as revelastes aos pequeninos"[18], — queria fazer brilhar em mim a sua misericórdia. Por ser eu pequena e fraca, ele rebaixou-se até mim, iniciou-me secretamente em *assuntos de seu amor*. Ah! se os entendidos que passaram a vida a estudar, viessem examinar-me, certamente ficariam admirados de verem uma menina de quatorze anos alcançar os segredos da perfeição, segredos que toda a sua ciência não lhes pode desvendar, pois que para os possuir é preciso ser pobre de espírito!...

Como o diz São João da Cruz em seu cântico: "Não tinha nem guia, nem luz, fora aquela que refulgia em meu coração. Mais segura do que a do meio-dia, esta luz guiava-me para onde me aguardava aquele que perfeitamente me conhece"[19]. Esse lugar era o Carmelo. Antes de "repousar à sombra daquele que eu desejava"[20], tinha que passar por muitas provações, mas o chamado divino era tão premente que, se me fora preciso *atravessar pelas chamas*, tê-lo-ia feito para me conservar fiel a Jesus... Para me encorajar em minha vocação, só encontrei uma *única alma*, e esta foi a minha *querida Mãe*... Meu coração encontrou no seu um eco fiel; e sem ela não teria, por certo, chegado à praia abençoada que há cinco anos a acolhera em seu solo impregnado de celestial orvalho... Sim, há cinco anos que estava longe de vós, minha *querida Mãe*, julgava ter-vos perdido, mas na hora da provação foi vossa mão que me indicou o caminho

---

[18] Mt 11,25.
[19] S. João da Cruz, *Noite escura da alma,* estrofes III-IV.
[20] Ct 2,3.

que devia seguir... Tinha necessidade de tal conforto, porque minhas idas ao parlatório do Carmelo se tornavam cada vez mais penosas. Não podia falar do meu desejo de entrar, sem me sentir rejeitada. Achando que eu era muito nova, Maria fazia todo o possível para impedir minha entrada. Vós mesma, minha Mãe, com o intuito de me provar, procuráveis algumas vezes diminuir meu ardor. Afinal, se não tivera realmente vocação, desistiria já no começo, porque encontrava obstáculos, desde o momento que comecei a responder ao chamado de Jesus. Não quis falar à Celina do meu desejo de entrar tão nova para o Carmelo, e isto me fazia sofrer mais ainda, porque me era muito difícil ocultar-lhe alguma coisa...

49v

Não durou muito o sofrimento. Minha querida irmãzinha logo ficou sabendo de minha determinação. Longe de tentar dissuadir-me, aceitou com admirável coragem o sacrifício que o Bom Deus lhe pedia. Para se avaliar quanto era seu alcance, seria preciso conhecer até que ponto éramos unidas... Era, por assim dizer, uma só alma que nos fazia viver. Desde alguns meses levávamos a vida mais fagueira que adolescentes possam sonhar. Ao redor de nós, tudo correspondia aos nossos gostos; davam-nos a mais ampla liberdade: acabava por dizer que nossa vida na terra constituía o *ideal de felicidade*... Mal tivemos tempo de saborear *o ideal de felicidade*, quando já se nos impunha a necessidade de renunciá-lo livremente, e minha querida Celina não teve um instante sequer de revolta. Poderia, entretanto, ter-se queixado, pois não era a ela que Jesus chamava em primeiro lugar... Tendo a mesma vocação que eu, seria ela quem devia pôr-se a caminho!...

Mas, como no tempo dos mártires, os que continuavam na prisão davam, alegres, o ósculo de paz aos irmãos que partiam como primeiros para a luta na arena, enquanto eles próprios se consolavam com a idéia de que talvez ficariam reservados para maiores combates. Assim também *Celina* deixou sua Teresa ir-se embora, e ficou sozinha para o glorioso e cruento combate[21], ao qual Jesus a destinava como *privilegiada de seu amor!*...

Celina tornou-se, portanto, a confidente de minhas lutas e meus sofrimentos, nos quais tomava a mesma parte, como se tratasse de sua própria vocação. De seu lado não tinha que temer oposição, mas não sabia de que me valer para levar a situação ao conhecimento de Papai... Como dizer-lhe que ficaria sem sua rainha, a ele que acabava de sacrificar suas três filhas mais velhas?... Oh! por quantas lutas íntimas não tive que passar antes de sentir ânimo de lhe falar!... No entanto, era forçoso decidir-me. Ia completar quatorze anos e meio, e seis meses apenas nos distanciavam da linda *noite de Natal,* em que tomara a resolução de entrar, à mesma hora em que um ano antes tinha recebido "minha graça".

Para fazer minha grande confidência, escolhi o dia de *Pentecostes*[22]. Supliquei o dia inteiro aos Santos Apóstolos intercedessem por mim e me inspirassem as palavras que ia falar... Não eram eles, com efeito, que deviam ajudar a tímida criança que Deus destinava a tornar-se apóstola dos apóstolos, mediante a oração e o sacrifício?...

Não foi senão de tarde, quando voltamos de Vésperas, que encontrei oportunidade de falar ao meu querido Paizinho. Ele fora sentar-se à beira da cisterna, onde contemplava, de mãos postas, as maravilhas da natureza. O Sol, cujos reflexos tinham esmaecido, dourava o pico das grandes árvores, nas quais os passarinhos gorjeavam sua oração da noite. O belo rosto de Papai tinha uma expressão celestial. Eu percebia que a paz lhe inundava o coração. Sem dizer uma só palavra, sentei-me ao seu lado, com os olhos rasos de lágrimas. Ele olhou-me com ternura, segurou-me pela cabeça, apoiou-a contra o coração, e disse-me: "Que tens, minha rainhazinha?... Abre-te comigo..."

---

[21] A enfermidade do Sr. Martin.
[22] A 29 de maio de 1887.

Levantando-se depois, como que para disfarçar a própria emoção, pôs-se a andar a passos lentos, sempre segurando minha cabeça contra o coração. Entre lágrimas, confiei-lhe meu desejo de entrar no Carmelo. Então, suas lágrimas fundiram-se com as minhas. No entanto, não proferiu palavra alguma que me desviasse de minha vocação. Limitou-se, simplesmente, a observar-me que era ainda muito nova para tomar decisão de tanta gravidade. Eu, porém, advoguei tão bem minha causa que, com sua índole simples e reta, Papai logo se capacitou de que meu desejo era o do próprio Deus, e, em sua fé profunda, exclamou que o Bom Deus lhe fazia grande honra em lhe pedir assim suas filhas. Prosseguimos muito tempo nosso passeio. Aliviado pela bondade com que meu incomparável Pai acolhera minhas confidências, meu coração expandiu-se docemente no seu. Papai parecia fruir de serena alegria, proveniente do sacrifício consumado. Falou-me como um santo. Quisera lembrar suas palavras, para as consignar aqui, mas delas só me ficou uma recordação muito balsâmica, que não consigo manifestar por palavras.

O que me lembro, perfeitamente, é um ato *simbólico* que meu querido Rei executou, sem o perceber. Acercando-se de um muro de pouca altura, mostrou-me umas *florinhas brancas,* parecidas com lírios em miniatura. Tomou uma das flores, e deu-ma, explicando-me com que solicitude o Bom Deus a fizera nascer e a conservara até aquela data. Ao ouvi-lo falar, julgava ouvir minha própria história, tanta era a semelhança no que Jesus fizera pela *florinha* e pela *Teresinha...*

Recebi a florinha como se fosse uma relíquia. E observei que, querendo apanhá-la, Papai a tirara com todas as raízes, sem as quebrar. Parecia destinada a continuar ainda viva noutra terra, mais fértil do que o tenro musgo, onde passou os primeiros dias de existência... Era essa, exatamente, a mesma ação que Papai, momentos antes, acabava de ter para comigo, quando me permitiu galgar a montanha do Carmelo e abandonar a amena planície, testemunha de meus primeiros passos na vida.

Coloquei minha florinha branca dentro da minha *Imitação de Cristo,* no capítulo intitulado: "Devemos amar a Jesus sobre todas as coisas".[23] E ali continua ainda. Só que a haste se quebrou bem perto, e assim parece o Bom Deus indicar-me que, dentro em breve, romperá os liames de sua florzinha, não a deixando murchar sobre a terra!

Obtido o consentimento de Papai, julgava poder voar sem receio ao Carmelo, mas provações bem dolorosas deviam ainda provar minha vocação. Foi a tremer que confiei ao Titio a resolução que tinha tomado[24]. Prodigalizou-me todas as possíveis demonstrações de ternura. Não me deu, todavia, permissão de partida. Ao contrário, proibiu-me que lhe falasse de minha vocação antes da idade de dezessete anos. Seria contra a prudência humana, dizia ele, fazer entrar no Carmelo uma criança de 15 anos. Sendo a vida de carmelita vida de filósofo aos olhos do mundo, seria prejudicar a religião deixar que uma criança inexperiente a abrace... Todo o mundo faria comentários etc. ... etc. ... Declarou até, que seria mister um *milagre* para o decidir a dar-me permissão de partida. Bem vi que todos os raciocínios seriam inúteis, por isso me retirei com o coração imerso na mais profunda amargura. Meu único consolo era a oração. Suplicava a Jesus operasse o *milagre* exigido, pois só a tal preço poderia atender ao seu chamado.

Passou-se bom espaço de tempo[25], antes que me animasse a falar de novo com Titio. Era-me extremamente custoso ir procurá-lo, e da parte dele parecia que já nem pensava em minha vocação. Mais tarde, porém, soube que minha grande tristeza influíra muito nele em meu favor. Antes de fazer despontar em minha alma um raio de esperança, quis o Bom Deus enviar-me um martírio muito doloroso que du-

---

[23] *Imit. de Cristo* II, 7.
[24] A 8 de outubro de 1887.
[25] Na realidade, quinze dias.

rou *três dias*²⁶. Oh! nunca dantes compreendi tão bem, como nesta provação, a dor da Santíssima Virgem e de São José, quando procuravam o Menino Jesus... Achava-me num triste deserto, ou antes, minha alma assemelhava-se a uma frágil embarcação, entregue, sem piloto, ao capricho das ondas encapeladas... Eu o sei, Jesus estava ali a dormir em minha barquinha, mas a noite era tão escura que me era impossível divisá-lo. Nada me aclarava, nem um relâmpago sequer vinha sulcar as nuvens tenebrosas... Não resta dúvida, é bem tristonho o clarão dos relâmpagos, mas se a tempestade pelo menos irrompesse abertamente, poderia eu enxergar Jesus por um instante... Mas era *a noite,* a profunda noite da alma... Como Jesus no jardim da agonia, sentia-me *só,* não encontrando consolo nem na terra, nem nos Céus. O Bom Deus, parecia, ter-me abandonado!!!... A natureza dava a impressão de compartilhar minha amarga tristeza, pois que em três dias o sol não fez brilhar nenhum de seus raios, e a chuva caía torrencialmente. (Reparei que em todas as circunstâncias graves de minha vida a natureza era uma imagem de minha alma. Em dias de lágrimas, o Céu chorava comigo. Em dias de alegria, o sol enviava profusamente seus raios alegres, e o azul do céu não se escurecia por nenhuma nuvem...)

51v

No quarto dia, afinal, que por sinal era *sábado,* dia consagrado à meiga Rainha dos Céus, fui visitar Titio. Qual não foi minha surpresa, quando o vi dar-me atenção e fazer-me entrar no gabinete, sem que lhe manifestasse tal desejo!... Começou por me passar suave repreensão, porque parecia ter medo dele. E disse-me depois que não era preciso pedir *milagre,* e que tinha unicamente rezado ao Bom Deus lhe desse um "simples toque de coração", e fora atendido... Ah! Eu é que não tive tentação de implorar milagre, porque para mim o *milagre estava concedido,* meu tio já não era o mesmo. Sem fazer nenhuma alusão à "prudência humana",

---

²⁶ De quarta-feira, dia 19, a sábado, 23 de outubro.

disse-me que *eu era uma florzinha que o Bom Deus queria colher,* e que a isso já não faria oposição!...

Verdadeiramente digna dele, era a resposta definitiva. Pela terceira vez, esse Cristão de uma outra idade permitia a uma de suas filhas, adotadas pelo seu coração, sepultar-se longe do mundo. Titia também foi admirável em delicadeza e prudência. Não me ocorre que, na minha provação, me tivesse dito alguma palavra capaz de agravá-la. Percebia que tinha grande compaixão de sua pobre Teresinha. Por isso, quando alcancei o consentimento do meu querido Titio, ela me deu o seu, mas não sem me demonstrar, de mil modos, que minha partida a deixaria pesarosa... Pena é que nossos queridos familiares mal podiam ainda imaginar que teriam, mais duas vezes, de repetir o mesmo sacrifício... Mas, quando o Bom Deus estendia a *mão,* sempre para pedir, não a apresentava *vazia,* dela puderam seus mais queridos amigos colher abundantemente a Força e a coragem que lhes eram tão necessárias.... O coração, porém, arrasta-me para muito longe do meu assunto, ao qual retorno quase que contra a vontade. — Depois da resposta do meu Tio, compreendeis, minha Mãe,

com que alegria retomei o caminho dos Buissonnets, debaixo "do *belo Céu,* cujas nuvens se tinham dissipado por completo!...". Em minha alma cessara também a noite. Ao despertar, Jesus tinha-me restituído a alegria. Acalmara o rumorejar das ondas. Em lugar do vendaval da provação, doce aragem enfunava minha vela, e eu acreditava que logo aportaria à abençoada *praia* que via bem perto de mim. Estava, realmente, bem próxima de minha barquinha. No entanto, *mais de uma tempestade* iria ainda levantar-se e tirar-lhe a visão de seu farol luminoso, incutindo-lhe o temor de ter-se afastado para sempre da praia tão ardentemente desejada...

146 Poucos dias depois de alcançado o consentimento de meu tio, fui visitar-vos[27], minha Mãe querida, e falei-vos da minha alegria por terem passado todas as minhas provações. Mas, qual não foi minha surpresa e inquietação de espírito, quando ouvi vossa declaração de que o Sr. Superior[28] não consentiria em minha entrada antes da idade de 21 anos... Ninguém cogitara nessa oposição, a mais invencível de todas. Ainda assim, sem perder a coragem, fui pessoalmente com Papai e Celina à casa de "nosso Padre", com o sentido de tentar comovê-lo, fazendo-lhe ver que eu tinha, sim, vocação para o Carmelo. Recebeu-nos mui friamente. Nada adiantou que meu *incomparável* Paizinho juntasse suas instâncias às minhas. Nada pôde demover sua disposição de espírito. Disse-me que não havia perigo na demora, que podia em casa levar uma vida de carmelita, e nem tudo estaria perdido, ainda que me não castigasse com disciplinas... etc. ... etc. ... Acabou, afinal, acrescentando que não era senão *delegado do Sr. Bispo,* e que se o mesmo quisesse permitir-me a entrada para o Carmelo, nada mais teria que objetar... Saí *em prantos* da casa canônica. Por sorte ficava escondida debaixo do meu guarda-chuva, pois a *chuva* caía torrencialmente. Papai não sabia como consolar-me... Prometeu-me levar-me a Bayeux, logo que manifestei tal desejo, pois estava decidida a *atingir* meus objetivos. Cheguei a dizer que iria até ao *Santo Padre,* caso o Sr. Bispo me recusasse a permissão de entrar no Carmelo aos 15 anos... Muitas coisas aconteceram antes de minha viagem a Bayeux[29].

147 Exteriormente, minha vida parecia inalterada. Estudava,

---

[27] De fato, desde o dia seguinte, domingo, 23 de outubro.
[28] Padre Delatroëtte, superior eclesiástico do Carmelo de Lisieux. As Carmelitas, por via de regra, chamavam-lhe "nosso Padre".
[29] Na realidade, o espaço de tempo foi breve: sete ou oito dias, ao máximo, porque a viagem a Bayeux se efetuou no dia 31 de outubro.

tomava aulas de desenho com Celina[30], e minha habilidosa professora descobria em mim muitas aptidões para a sua arte. Crescia, sobretudo, no amor do Bom Deus, sentia no coração uns frêmitos até então desconhecidos, tinha às vezes verdadeiros transportes de amor. Uma noite, não sabendo como declarar a Jesus que o amava, e quanto o desejava amado e glorificado em toda a parte, veio-me o doloroso pensamento que do inferno não poderia ele jamais receber um único ato de amor. Então declarei ao Bom Deus que, para lhe dar prazer, de boa mente consentiria em ver-me ali imersa, a fim de que ele fosse eternamente *amado* nesse lugar de blasfêmia... Era de meu conhecimento que isso não poderia glorificá-lo, mas quando a gente ama, sente a necessidade de dizer mil desatinos. Se falava assim, não era porque o Céu não excitasse minha ambição. Mas, no caso, minha imagem do Céu não era outra senão o Amor, sentindo, como São Paulo, que nada poderia apartar-me do divino objeto que me fascinara![31]...

52v

Antes de abandonar o século, o Bom Deus deu-me a consolação de conhecer mais de perto *almas de criança*. Por ser a mais nova da família, nunca tivera essa ventura. Eis as tristes circunstâncias que ma proporcionaram. Uma pobre mulher, parente de nossa empregada, morreu na flor da idade e deixou três filhinhos. Durante sua doença, recolhemos em casa as duas menininhas, a mais velha das quais não tinha ainda seis anos.

148

Dedicava-me a elas o dia inteiro, e dava-me grande prazer verificar com que candura acreditavam tudo o que lhes falasse. Certo é que o santo Batismo deposita nas almas um germe muito profundo das virtudes teologais, uma vez que já se manifestam desde a infância, e que a esperança dos bens futuros é quanto basta para levar à aceita-

---

[30] Celina dera à irmã aulas de desenho no *primeiro semestre* de 1887, como o demonstra uma série de esboços, datados por mão de Teresa (fevereiro-maio).
[31] Rm 8,39.

ção de sacrifícios. Quando queria ver minhas duas filhinhas bem-conciliadas entre si, em lugar de prometer brinquedos e balas a que condescendesse com a irmã, falava-lhes das eternas recompensas que o Menino Jesus dará no Céu às criancinhas bem comportadas. A mais velha, cujo raciocínio começava a desenvolver-se, fitava-me com os olhos a brilhar de alegria, fazia-me mil graciosas perguntas a respeito do Menino Jesus e de seu belo Céu, e com entusiasmo me prometia condescender sempre com a irmã. Afirmava que nunca na vida esqueceria o que lhe tinha dito a "grande senhorita", pois era assim que me chamava... Considerando de perto tais almas inocentes, compreendi qual não seria a desgraça de não as formar devidamente desde o despertar da razão, enquanto ainda se assemelham à cera mole, na qual é possível moldar o selo tanto da virtude como da maldade... Compreendi o que Jesus disse no Evangelho: "Melhor seria ser lançado ao

53 mar, do que escandalizar um só destes pequeninos"[32]. Oh! que de almas não chegariam à santidade, se fossem bem orientadas! ...

149 Bem sei que o Bom Deus não carece de ninguém para fazer sua obra. Mas, assim como ele faculta a um jardineiro competente o cultivar plantas raras e mimosas, e para tanto lhe ministra a ciência necessária, e a Si mesmo reserva a incumbência de fecundar, da mesma maneira quer Jesus ser ajudado no divino cultivo das almas.

Que aconteceria, se um jardineiro incompetente não enxertasse bem seus arbustos? Se não soubesse distinguir a constituição de cada qual e quisesse produzir rosas em pessegueiros?... Faria morrer a árvore que, aliás, era boa e capaz de produzir frutos.

Assim se torna necessário saber discriminar, já na infância, o que o Bom Deus exige das almas, e coadjuvar a ação de sua graça, sem que a ultrapasse ou retarde.

---
[32] Mt 18,6.

Da mesma forma que os filhotes de passarinhos aprendem a *cantar*, ouvindo seus pais, assim também as crianças aprendem a ciência das virtudes, o sublime *canto* do Amor Divino, no trato com as almas encarregadas de formá-las para a vida.

Lembro-me que, entre os meus passarinhos, havia um canário que era um assombro quando cantava. Havia, também, um filhote de pintarroxo, ao qual prodigava meus *maternais* cuidados, porque o adotara antes que ele tivesse a sorte de gozar liberdade. O coitadinho do prisioneiro não tinha pais que lhe ensinassem a cantar. Mas, como ouvisse, da manhã à noite, os alegres gorjeios do canário, seu companheiro, quis imitá-lo... Era tarefa difícil para um pintarroxo. Por isso, sua voz macia custou afinar-se com o timbre vibrante de seu maestro de música. Era um encanto apreciar os esforços do coitadinho. Foram, porém, coroados de bom êxito, pois que seu canto, embora se conservasse muito mais suave, era absolutamente idêntico ao do canário.

Ó minha querida mãe! fostes vós que me ensinastes a cantar... Era vossa voz que me encantava desde a infância, e agora tenho a consolação de ouvir dizer que vos sou semelhante!!! Bem sei quanto ainda estou longe disso, mas espero que, apesar de minha fraqueza, repita eternamente o mesmo cântico que o vosso!... 53v

Antes da minha entrada no Carmelo, colhi ainda muitas experiências quanto à vida e às misérias do mundo, mas estas particularidades me levariam muito longe. Retomarei a narrativa de minha vocação. **150**

— O dia 31 de outubro ficou marcado para minha viagem a Bayeux. Viajei sozinha com o Papai, o coração cheio de esperança, mas também estava muito impressionada com o pensamento de que ia apresentar-me no bispado. Pela primeira vez na vida... faria uma visita, sem a companhia de minhas irmãs, e a visita seria a um *Bispo*[33]. Eu que nunca

---

[33] Dom Hugonin (1823-1898), bispo de Bayeux e Lisieux desde 1867.

tinha necessidade de falar senão para responder a perguntas que me fizessem, devia por mim mesma explicar a finalidade de minha visita, expor as razões que me levavam a solicitar a admissão no Carmelo. Numa palavra, devia demonstrar a firmeza de minha vocação. Oh! quanto me não custou fazer a viagem! Foi preciso Deus conceder-me uma graça toda especial, para que vencesse minha grande timidez... Não deixa de ser muito verdadeiro que *"o amor jamais encontra impossibilidades, porque para si mesmo crê ser tudo possível e tudo permitido"*[34]. De fato, foi só o amor de Jesus que me pôde fazer superar essas dificuldades e as outras seguintes, pois foi de seu agrado fazer-me realizar minha vocação através de provações muito grandes...

Hoje, que desfruto a solidão do Carmelo *(repousando à sombra daquele, a quem tanto tinha desejado)*[35], acho que adquiri minha felicidade sem muita labuta, e, para sua aquisição, estaria disposta a curtir sofrimentos muito maiores, se ainda não a possuíra!

Chovia a cântaros, quando chegamos a Bayeux. Papai, que não queria ver sua rainhazinha entrar no bispado com *o belo vestido* todo molhado, fê-la subir a um ônibus e levou-a até a catedral. Ali começaram minhas lástimas. O Sr. Bispo e todo o clero assistiam a um enterro solene. A igreja estava cheia de senhoras em trajes de luto, e todos reparavam em mim com meu vestido claro e chapéu branco. Minha vontade era sair da igreja, mas nem podia pensar nisso por causa da chuva, e, para minha maior humilhação, o Bom Deus permitiu que Papai, em sua patriarcal simplicidade, me fizesse avançar até a abside da catedral. Não querendo magoá-lo, conformei-me de boa vontade, e dei oportunidade de ficarem distraídos os bons cidadãos de Bayeux, os quais desejaria não tê-los jamais conhecido... Pude enfim respirar

---

[34] *Imit. de Cristo* III, 5,4.
[35] Ct 2,3.

à vontade, numa capela atrás do altar-mor, onde demorei longo tempo a rezar fervorosamente, enquanto esperava a chuva passar permitindo-nos a saída. Ao descermos de volta, Papai fez-me admirar a beleza da construção. Esta parecia mais ampla, quando deserta. No entanto, via-me tomada por um único pensamento, e não podia achar graça em coisa alguma.

Fomos procurar diretamente Monsenhor Révérony[36]. Estava ciente de nossa chegada, pois tinha pessoalmente marcado a data de nossa viagem. Não obstante, estava fora de casa. Foi-nos então preciso perambular pelas ruas, que me pareceram *bem tristonhas*. Voltamos afinal para os arredores do bispado, e Papai conduziu-me a um belo hotel, onde não rendi homenagem à perícia do cozinheiro. O pobre Paizinho tinha para comigo uma ternura quase incrível. Dizia-me não ficasse pesarosa, o Sr. Bispo certamente atenderia meu pedido. Depois de termos descansado, fomos ter novamente com Mons. Révérony. Chegou ao mesmo tempo um cavalheiro, mas o Vigário Geral pediu-lhe delicadamente que esperasse, e fez-nos entrar como primeiros em seu gabinete. (O pobre senhor teve tempo de se aborrecer, pois a visita foi longa.)

Mons. Révérony mostrou-se muito amável. Creio, porém, que a razão de nossa viagem o deixou muito surpreso. Depois de me fitar com um sorriso, e de formular algumas perguntas, disse-nos: "Vou apresentar-vos o Sr. Bispo. Tende a bondade de seguir-me". Como visse lágrimas brotarem em meus olhos, acrescentou: "Ah! que estou a ver diamantes... Não convém mostrá-los ao Sr. Bispo!..." Fez-nos atravessar vários compartimentos muito grandes, guarnecidos de retratos de bispos. Quando me vi nos grandes salões, tive-me em conta de uma formiguinha, e perguntava-me a mim mesma sobre o que me atreveria a conversar com o Sr. Bispo. Passeava ele num corredor, entre dois sacerdotes. Vi

---

[36] Vigário Geral de Dom Hugonin desde 1879. Faleceu em 1891.

Mons. Révérony dizer-lhe algumas palavras e vir de volta com ele. Nós o esperávamos no gabinete, onde estavam colocadas três enormes poltronas diante da lareira, na qual crepitava um fogo ardente. Vendo sua Excelência entrar, Papai ajoelhou-se a meu lado para receber a bênção. Depois, o Sr. Bispo indicou lugar a Papai numa das poltronas, e ficou diante dele. Mons. Révérony quis colocar-me na do meio. Recusei-o delicadamente, mas insistiu, dizendo-me que mostrasse se era capaz de obedecer. Sentei-me imediatamente, sem fazer reflexão. Mas, fiquei confusa, quando o vi tomar uma cadeira, enquanto me afundava numa poltrona, na qual quatro iguais a mim ficariam à vontade (mais à vontade do que eu, pois longe estava de sentir-me assim!...).

Esperava que Papai falasse, mas ele declarou-me que eu mesma devia explicar a finalidade de nossa visita. Fi-lo com a maior eloqüência possível. Sua Excelência, entretanto, habituado com *eloqüência,* não parecia muito abalado com minhas razões. Em lugar delas, mais útil me seria uma palavra do Padre Superior. Infelizmente, não a tinha, e a oposição dele não intercedia de modo algum em meu favor...

153 — Perguntou-me o Sr. Bispo se havia muito tempo que desejava entrar para o Carmelo. — "Oh! sim, Sr. Bispo, há muito tempo..." — "Vejamos, replicou a rir Mons. Révérony, não será o caso de poderdes dizer que há *15 anos* tendes tal desejo?" — "É verdade, tornei a falar, também sorrindo, mas não se poderá descontar muitos anos, porque a partir do uso da razão desejei tornar-me religiosa; por sinal que desejei o Carmelo, tão logo o conheci bem, pois achava que nessa Ordem seriam satisfeitas todas as aspirações de minha alma." Não sei, Minha Mãe, se foram estas precisamente minhas palavras. Creio que o foram, ainda que mal-apanhadas, mas afinal o sentido é esse.

Julgando agradar Papai, o Sr. Bispo insistiu em que eu continuasse alguns anos em companhia dele. Por isso, não foi pouca sua *surpresa e edificação,* quando o viu tomar partido a meu favor intercedendo para que obtivesse a permissão de pôr-me a salvo do mundo aos 15 anos de idade. Tudo, porém, foi inútil. Declarou que, antes de chegar a uma decisão, era indispensável um entendimento com o *Superior do Carmelo*. Nada poderia escutar, que maior sofrimento me causasse, pois conhecia a formal oposição do "nosso Padre". Por conseguinte, não atendendo à recomendação de Mons. Révérony, fiz mais do que *mostrar diamantes* ao Sr. Bispo, eu lhos *dei de presente!...* Bem vi que ficou comovido. Tomando-me pelo pescoço, apoiou minha cabeça ao ombro, e fazia-me agrados, como ninguém, ao que parece, jamais os recebera de sua parte. Falou-me que não estava tudo perdido, e que ficava muito contente que eu fizesse a viagem a Roma, com o intuito de consolidar minha vocação, e que em vez de chorar devia sentir alegria. Acrescentou que, devendo ir a Lisieux na semana seguinte, conversaria a meu respeito com o Sr. Pároco de Santiago, e que eu por certo receberia a resposta dele na Itália. Reconheci que inútil seria continuar com novas insistências. Já não tinha, aliás, nada que dizer, por ter esgotado todos os recursos de minha *eloqüência*.

O Sr. Bispo acompanhou-nos até ao jardim. Papai *divertiu-o bastante,* quando lhe contou que eu mandara fazer penteado alto, a fim de aparentar mais idade. (Isso não foi à toa, porque o Sr. Bispo não se refere à sua "filhinha", sem relembrar a história dos cabelos...) Mons. Révérony fez questão de acompanhar-nos até a extremidade do jardim do bispado. Falou a Papai que nunca se vira algo de semelhante: "Um pai tão pressuroso em dar sua filha ao Bom Deus, como a filha em se oferecer a si mesma!"

Papai pediu-lhe várias explicações a respeito da peregrinação, entre as quais como seria o traje para comparecer à presença do Santo Padre. Vejo-o ainda virar-se diante de

Mons. Révérony e perguntar-lhe: "Estarei bem assim?..." Dissera também ao Sr. Bispo, que, se o mesmo não me permitisse entrar para o Carmelo, eu pediria tal graça ao Soberano Pontífice. Meu querido Rei era tão simples em suas palavras e atitudes, mas era também tão *bonito*... Possuía uma distinção toda espontânea, que terá agradado bastante ao Sr. Bispo, habituado a ver em redor de si pessoas que conhecem todas as normas de etiqueta dos salões mas não o *Rei da França e Navarra* em *pessoa,* com sua *rainhazinha.*

155 Quando alcancei a rua, minhas lágrimas começaram de novo a correr, não tanto pela minha aflição, como por ver que meu querido Paizinho acabava de fazer uma viagem inútil... Ele que se rejubilaria em enviar telegrama ao
55v Carmelo comunicando resposta favorável do Sr. Bispo, era obrigado a retornar sem nenhuma... Oh! quanto não padeci!... Meu futuro parecia-me destruído para sempre. Quanto mais me aproximava do remate final, tanto mais se complicavam minhas coisas. Minha alma estava imersa na amargura, mas, também na paz, porque só buscava a vontade do Bom Deus.

Assim que cheguei a Lisieux, fui procurar consolo no Carmelo, e encontrei-o junto a vós, minha querida Mãe. Oh! não, nunca esquecerei tudo quanto sofrestes por minha causa. Se não fora o receio de profaná-las, pelo fato de me valer delas, poderia citar as palavras dirigidas por Jesus aos apóstolos, na noite de sua Paixão: "Fostes *vós* que sempre permanecestes comigo em todas as minhas tribulações"[37]... Minhas *bem-amadas* irmãs também me ofereceram *consolações muito afetuosas...*

---

[37] Lc 22,28.

Capítulo VI

A VIAGEM A ROMA
(1887)

Compreendi minha vocação, - Paris, - Suíça, - Milão, - Veneza, Bolonha, Loreto, - O Coliseu, - As Catacumbas, - No Vaticano, - Aos pés do Santo Padre, - O brinquedinho, - Assis, - Florença, - Regresso à França, - A bolinha, - Três meses de expectativa

Três dias depois da viagem a Bayeux, devia fazer outra muito mais longa, a da Cidade Eterna[1]... Oh! que viagem aquela!... Por si só me instruiu mais do que longos anos de estudos. Mostrou-me a vaidade de tudo quanto passa, e que *tudo debaixo do sol é tribulação de espírito*[2]... Sem embargo, vi muitas coisas belas. Contemplei todas as maravilhas da arte e da religião, antes de tudo pus os pés na mesma terra que os Santos Apóstolos, terra regada com o sangue dos Mártires. E minha alma dilatou-se ao contato com coisas santas...

Sou muito feliz de ter estado em Roma. Compreendo, todavia, as pessoas mundanas, quando pensaram que Papai me induzira a fazer a grande viagem, a fim de desviar meus planos de vida religiosa. Nisso havia, realmente, com que abalar uma vocação pouco consolidada. Não tendo jamais vivido no meio da alta sociedade, Celina e eu nos achávamos no meio da nobreza que integrava, quase exclusivamente, a peregrinação. Ah! muito ao invés de nos obcecarem, todos os títulos e esses "de" não nos pareciam outra coisa

---
[1] A peregrinação a Roma foi organizada pela diocese de Coutances, por ocasião do áureo jubileu sacerdotal de Leão XIII. A ela se associou a diocese de Bayeux.
[2] Cf. Ecl 2,11.

56 senão fumaça... De longe, isso me lançava às vezes um pouco de poeira nos olhos; mas, de perto, percebi que "nem tudo que brilha é ouro", e compreendi a palavra da *Imitação de Cristo:* "Não procureis essa sombra que se chama renome. Não cobiceis grande número de relações nem a amizade particular de pessoa alguma"[3].

Compreendi que a verdadeira grandeza reside na *alma,* não no *nome,* porque no dizer de Isaías: "*O Senhor dará* OUTRO NOME *aos seus eleitos*"[4]. E São João também o diz: "*O vencedor receberá uma pedrinha branca, na qual está escrito um* NOME NOVO, *só conhecido por quem o recebe*"[5]. Só no Céu, portanto, saberemos quais são nossos títulos de nobreza. *Então, cada qual receberá de Deus o louvor que merece*[6]. E quem na terra quis ser o mais pobre, o mais esquecido, por amor de Jesus, será o primeiro, o mais *nobre* e o mais opulento!...

157 A segunda experiência que colhi, refere-se aos sacerdotes. Por não ter jamais vivido em contato mais próximo com eles, não dispunha de elementos para compreender a finalidade principal da reforma do Carmelo. Encantava-me o rezar pelos pecadores. Mas, rezar pelas almas de sacerdotes, que julgava mais límpidas do que o cristal, isso me parecia coisa de espantar!...

Oh! *na Itália* vim a compreender *minha vocação,* e não era longe demais para ir buscar tão útil conhecimento...

Pelo espaço de um mês, vivi com muitos *sacerdotes santos,* e verifiquei que, se a sua sublime dignidade os coloca acima dos anjos, nem por isso deixam de ser homens, fracos e defectíveis... Se *sacerdotes santos,* a quem Jesus em seu Evangelho chama *"o sal da terra",* mostram por seu procedimento, que têm extrema necessidade de orações, o que dizer dos tíbios? Não foi Jesus que declarou

---

[3] *Imit. de Cristo* III, 24,2.
[4] Is 65,15.
[5] Ap 2,17.
[6] 1Cor 4,5.

ainda: *"Se o sal se tornar insípido, com que recuperará o sabor?"*[7]

Ó minha Mãe! como é linda a vocação, que tem por finalidade *conservar o sal* destinado às almas! Tal é a vocação do Carmelo, dado que o único fim de nossas orações e sacrifícios é o de sermos *apóstolas dos apóstolos,* orando por eles, enquanto evangelizam as almas com suas palavras, e, principalmente, com seus exemplos. Força é que me detenha. Se continuasse a discorrer sobre o assunto, seria para mim um nunca acabar!...

Minha querida Mãe, quero narrar-vos minha viagem com alguns detalhes. Perdoai-me, se forem muitos, porque não me concentro antes de escrever, e, pela escassez do meu tempo livre, escrevo em tantas ocasiões diferentes, que minha narrativa talvez vos pareça enfadonha... O que me reconforta é pensar que no céu vos tornarei a falar das graças que recebi, e então poderei fazê-lo em linguagem amena e graciosa... Nada mais virá interromper nossos íntimos desabafos, e num só olhar tereis a compreensão de tudo... Infelizmente, já que tenho ainda de empregar a linguagem da triste terra, tentarei fazê-lo com a simplicidade de uma criancinha que conhece o amor de sua mãe!...

Foi em sete de novembro que a peregrinação partiu de Paris. Papai, no entanto, levou-nos a essa cidade alguns dias antes, para que a visitássemos.

De madrugada[8], às três horas, atravessei a cidade de Lisieux ainda adormecida. Na ocasião, várias impressões me passaram pelo espírito. Sentia que caminhava para o desconhecido, e que grandes coisas me aguardavam por lá... Papai estava alegre. Quando o trem de ferro se pôs em movimento, ele cantarolou o velho refrão: *"Rode, minha diligência, rode! Já estamos na estrada real"**. Chegando a Pa-

---

[7] Mt 5,13.
[8] Sexta-feira, 4 de novembro de 1887.
* No original: "Roule, roule ma diligence, nous voilà sur le grand chemin" (*nota das tradutoras*).

ris na parte da manhã, começamos logo a visitá-la. O pobre Paizinho cansou-se muito, a fim de nos contentar, e assim dentro em pouco tínhamos visto todas as maravilhas da capital.

Por mim só encontrei *uma única* que me arrebatasse. A maravilha era *"Nossa Senhora das Vitórias"*. Oh! o que senti aos seus pés, não o poderia dizer... As graças que me outorgou, comoveram-me tão profundamente, que só minhas lágrimas exprimiam minha felicidade, como no dia da minha primeira comunhão...

57 A Santíssima Virgem deu-me a perceber que foi *ela realmente quem sorrira para mim, e quem me curara*. Compreendi que velava por mim, e que eu era *sua* filha, e por isso já não lhe podia dar outro nome a não ser o de *"Mamãe"*, que me parecia mais afetuoso do que o de Mãe... Com que fervor não lhe supliquei me tomasse para sempre em sua guarda, e logo fizesse do meu sonho uma realidade, aconchegando-me à *sombra de seu manto virginal!*... Oh! nisso consistia um dos meus primeiros desejos de criança... Crescendo, compreendi que só no Carmelo me seria possível encontrar, realmente, o manto da Santíssima Virgem, e a essa fértil Montanha tendiam todos os meus desejos...

Pedi, ainda, a Nossa Senhora das Vitórias, desviasse de mim tudo o que poderia manchar minha pureza. Não ignorava que, numa viagem como esta para a Itália, aconteceriam muitas coisas susceptíveis de me conturbarem, mormente porque, ignorando o mal, receava dar com ele, pois não sabia ainda por experiência que *"tudo é puro para os que são puros"*[9], e que a alma simples e reta não vê o mal em coisa alguma, uma vez que o mal não existe efetivamente senão nos corações impuros e não em objetos insensíveis... Pedi também a São José velasse por mim. Desde a meninice tinha por ele uma devoção que se fundia com meu amor à Santíssima Virgem. Recitava todos os dias a oração: "Ó São

[9] Tt 1,15.

José, pai e protetor das virgens". Por isso, empreendi sem receio minha longa viagem. Estava tão bem protegida, que me parecia impossível sentir medo.

Depois de nos consagrar ao Sagrado Coração de Jesus na basílica de Montmartre, partimos de Paris na segunda-feira, dia 7, pela manhã[10]. Não demoramos em travar conhecimento com os participantes da peregrinação. Ordinariamente tão tímida que mal tinha coragem de falar, vi-me completamente livre do embaraçoso defeito. Com grande surpresa minha, conversava livremente com todas as senhoras da alta sociedade, com os sacerdotes, e até com o Sr. Bispo de Coutances. Sentia a impressão de que sempre vivera num mundo de tal categoria. Éramos, creio eu, estimados por todo o mundo, e Papai parecia orgulhar-se de suas duas filhas[11]. Mas, se tinha orgulho de nós, também tínhamos orgulho dele, pois que em toda a peregrinação não havia cavalheiro mais garboso nem mais distinto do que meu querido Rei. Gostava de ver-se acompanhado por Celina e por mim. Às vezes, quando não estávamos de carruagem e me distanciava dele, chamava-me para que lhe desse o braço, como fazia em Lisieux... O Padre Révérony observava, atentamente, tudo o que fazíamos. Via-o muitas vezes a olhar de longe para nós. À mesa, quando eu não lhe ficava defronte, encontrava um meio de debruçar-se a fim de me enxergar e escutar o que falava. Sem dúvida queria conhecer-me, para saber se realmente era capaz de ser carmelita. Penso

---

[10] *Como havia o plano de se colocar cada compartimento do vagão sob a invocação de um Santo, ficou combinado outorgar-se tal honra a um dos sacerdotes alojados no respectivo compartimento: ou que tomasse seu patrono onomástico pessoal, ou então o de sua paróquia.*

Aconteceu, pois, que em presença de todos os peregrinos ouvimos a proclamação do nosso: São Martinho. Muito grato pela gentileza, Papai foi imediatamente agradecer a Mons. Legoux, Vigário Geral de Coutances e diretor da peregrinação. Dali por diante, várias pessoas não lhe chamavam senão por Sr. São Martinho.

[11] "Declarou-mo no final da viagem, e acrescentou com um sorriso:
"Eram as melhores de todas, ou pouco faltava" (observ. da Madre Inês de Jesus).

que deve ter ficado satisfeito com a investigação, porque no *final da viagem* pareceu estar com boas disposições a meu respeito, mas em Roma ficou muito longe de me favorecer, como o explicarei mais adiante.

160   Antes de chegarmos à "Cidade Eterna", alvo de nossa peregrinação, foi-nos dado contemplar muitas maravilhas. Primeiro, a Suíça com suas montanhas, cujos cumes desaparecem nas nuvens, com as graciosas cascatas a borbulhar de mil maneiras diferentes, com seus vales profundos, cheios de gigantescas samambaias e de urzes cor-de-rosa. Oh! minha querida Mãe, quanto bem não fizeram à minha alma as belezas da natureza, que se alastravam *com exuberância!* Como a levantaram até Aquele que se comprazeu de lançar tais obras-primas em terra de exílio, cuja duração não passará de um dia!... Meus olhos não eram suficientes para ver. De pé, junto à portinhola, quase perdia a respiração. Quisera estar em ambos os lados do vagão. Pois, quando me voltava para a outra banda, punha os olhos em paisagens de visão encantadora, totalmente diversas daquelas que se desdobravam à minha frente.

    Achávamo-nos por vezes no cume de uma montanha.
58 A nossos pés, uns precipícios, cuja profundidade o olhar não podia alcançar, pareciam estar na iminência de tragar-nos... ou então havia algum lugarejo encantador, com graciosos chalés e campanário, por cima do qual balançavam indolentes umas nuvens deslumbrantes de alvura... Mais ao longe, um vasto lago que o sol dourava com seus últimos reflexos; ondas tranqüilas e cristalinas que absorviam o matiz azulado do céu, mesclado com as afogueadas luzes do poente, desvendavam aos nossos olhares embevecidos o espetáculo mais poético e sedutor que se possa imaginar... Ao fundo do amplo horizonte, divisavam-se montanhas, cujos contornos mal definidos escapariam aos nossos olhares, se os cumes nevados que o sol tornava faiscantes, não acrescentassem mais um encanto ao formoso lago que nos arrebatava...

À vista de todas estas belezas, despontavam em minha **161** alma pensamentos bem profundos. Parecia-me compreender, desde já, a grandeza de Deus e as maravilhas do céu... Afigurava-me a vida religiosa *tal qual ela é em si* com todas as suas *sujeições,* com seus pequenos sacrifícios, feitos na obscuridade. Compreendia como era fácil ensimesmar-se e esquecer a meta sublime de sua vocação. E dizia-me: Mais tarde, à hora da provação, quando já não puder, prisioneira que for do Carmelo, contemplar senão uma pontinha do Céu estrelado, lembrar-me-ei de tudo quanto estou vendo hoje. Tal pensamento me dará coragem, e facilmente esquecerei meus pobres e mesquinhos interesses, considerando a grandeza e o poder do Deus, a quem quero unicamente amar. Não terei a desgraça de apegar-me a *ninharias,* agora que *"meu* CORAÇÃO PRESSENTIU o *que Jesus reserva aos que o amam!"*[12]...

Tendo admirado o poder do Bom Deus, pude ainda ad- **162** mirar o poder que deu às suas criaturas. A primeira cidade da Itália que visitamos, foi Milão. A catedral, toda de mármore branco, com estátuas em número suficiente para constituir um povo quase incalculável, foi por nós visitada em *58v* suas mínimas particularidades. Celina e eu éramos arrojadas, sempre as primeiras, indo imediatamente atrás do Sr. Bispo, a fim de vermos tudo o que dizia respeito às relíquias dos Santos, e entendermos bem as explicações. Deste modo, enquanto oferecia o Santo Sacrifício sobre o túmulo de São Carlos, permanecíamos atrás do altar, com a fronte apoiada na urna que encerra o corpo do santo, revestido das insígnias pontificais. Assim era por toda a parte... (Exceto, quando se tratava de irmos até onde não seria compatível com a condição de um Bispo; porque então tínhamos o bom senso de apartar-nos de sua Excelência...) Deixando que as senhoras medrosas cobrissem o rosto com as mãos, depois de terem subido as primeiras torrinhas que formam o alto

---

[12] 1Cor 2,9.

da catedral, seguimos os romeiros mais afoitos, e chegamos até o pináculo do *último* campanário de mármore, donde tivemos a satisfação de ver a nossos pés a cidade de Milão, cujos habitantes, numerosos, davam a impressão de um *pequeno formigueiro*...

Depois de descermos de nosso ponto de observação, começamos nossos passeios de carruagem, que iriam durar um mês inteiro e saturar, uma vez por todas, meu desejo de *rodar* incansavelmente! O Campo Santo enlevou-nos, mais ainda do que a Catedral. Todas as estátuas de mármore branco, a que um cinzel genial parece ter comunicado vida real, estão dispostas no vasto campo de finados com certa displicência, o que para mim lhes aumentava o encanto... Poderia alguém sentir a tentação de querer consolar os ideais personagens de que se está cercado. A expressão é tão autêntica, a dolência é tão serena e tão resignada, que se não pode deixar de reconhecer noções de imortalidade, que deviam encher o coração dos artistas, ao executarem tais obras-primas. Aqui é uma criança a esparzir flores sobre a tumba dos pais. O mármore parece ter perdido seu peso, e as pétalas delicadas parecem deslizar por entre os dedos da criança. O vento, ao que parece, vai desfolhá-las, como também parece fazer ondular o tênue véu das viúvas e as fitas que adornam os cabelos das donzelas. Como nós, Papai também estava extasiado. Na Suíça, sentia-se fatigado. Agora, porém, voltando novamente sua boa disposição, desfrutava o belo espetáculo, objeto de nossa contemplação.

Sua alma de artista revela-se em expressões de fé e admiração, que transpareciam em seu lindo semblante. Um senhor idoso (francês), que por certo não possuía alma tão poética, olhava-nos de esguelha, e comentava de mau humor, fazendo um arzinho de quem lamenta não partilhar nossa admiração: "Oh! como são entusiásticos, os Franceses!" O coitado desse senhor, creio eu, teria lucrado em ficar em casa, pois dava a impressão de não estar contente com a viagem. Permanecia muitas vezes perto de nós, e de sua boca vinham sempre reclamações. Estava descontente com conduções, hotéis, pessoas e cidades, enfim com todas as coisas... Em sua habitual grandeza de alma, Papai tentava consolá-lo, oferecia-lhe seu próprio lugar etc. ... Em conclusão, sempre se dava bem em toda a parte, por ter um gênio diretamente oposto ao de seu petulante vizinho... Ah! quantas pessoas diferentes não vimos! Quão interessante não é o estudo do mundo para quem está na iminência de deixá-lo!...

Em Veneza, houve completa mudança de cenário. Em lugar do burburinho das grandes cidades, não se ouvem, no meio do silêncio, senão os gritos dos gondoleiros e o murmúrio das ondas batidas pelos remos. Veneza tem seus encantos, mas acho triste a cidade. O palácio dos doges é esplendoroso, mas é triste também em suas amplas acomodações, onde pompeiam o ouro, as madeiras de lei, os mais preciosos mármores, e as pinturas dos maiores artistas. Desde muito deixaram as sonoras abóbadas de repercutir a voz dos governantes a proclamar sentenças de vida e de morte, nas salas que tínhamos atravessado... Já não sofrem os infelizes prisioneiros, encerrados pelos doges em masmorras e calabouços. Quando visitei as horrendas prisões, julgava estar na época dos mártires, e quisera ficar ali para os imitar!... Mas, tivemos de sair de lá rapidamente e passar pela Ponte dos "Suspiros", assim chamada por causa dos suspiros de alívio que davam os condenados, por se verem livres do horror dos subterrâneos, aos quais prefeririam a própria morte...

Depois de Veneza, fomos a Pádua, onde veneramos a língua de Santo Antônio; depois, a Bolonha, onde vimos Santa Catarina, que conserva a marca do beijo do Menino Jesus. Muitos pormenores há, interessantes, que poderia indicar a respeito de cada cidade e de mil pequenas circunstâncias particulares de nossa viagem, mas não chegaria a dar conta do recado. Por esse motivo, limitar-me-ei a descrever as minúcias principais.

— Foi com alegria que deixei Bolonha. A cidade tornara-se insuportável para mim, por causa dos estudantes dos quais está repleta. Formavam alas, quando tínhamos a má sorte de ir a pé, sobretudo por causa do pequeno incidente que me ocorreu com um deles[13]. Dei-me por feliz ao tomar a estrada de Loreto. Não me surpreende que a Santíssima Virgem escolhesse o lugar para ali transportar sua abençoada casa, onde paz, alegria, pobreza dominam como soberanas. Tudo é simples e primitivo, as mulheres conservam seu gracioso traje italiano, e não adotaram a *moda de Paris,* como o fizeram as de outras cidades. Enfim, Loreto encantou-me! Que direi da Casa Santa?... Ah! minha emoção foi profunda, quando me encontrei debaixo do mesmo teto que a Sagrada Família, a contemplar as paredes, nas quais Jesus fixava seus olhares divinos, a pisar o chão que São José regava de suores, onde Maria carregava Jesus nos braços, depois de tê-lo trazido em seu seio virginal!... Vi o cubículo, onde o Anjo descera para junto da Santíssima Virgem... Coloquei meu terço na tigelinha do Menino Jesus... Como encantam estas recordações!...

Entretanto, nossa maior consolação foi a de recebermos o *próprio Jesus no interior de sua casa,* e de sermos seu templo vivo no mesmo lugar que honrara com sua presença. Segundo um costume da Itália, conserva-se o Santo Cibório num só altar em cada igreja, e só ali pode a gente receber a Santa Comunhão. O altar ficava na própria basílica, onde se encontra a Casa Santa, encerrada qual precioso diamante num receptáculo de mármore branco. Isso não nos favorecia. No próprio *diamante,* não no receptáculo, quereríamos receber a Comunhão... Com a doçura de sempre, Papai

---

[13] "Ao descer do trem — conta Celina — procurava cada qual sua condução na plataforma. Papai tinha-se afastado um tanto para ir buscar a mala; no momento, um dos estudantes, que se acotovelavam nos pontos de acesso da estação, agarrou Teresa e já a levava bem longe. 'Mas, fulminei-lhe tal olhar — contou-me Teresa por sua vez — que me largou incontinenti'. Celina, aliás, percebera toda a situação, e vinha a correr em socorro" (observação da Madre Inês de Jesus).

fez como todo o mundo. Mas, Celina e eu fomos atrás de um sacerdote que nos acompanhava por toda a parte, e que se preparava justamente para celebrar na Casa Santa, graças a uma concessão especial. Pediu duas *partículas,* que colocou na patena com a hóstia grande, e compreendeis, minha querida Mãe, qual não foi nosso enlevo por fazermos, *todas as duas,* a Santa Comunhão dentro da abençoada Casa!... Foi uma ventura toda celestial, que palavras não são capazes de interpretar. Que acontecerá, então, quando recebermos a Comunhão na eterna mansão do Rei dos Céus?... Veremos, então, que já não se acabará nossa alegria, que já não haverá tristeza de separação, e que, para levar uma lembrança, não nos será necessário *raspar furtivamente* as paredes santificadas pela presença divina, pois que sua *casa* será a nossa por toda a eternidade... Ele não nos quer dar sua casa da terra. Contenta-se em no-la mostrar, para que nos faça amar a pobreza e a vida oculta. Aquela que nos reserva é seu Palácio na glória, onde já não o veremos oculto, na aparência de uma criança ou de uma hóstia branca, mas tal qual é, na força de seu infinito resplendor!!!...

Resta-me, agora, falar de Roma, de Roma, meta de nossa viagem, onde julgava encontrar consolo, mas onde fui deparar com a cruz!... A nossa chegada, era noite. E como tivéssemos adormecido, acordamos aos gritos dos funcionários da estação: "Roma, Roma". Não era sonho, estava em Roma![14]...

O primeiro dia transcorreu fora dos muros. Foi, talvez, o mais delicioso, pois todos os monumentos conservaram o cunho de antiguidade, enquanto que, no coração de Roma, poderíamos supor-nos em Paris, vendo a magnificência dos hotéis e casas comerciais. O passeio através das campanhas romanas deixou-nos uma recordação muito agradável. Não falarei dos lugares por nós visitados. Existem muitos livros que se alargam em sua descrição. Será apenas a respeito das *principais* impressões que tive.

---

[14] A 13 de novembro.

Uma das mais doces foi a que me causou súbita comoção, à vista do *Coliseu*. Pois, estava afinal a contemplar a arena, onde tantos mártires derramaram seu sangue por Jesus. Já me dispunha a beijar o chão por eles santificado, mas que decepção! O centro não é senão um amontoado de escombros que os peregrinos devem limitar-se a contemplar, porque uma barreira impede a entrada. Ninguém, aliás, sente a tentação de querer meter-se entre as ruínas... Ora, ter vindo a Roma e não descer ao Coliseu?... Isto se me afigurava impossível. Já não prestava atenção às explicações do guia. Um só pensamento me empolgava: descer à arena... Vendo um operário passar com uma escada, estive a ponto de lha pedir. Felizmente, porém, não executei a idéia, porque ele me tomaria por maluca...

Conta-se no Evangelho que Madalena, persistindo ao pé do sepulcro, e inclinando-se *várias vezes* para olhar no interior, acabou por avistar dois anjos.[15] Como ela, ainda que reconhecesse perfeitamente a impossibilidade de ver meus desejos realizados, continuava a inclinar-me, tendo em mira as ruínas, onde pretendia descer. Ao cabo, não vi anjos, mas o *que procurava*. Soltei um grito de alegria e disse à Celina: "Vem depressa, vamos poder passar!"... Num átimo transpusemos a barreira que os entulhos atingiam naquele lugar e eis-nos escalando as ruínas que desmoronavam sob nossos passos.

Papai olhou para nós, atônito com nossa audácia, e logo nos mandou que voltássemos. As duas fugitivas, entretanto, já não escutavam mais nada. Como os guerreiros sentem a coragem crescer no meio dos perigos, assim também crescia nosso gozo em razão direta da dificuldade que encontrávamos para alcançar o objeto de nossos desejos. Mais previdente do que eu, Celina escutara o guia, e, lembrando-se de que ele acabava de assinalar uma pequena laje oblíqua como sendo o lugar onde combatiam os mártires, meteu-se a

---

[15] Cf. Jo 20,11-12.

procurá-la. Não demorando muito em achá-la, ajoelhamo-nos na terra sagrada, e nossas almas fundiram-se numa só oração... Muito fortes eram as batidas do coração, quando meus lábios se achegaram da poeira avermelhada pelo sangue dos primeiros cristãos. Pedi a graça de ser também mártir por amor de Jesus, e sentia no fundo do coração que minha prece fora atendida!... Tudo aconteceu em bem pouco tempo. Depois de catar algumas pedrinhas, voltamos em direção das arruinadas muralhas, para recomeçarmos nossa perigosa empresa. Vendo-nos tão venturosas, Papai não conseguiu zangar conosco. Bem percebi que tinha orgulho de nossa coragem... O Bom Deus protegeu-nos visivelmente, pois os peregrinos nem perceberam nossa ausência, por estarem mais longe de nós, ocupados, sem dúvida, em contemplar as imponentes arcadas, onde o guia pedia atenção para os *"pequenos* CORNIJAS e CUPIDOS, *que ficavam* por *cima"*. Portanto, nem ele nem os *"senhores sacerdotes"* tomaram conhecimento da alegria que nos inundava o coração...

As Catacumbas, por sua vez, deixaram-me uma impressão muito confortadora. Conservam-se tais quais me tinha imaginado, quando li sua descrição na vida dos mártires. Depois de passar ali parte da tarde, minha sensação era a de estar por alguns instantes apenas, tão impregnada de aromas me parecia a atmosfera que lá se respirava... Força era levarmos para casa alguma lembrança das Catacumbas. Eis porque, deixando a procissão ficar mais longe, *Celina e Teresa* se meteram juntas até ao fundo do antigo túmulo de Santa Cecília e apanharam terra santificada pela sua presença. Antes de minha viagem a Roma, não tinha nenhuma devoção particular pela Santa, mas visitando-lhe a casa, transformada em igreja, lugar de seu martírio, e sabendo que ela [Santa Cecília] fora proclamada rainha da harmonia, não por causa de sua bela voz, nem por causa do talento musical, mas pela recordação do *canto virginal* que entoou ao Celeste Esposo, escondido no âmago de sua alma, senti por ela mais do que devoção, era uma verdadeira *ternura de amiga*... Tornou-se a Santa de minha predileção, minha íntima confidente... Nela, tudo me encanta, principalmente seu *abandono,* sua ilimitada *confiança,* que a tornaram capaz de virginizar almas que jamais teriam almejado outras alegrias senão as da vida presente...

Santa Cecília assemelha-se à esposa dos Cantares. Nela vejo *"um coro de dança* num acampamento militar!"...[16] Sua vida, outra coisa não foi senão um melodioso cantar até no meio das maiores provações. E isso não me surpreende, visto que "o Santo Evangelho *repousava sobre seu coração!"*[17] e que *no seu coração repousava* o Esposo das Virgens!...

170 A visita à igreja de Santa Inês também me foi muito benfazeja. Era uma *amiga de infância* que ia visitar em casa. Falei-lhe longamente de quem tão condignamente leva seu nome, envidando todos os esforços por obter uma relíquia da angélica padroeira de minha querida Mãe, a fim de lha

62 trazer. Mas, não nos foi possível conseguir outra senão uma pedrinha rubicunda que se descolara de um rico mosaico, cuja origem remonta ao tempo de Santa Inês, que o deve ter contemplado muitas vezes. Não é encantador que a amável Santa nos tenha dado por ela mesma o que procurávamos, e de que nos era vedado lançar mão?... Sempre tomei o fato como fineza e prova de amor com que a meiga Santa Inês olha e protege minha querida Mãe!...

171 Seis dias se foram em visitas às principais maravilhas de Roma, e no *sétimo* dia avistei a maior de todas: "Leão XIII"... Esse dia era, ao mesmo tempo, objeto de meus desejos e de meus receios. Dele dependia minha vocação, pois não chegara a resposta que me devia vir do Sr. Bispo, e por carta vossa, *minha Mãe,* ficara sabendo que já não estava muito propenso a meu favor. Por conseguinte, minha única tábua de salvação era a permissão do Santo Padre... Mas,

---
[16] Ct 7,1.
[17] Ofício litúrgico de Santa Cecília.

para a conseguir, seria mister impetrá-la, seria necessário *ter a coragem de falar "ao Papa"*, diante de todo o mundo, e tal pensamento me fazia tremer. O que padeci antes da audiência, só o Bom Deus o sabe, e também minha *querida Celina*. Nunca esquecerei a parte que tomou em todas as minhas provações. Parecia que minha vocação se identificava com a dela. (Nosso amor recíproco era notado pelos sacerdotes da peregrinação. Uma noite, encontrando-nos em grupo tão numeroso, que havia falta de cadeiras, Celina tomou-me sobre os joelhos, e nos entreolhávamos tão gentilmente, que um sacerdote exclamou: "Como elas se estimam! Oh! as duas irmãs nunca poderão separar-se!" Sim, nós nos amávamos. No entanto, nossa afeição era tão *pura* e tão vigorosa, que o pensamento de separação não nos conturbava, por sentirmos que nada, nem sequer o oceano, nos poderia distanciar uma da outra... Celina via com tranqüilidade de espírito meu barquinho atracar na praia do Carmelo, e resignava-se a demorar o tempo que Deus quisesse no tempestuoso mar deste mundo, certa de chegar por sua vez até a margem, objeto de nossos desejos...)

Domingo, dia 20 de novembro, depois de nos termos trajado de acordo com o cerimonial do Vaticano (isto é, de preto, com mantilha de rendas para cobrir a cabeça), e adornada com um medalhão de Leão XIII, pendente de uma fita azul e branca, fizemos nossa entrada no Vaticano, na capela do Soberano Pontífice. Às 8 horas, tivemos profunda emoção, quando o vimos entrar para a celebração da Santa Missa... Depois de abençoar os inúmeros peregrinos reunidos em torno de si, subiu os degraus do Sagrado Altar e mostrou-nos por sua piedade, digna do Vigário de Cristo, que era realmente o *"Santo Padre"*.

Meu coração batia com veemência e minhas orações eram muito ardentes, no momento que Jesus descia entre as mãos de seu Pontífice. Estava, todavia, cheia de confiança, o Evangelho do dia continha as fascinantes palavras: "Não temais, pequeno rebanho, porque foi do agrado do meu

Pai dar-vos o reino!"[18]. Não, medo é que não tinha, esperava que o reino do Carmelo, dentro em breve, seria minha pertença. Não me ocorriam, então, as outras palavras de Jesus: "Eu vos preparo meu reino, da mesma forma que meu Pai mo preparou"[19]. Isto quer dizer: Eu vos reservo cruzes e provações. Assim sereis dignos de possuir o reino, pelo qual suspirais. Já que foi necessário que Cristo sofresse e assim entrasse em sua glória[20], se desejais ter lugar, lado a lado com ele, bebei do cálice que Ele próprio bebeu![21]... Tal cálice me foi apresentado pelo Santo Padre, e minhas lágrimas mesclaram-se com a amarga bebida que me era oferecida.

173 Depois da missa de ação de graças que se seguiu à de Sua Santidade, começou a audiência. Estava Leão XIII sentado numa grande poltrona. Envergava simplesmente uma
63 batina branca, uma murça da mesma cor, e apenas o solidéu na cabeça. Em seu redor achavam-se cardeais, arcebispos e bispos, mas divisei-os só de modo geral, por estar toda atenta ao Santo Padre. Passamos diante dele em procissão. Cada peregrino ajoelhava por sua vez, beijava o pé e a mão de Leão XIII, recebia sua bênção, e por etiqueta dois guardas-nobres lhe davam um toque, indicando-lhe assim que se levantasse (ao peregrino, pois me exprimo tão mal, podendo-se julgar que a referência era ao Papa). Antes de entrar no recinto pontifício, estava bem decidida a falar, mas senti minha coragem esmorecer, quando avistei "Mons. Révérony" à direita do Santo Padre... Quase que no mesmo instante nos comunicaram, *de sua parte, que proibia de falar* a Leão XIII, senão a audiência se prolongaria por demais... Virei-me para minha querida Celina, a fim de pedir sua opinião: "Fala!" disse-me ela. Daí a pouco estava eu aos pés do Santo Padre. Depois que lhe beijei o pé, ele estendeu-me a mão; mas, em vez de beijá-la, juntei as minhas e, er-

---
[18] Lc 12,32.
[19] Lc 22, 29.
[20] Lc 24, 26.
[21] Cf. Mt 20,21-23.

guendo para seu rosto os olhos marejados de lágrimas, bradei: "Santíssimo Padre, tenho que vos pedir uma grande graça!"...

— Então, o Soberano Pontífice curvou a fronte para mim, de sorte que meu rosto quase roçava no seu, e vi *seus olhos negros e fundos* fixar-se em mim, querendo, ao que parecia, penetrar até ao fundo de minha alma. — "Santíssimo Padre, disse-lhe, em honra de vosso jubileu, dai-me a permissão de entrar para o Carmelo aos 15 anos de idade!"...

A emoção, certamente, fizera minha voz tremer. Por isso, voltando-se para Mons. Révérony que, entre surpreso e descontente, me fitava, disse o Santo Padre: "Não estou entendendo muito bem". — Tivesse o Bom Deus permitido, fácil seria a Mons. Révérony alcançar-me o que eu desejava, mas era cruz e não consolo o que ele [o Bom Deus] queria dar-me. — "Santíssimo Padre, respondeu o Vigário Geral, é *uma criança* que deseja entrar para o Carmelo aos quinze anos de idade, mas os Superiores examinam a questão no momento". — "Pois então, minha filha", tornou a falar o Santo Padre, olhando para mim com bondade, "fazei o que os Superiores vos disserem". Apoiando-me, então, com as mãos em seus joelhos, tentei um derradeiro esforço e falei com voz suplicante: "Oh! Santíssimo Padre, se vós disserdes que sim, todo o mundo certamente o quererá de boa vontade!"... Ele fitou-me com firmeza e proferiu estas palavras, acentuando cada sílaba: "Vamos lá... Vamos lá... *Entrareis, se o Bom Deus o quiser!...*" (O timbre de voz tinha algo de tão penetrante e tão convincente, que ainda me parece tê-lo ao ouvido.) Animada com a bondade do Santo Padre, queria continuar a falar, mas os dois guardas-nobres *deram-me um toque delicadamente,* que me levantasse. Vendo que não adiantava, tomaram-me pelos braços e Mons. Révérony aju-

174

63v

dou-os a erguer-me, pois eu continuava ainda com as mãos juntas, apoiadas nos joelhos de Leão XIII, e foi *à força* que me arrancaram de seus pés... No momento em que eu era assim *tirada,* o Santo Padre pôs a mão sobre meus lábios e ergueu-a depois para me deitar a bênção. Então, meus olhos encheram-se de lágrimas, e Mons. Révérony teve oportunidade de contemplar pelo menos tantos *diamantes,* quantos tinha visto em Bayeux... Os dois guardas-nobres levaram-me carregada, por assim dizer, até a porta, onde um outro me deu uma medalha de Leão XIII. Celina, vindo atrás de mim, fora testemunha da cena que acabava de desenrolar-se. Quase tão comovida quanto eu, teve ainda assim a coragem de pedir ao Santo Padre uma bênção para o Carmelo. Mons. Révérony respondeu com voz descontente: "Já está abençoado, o Carmelo".

O bondoso Santo Padre tornou a falar com carinho: "Oh! sim! já tem a bênção".

Antes de nós, Papai viera prostrar-se aos pés de Leão XIII (junto com os homens)[22]. Mons. Révérony foi muito gentil para com ele, apresentando-o como *Pai de duas Carmelitas.* O Soberano Pontífice, em sinal de particular benevolência, impôs a mão sobre a veneranda cabeça do meu querido Rei, parecendo assim que o marcava com um *selo misterioso* em nome Daquele, de quem é verdadeiro representante... Ah! agora que o *Pai de quatro Carmelitas* está no Céu, já não é a mão do Pontífice que repousa sobre sua fronte e lhe profetiza o martírio... É a *mão* do Esposo das Virgens, do Rei da Glória, que faz resplandecer a cabeça de seu Fiel Servidor, e jamais deixará a mão adorada de repousar sobre a fronte que glorificou!...

— Meu querido Papai teve muito pesar, quando me encontrou em lágrimas à saída da audiência. Fez tudo para me consolar, mas foi debalde... No fundo do coração, sentia

---

[22] Teresa engana-se. Os cavalheiros passaram diante do Santo Padre após as senhoras e os sacerdotes.

eu grande paz, pois tinha feito, absolutamente, tudo o que estava ao meu alcance, em resposta ao que o Bom Deus solicitava de mim. Contudo, a paz conservava-se no *fundo,* enquanto a amargura enchia minha alma, pois Jesus se mantinha calado. Parecia estar ausente, nada me revelava sua presença... Naquele dia, o Sol ainda por cima não se animou a brilhar, e o formoso céu azul da Itália, carregado de nuvens escuras, não parava de chorar comigo... Ah! era o fim, a viagem já não oferecia nenhum atrativo aos meus olhos, uma vez que a meta tinha falhado. Não obstante, as derradeiras palavras do Santo Padre deveriam ter-me consolado. Não eram, com efeito, uma verdadeira profecia? *Apesar de* todos os obstáculos, cumpriu-se *o querer de Deus.* Não *permitiu* às criaturas fazerem o que bem entendessem, mas o que era *de Sua vontade...* Tempos atrás, tinha-me oferecido ao Menino Jesus para ser seu *brinquedinho.* Dissera-lhe que se utilizasse de mim, não como brinquedo de valor, que as crianças se contentam em olhar, sem coragem de pegar nele, mas como bolinha sem nenhum valor, que poderia jogar ao chão, bater com o pé, *furar,* largar num canto, ou também apertar ao coração, quando fosse de seu agrado. Numa palavra, queria *distrair o Menino Jesus,* dar-lhe alegria, queria prestar-me aos seus *caprichos de criança...* Minha oração, ele a atendera...

Em Roma, Jesus *furou* seu brinquedinho, querendo ver o que havia por dentro. Depois de tê-lo visto, ficou contente com a descoberta, deixou tombar a bolinha, e adormeceu... Que fez em seu tranqüilo sono, e que aconteceu, depois, com a bolinha abandonada?... Jesus sonhou que ainda *se entretinha* com o brinquedo, ora a pegá-lo, ora a largá-lo. E depois de fazê-lo rolar a grande distância, aconchegou-o ao coração, não mais permitindo que jamais se afastasse de sua mãozinha...

Compreendeis, minha querida Mãe, como estava triste a bolinha, por se ver *ao chão...* Não deixava, todavia, de esperar contra toda esperança[23]. Alguns dias após a audiência do Santo Padre, indo visitar o bom Irmão Simeão, Papai encontrou em sua companhia Mons. Révérony, que foi muito amável. Com ar de quem graceja, Papai repreendeu-o de me não ter ajudado em meu *difícil empreendimento*. Contou depois ao Irmão Simeão a história de sua *Rainha*. O venerável ancião ouviu a narração com muito interesse, tomou até anotações a respeito, e declarou comovido: "Disso a gente não vê na Itália!" Acredito que este encontro fez muito boa impressão em Mons. Révérony. Dali por diante não parou de dar-me provas de que *finalmente* estava convencido de minha vocação.

179 No dia seguinte à memorável data, tivemos de partir desde cedo para Nápoles e Pompéia. Em nossa homenagem, o Vesúvio fez ruído o dia inteiro, e com seus disparos *de canhão* fazia escapar espessa coluna de fumaça. As marcas que deixou nas ruínas de Pompéia são pavorosas. Demonstram o poder do Deus "que olha para a terra e a faz tremer, que toca nos montes, e eles fumegam"[24]...

Seria do meu gosto passear sozinha por entre as ruínas, a sonhar com a fragilidade das coisas humanas, mas o número de excursionistas tirava grande parte do melancólico encanto da cidade destruída... Em Nápoles era o contrário. O *grande número* de carruagens com parelhas de cavalos tornou grandioso nosso passeio ao mosteiro de São
65 Martinho, situado em elevada colina, dominando toda a cidade. Infelizmente, os cavalos que nos transportavam, desembestavam a cada instante, e mais de uma vez julguei ter chegado minha última hora. Pouco adiantava que o cocheiro repetisse constantemente a palavra mágica dos guias italianos: "Appipau, appipau...". Os pobres cavalos queriam tombar a carruagem. Por fim, graças ao socorro de nossos anjos da guarda, chegamos de volta ao nosso magnífico hotel.

---

[23] Cf. Rm 4,18.
[24] Sl 103,32.

Em todo o percurso de nossa viagem, ficamos instalados em hotéis principescos. Nunca me vi cercada de tanto luxo. Vem muito ao caso dizer-se que riqueza não traz felicidade, pois eu ficaria muito mais feliz debaixo de um teto de sapé, com a esperança do Carmelo, do que junto a lambris dourados, escadarias de mármore branco, tapetes de seda, e com amargura no coração... Oh! bem o sentia, a alegria não se encontra nos objetos que nos cercam. Encontra-se no mais íntimo da alma. Podemos possuí-la tão bem numa prisão como num palácio. Prova é que no Carmelo sou mais feliz, mesmo entre provações interiores e exteriores, do que era no século, cercada das comodidades da vida, mormente dos encantos da casa paterna!...

Estava com a alma imersa em tristeza. Exteriormente, continuava, todavia, a mesma, e supunha oculto o pedido que fizera ao Santo Padre. Pude, sem demora, convencer-me do contrário. Como me deixasse ficar sozinha no vagão com Celina (os demais peregrinos tinham descido ao restaurante nos poucos minutos de parada), vi Mons. Legoux, vigário geral de Coutances, abrir a portinhola, olhar para mim com um sorriso e dizer-me: "Muito bem! Como vai nossa carmelitinha?"... Percebi, então, que toda a peregrinação estava ao par do meu segredo. Felizmente, ninguém me tocou no assunto. Mas, pela maneira simpática de olharem para mim, deduzi que meu pedido não tivera má repercussão. Pelo contrário... 180

Na pequena cidade de Assis, tive a ocasião de usar a carruagem de Mons. Révérony, favor que em toda a viagem não fora concedido a *nenhuma senhora.* Eis como alcancei o privilégio. Depois de visitar os lugares recendentes das virtudes de São Francisco e Santa Clara, terminamos no Convento de Santa Inês, irmã de Santa Clara. Tinha contemplado à vontade a cabeça da Santa, quando percebi, ao retirar-me como uma das últimas, que perdera o cinto. *Procurei-o* entre a multidão. Compadecido de mim, um sacerdote ajudou-me a procurar. Mas, depois de mo ter encontra- 65v 181 do, vi quando se retirou, e continuei a *procurar* sozinha, porque na verdade já tinha o cinto, mas não podia colocá-lo por falta da fivela... No final, vi que brilhava num canto. Apanhá-la e aplicá-la no cinto foi obra de instantes, mas o trabalho anterior tinha levado mais tempo. Por isso, minha surpresa foi grande, quando dei comigo sozinha nas proximidades da igreja. Todas as numerosas carruagens tinham desaparecido, exceto a do Mons. Révérony. Que partido tomar? Seria preciso correr atrás das carruagens que já não avistava; expor-me ao risco de perder o trem, e deixar inquieto o querido Papai, ou então pedir lugar na caleche de Mons. Révérony... Decidi-me pelo último partido. Com meu arzinho mais gracioso e menos *embaraçada* possível, a despeito do meu extremo *embaraço,* expus-lhe minha situação crítica, e deixei-o por sua vez *embaraçado,* pois a carruagem estava ocupada pelos mais distintos senhores, e não havia como arrumar mais um lugar. Mas, um cavalheiro, muito delicado, apressou-se em descer, fez-me tomar seu lugar, e acomodou-se modestamente ao lado do cocheiro. Eu me afigurava como esquilo preso na armadilha, e longe estava de sentir-me à vontade, rodeada por todos os grandes personagens, mormente pelo mais *temível,* defronte ao qual ficava meu lugar... Ele, entretanto, foi muito amável para comigo, interrompendo de vez em quando a conversa com os senhores para me falar do *Carmelo.* Antes de chegarmos à estação, todos os *grandes personagens* tiraram suas *grandes* carteiras para darem dinheiro ao cocheiro (já remunerado). Fazendo como eles, tomei minha *carteirinha,* mas Mons. Révérony não consentiu que dela tirasse lindas *moedinhas,* e por nós dois preferiu dar uma *grande.*

Noutra feita, estava ao lado dele no ônibus. Foi mais amável ainda, e prometeu-me *fazer tudo o que pudesse pela minha entrada no Carmelo.* Embora deitassem um pouco de bálsamo em minhas machucaduras, os pequenos entendimentos não obstaram que a volta fosse bem menos agradável do que a viagem de ida, porque eu já não contava com a esperança "do Santo Padre". Não encontrava nenhuma ajuda na terra, que me parecia um deserto árido e sem água[25]. Toda a minha esperança estava *unicamente* no Bom Deus... Acabava de fazer a experiência de que melhor é recorrer a Ele, do que aos seus Santos...

A tristeza de minha alma não me impedia de tomar grande interesse pelos lugares que íamos visitando. Em Florença, folguei em contemplar Santa Madalena de Pazzi no meio do coro das Carmelitas, que para nós abriram a grade maior. Como não sabíamos um meio para nos valer de tal regalia, e muitas pessoas desejavam tocar seus terços no túmulo da Santa, só havia eu em condições de passar a mão através da grade. Por esta razão, todo o mundo me trazia terços, e sentia-me muito honrada com meu ofício... Sempre encontrava recurso de *tocar* em tudo. Desta forma, pudemos venerar na Igreja da Santa Cruz de Jerusalém (em Roma) várias partículas da verdadeira Cruz, dois espinhos, e um dos sagrados cravos, contido em magnífico relicário, lavrado em ouro, mas *sem vidro*. Com isso, quando venerava a preciosa relíquia, descobri um meio de enfiar o *dedinho* num dos orifícios do relicário, e consegui tocar no cravo que fora banhado no Sangue de Jesus... Era realmente arrojada demais!... Felizmente, o Bom Deus que enxerga o fundo dos corações, sabe da pureza de minha intenção, e que por nada deste mundo quereria desagradar-lhe. Para com Ele procedia como criança que julga ser-lhe tudo permitido, e considera como próprios os tesouros de seu pai.

Não consigo ainda comprender por que razão as mulheres na Itália são tão facilmente excomungadas. Era-nos dito a cada passo: "Não andeis por aqui... Não andeis por ali... senão ficaríeis excomungadas!"... Oh! como são desprezadas as pobres mulheres!... Entretanto, elas amam o Bom Deus, em número muito superior aos homens, e na Paixão de Nosso Senhor tiveram mais coragem do que os

---

[25] Cf. Sl 62,2.

Apóstolos, enfrentaram as injúrias dos soldados, tiveram ânimo de enxugar a adorável Face de Jesus... Não padece dúvida, por isso permite Ele que sua partilha na terra seja o desprezo, pois o escolheu para si próprio... No Céu, saberá mostrar que seus pensamentos não são os dos homens[26], porque então *as últimas* serão *as primeiras*[27]...

Mais de uma vez, na viagem, não tive paciência de esperar pelo céu para ser a primeira... Um dia que visitávamos um convento de Carmelitas, não me contentei de acompanhar os peregrinos pelas galerias *exteriores,* penetrei debaixo dos claustros *interiores...* De chofre, vi um bom velho carmelita a dar-me sinal, para que me retirasse. Entretanto, em lugar de ir-me embora, cheguei perto dele, mostrei com a mão os painéis do claustro, dei-lhe a entender que os achava bonitos. Pelos cabelos soltos e pela minha fisionomia juvenil, reconheceu, sem dúvida, que eu era criança. Sorriu-me bondosamente, e retirou-se, quando percebeu que não tinha diante de si nenhuma inimiga. Soubesse falar-lhe em italiano, dir-lhe-ia que era futura carmelita, mas não me foi possível, por causa dos construtores da torre de Babel.

— Depois de visitarmos ainda Pisa e Gênova, regressamos à França. No percurso, a vista era magnífica. Ora, ladeávamos o mar, a estrada de ferro chegava-lhe tão perto, que me dava a impressão de que os vagalhões nos alcançariam. (O espetáculo provinha de uma tempestade; era de noite, o que tornava a cena mais imponente.) Ora, surgiam planícies, cobertas de laranjais com frutos maduros, verdes oliveiras com sua folhagem miudinha, graciosas palmeiras... Ao cair da noite, víamos as numerosas enseadas do mar iluminarem-se com profusão de luzes, enquanto no céu cintilavam as primeiras estrelas... Oh! que poesia se apoderava de minha alma à vista de todas as coisas que estava a ver,

---

[26] Cf. Is 55,8-9.
[27] Cf. Mt 20,16.

pela primeira e última vez em minha vida!... Foi sem pesar que as vi desvanecer, meu coração aspirava a outras maravilhas[28]. Tendo contemplado bastante as *belezas da terra*, eram as do céu objeto de seus desejos, e para as transmitir *às almas* queria constituir-me *prisioneira!*...

Antes de ver abrirem-se diante de mim as portas da abençoada prisão, pela qual suspirava, tinha ainda de lutar e sofrer. Foi este meu pressentimento ao voltar à França; mas, tão grande era minha confiança, que não deixava de esperar que permitida me seria a entrada em 25 de dezembro... Apenas chegadas em Lisieux, nossa primeira visita foi ao Carmelo[29]. Que entrevista não foi aquela!... Tínhamos tanta coisa para nos dizer umas às outras, após um mês de separação, mês que me pareceu muito comprido, durante o qual aprendi mais do que em vinte anos...

Ó minha querida Mãe! que doçura foi para mim vervos novamente, abrir-vos minha pobre alminha ferida. A vós que sabíeis compreender-me tão bem, a quem bastava uma palavra, um olhar, para que tudo adivinhásseis! Tinha-me abandonado totalmente, tinha feito tudo quanto de mim dependia, tudo, até o falar ao Santo Padre. Por isso já não sabia o que ainda me caberia fazer. Dissestes-me que escrevesse ao Sr. Bispo e tornasse a lembrar-lhe o prometido. Logo o fiz, do melhor modo que me foi possível, mas em termos que meu Tio achou demasiado simples. Ele reformou minha carta. No momento que ia pô-la no correio, recebi uma vossa, em que dizíeis para não escrever, para aguardar alguns dias ainda. Obedeci sem demora, pois estava certa de que era o melhor meio de não me enganar. Afinal, dez dias antes do Natal, minha carta foi despachada. Muito convencida de que a resposta não se faria esperar, todas as

---

[28] *No entanto, Papai propunha-me uma viagem a Jerusalém. Não obstante, porém, a natural propensão que me induzia a visitar os lugares santificados pela presença de Nosso Senhor, sentia-me cansada de peregrinações aqui na terra.*
[29] Os romeiros chegaram a Lisieux a 2 de dezembro, na parte da tarde.

manhãs depois da missa ia com Papai ao correio, com a fé de ali encontrar a permissão de pôr-me a salvo, mas cada manhã vinha nova decepção que, aliás, não abalava minha fé... Pedia a Jesus rompesse meus laços. Ele rompeu-os, mas de maneira muito diferente do que eu esperava... Chegou a bela festa de Natal, e nada de Jesus acordar... Largou por terra sua bolinha, sem lhe deitar um olhar sequer...

187 Meu coração estava esmorecido, quando me encaminhei para a missa da meia-noite, à qual contava tão certo assistir por detrás das grades do Carmelo!... Bem grande para minha fé foi a provação, mas *Aquele, cujo coração fica de guarda durante o sono*[30], fez-me compreender que a quem tenha fé igual a um *grão de mostarda,* Ele concede *milagres* e faz as montanhas mudarem de lugar, a fim de consolidar essa fé tão *diminuta*[31]. Mas, para os seus *íntimos,* para a sua Mãe, não opera milagres *antes de haver provado sua fé*. Não deixou Lázaro morrer, muito embora Marta e Maria lhe mandassem recado que estava doente?[32]... Nas bodas de Caná, tendo a Santíssima Virgem pedido a Jesus acudisse ao dono da casa, não lhe respondeu que sua hora não tinha ainda chegado?[33]... Mas, depois da prova, que recompensa! A água muda em vinho... Lázaro ressuscita!... Assim procedeu Jesus com sua Teresinha. Depois de prová-la *por muito tempo* cumpriu à larga todos os desejos de seu coração...

188
68 Na tarde da radiosa festa que passei entre lágrimas, fui visitar as carmelitas. Grande foi minha surpresa, quando ao abrir-se a grade, dei com os olhos num encantador Menino Jesus, tendo na mão uma bola, sobre a qual estava escrito meu nome. Em lugar de Jesus, muito pequeno para falar, as carmelitas cantaram em minha honra um cântico composto pela minha querida Mãe. Cada palavra me derra-

---

[30] Cf. Ct 5,2.
[31] Cf. Mt 17,19.
[32] Cf. Jo 11,3.
[33] Cf. Jo 2,4.

mava na alma uma consolação bem deliciosa. Jamais esquecerei a delicadeza do maternal coração que sempre me cumulou das mais finas ternuras... Depois de agradecer, com a efusão de aliviadas lágrimas, contei a surpresa que minha querida Celina me tinha preparado, quando voltávamos da missa de meia-noite. Em meu quarto, encontrei dentro de um lindo recipiente um *naviozinho* que trazia o *Menino Jesus* a dormir, com uma *bolinha* ao Seu lado. Sobre a vela branca escrevera Celina estas palavras: "Eu durmo, mas o meu coração está de guarda"[34], e sobre a embarcação esta única palavra: "Abandono!" Oh! se Jesus ainda não dizia palavra à sua noivinha, se os seus divinos olhos continuavam sempre cerrados, pelo menos se lhe revelava, por meio de almas que compreendiam todas as delicadezas e o amor de seu coração...

No primeiro dia do ano de 1888, Jesus ainda me presenteou com sua cruz. Desta vez, porém, estava sozinha para a carregar, pois era tanto mais dolorosa, quanto mais incompreendida... Uma carta da Madre Maria de Gonzaga me comunicava ter chegado a resposta do Sr. Bispo no dia 28, festa dos Santos *Inocentes,* mas que me não pusera ao corrente, porque decidira que minha entrada só se efetuaria *depois da Quaresma*. Não pude conter as lágrimas, quando pensei em tão longo prazo. Para mim teve a provação um caráter todo particular. Via meus laços *rompidos* por parte do mundo, mas agora a Santa Arca negava entrada à mísera pombinha... Admito, de bom grado, que darei a impressão de ser pouco razoável, não aceitando com alegria esses três meses de exílio. Mas, admito também que, sem o parecer, a provação foi *muito grande e* me fez *crescer* bastante no abandono e noutras virtudes.

Como se passaram os *três meses* tão ricos em graças para minha alma?... Primeiramente, ocorreu-me o pensamento de me não preocupar em ter uma vida tão bem disci-

---

[34] Ct 5,2.

plinada, como era meu costume. Logo, porém, compreendi o valor do tempo que me era disponível, e decidi dedicar-me, mais do que nunca, a uma vida *compenetrada e mortificada*. Se digo mortificada, não é para levar a crer que praticasse penitências. Infelizmente, nunca fiz nenhuma. Muito longe de me assemelhar às belas almas que, desde a infância, praticavam toda a sorte de mortificações, não sentia nenhum atrativo por elas. Isso provinha, sem dúvida, de minha covardia, porque poderia, como Celina, encontrar mil pequenas maneiras para me levar a sofrer. Mas, em lugar disso, deixava-me regalar e tratar bem como um filhote de passarinho, que não carece de penitência. Minhas mortificações consistiam em dominar minha vontade, sempre pronta a impor-se; em não soltar palavra de réplica; em prestar pequenos obséquios, sem alarde; em não apoiar o dorso, quando sentava etc., etc. ... Foi pela prática desses *nadas* que me preparei para ser a desposada de Jesus. Não posso dizer quão doces eram as recordações que tal expectativa me deixou... Três meses passam depressa. Afinal, chegou o momento tão ardentemente desejado.

Capítulo VII

OS PRIMEIROS ANOS NO CARMELO
(1888-1890)

Desejos satisfeitos, - Confissão feita ao Padre Pichon, - Teresa e suas Superioras, - A Sagrada Face, - Minha tomada de hábito, - Triunfo do meu Rei, - Doença de Papai, - Sofrimento e vilipêndio, - Pequenas virtudes, - A veste nupcial.

Escolheu-se para minha entrada uma segunda-feira, 9 de abril, data em que o Carmelo celebrava a festa da Anunciação, transferida por causa da Quaresma. Na véspera, toda a família estava reunida em torno da mesa, onde me assentaria pela última vez. Ah! como são pungentes reuniões assim, na intimidade!... Na ocasião que a gente não quer ser alvo de atenções, prodigam-se carinhos, palavras extremamente afetuosas, que fazem sentir o sacrifício da separação...

Papai não falava quase nada, mas seu olhar fixava-se em mim com amor... Titia chorava de vez em quando, e Titio dava-me mil demonstrações de afeto. Joana e Maria também se desdobravam em delicadezas para comigo; sobretudo Maria que, tomando-me à parte, pediu perdão das mágoas que julgava ter-me causado. Por fim, minha querida Leoniazinha que voltara há alguns meses da Visitação[1], cobria-me ainda mais de beijos e carícias. Só resta Celina, de quem não falei, mas adivinhais, minha querida Mãe, como se terá passado a última noite que dormimos no mesmo quarto...

Na manhã do grande dia, depois de lançar um derradeiro olhar nos Buissonnets, gracioso ninho de minha in-

---

[1] Tendo entrado na Visitação de Caen a 16 de julho de 1887, Leônia dali saiu a 6 de janeiro de 1888.

fância, que já não tornaria a ver, dei o braço a meu querido Rei para subir à montanha do Carmelo... Como no dia anterior, toda a família se reunira para ouvir a Santa Missa e comungar. Assim que Jesus desceu nos corações dos meus queridos parentes, não ouvi em redor de mim senão soluços. E era só eu que não derramava lágrimas, mas sentia o coração bater com *tal violência,* que me parecia impossível dar um passo, quando vieram dar sinal para que chegássemos à porta da clausura. Ainda assim, fui andando, e perguntava-me a mim mesma, se não iria morrer pela força das batidas do coração... Ah! que momento aquele! Para poder avaliá-lo é preciso ter passado por ele...

193 Minha emoção não se manifestou por fora. Depois de haver abraçado todos os membros de minha querida família, pus-me de joelhos diante do meu incomparável Pai para lhe pedir a bênção; a fim de ma conceder, *ele mesmo* se pôs de joelhos e abençoou-me a chorar... Devia fazer sorrir os anjos, esse espetáculo em que um ancião apresenta ao Senhor sua filha ainda na primavera da vida!... Alguns instantes depois, as portas da Santa Arca se fechavam atrás de mim, e lá dentro recebi os abraços das *queridas manas* que me haviam servido de *mães,* e que dali por diante tomaria como modelos de minhas ações... Enfim, meus desejos estavam satisfeitos. Minha alma experimentava uma PAZ tão

69v doce e tão profunda, que não poderia externá-la com palavras, e faz sete anos e meio que essa paz íntima se conserva como minha partilha, e não me abandonou no meio das maiores provações.

194 Como todas as postulantes, fui levada ao coro imediatamente depois de minha entrada. Estava escuro, por causa da exposição do Santíssimo Sacramento[2], e o que em primeiro lugar surpreendeu minha vista foram os olhos de nossa

---

[2] Conforme o costume de então, o coro era conservado em penumbra, para as Carmelitas não serem vistas da capela, quando os postigos da grade ficavam abertos.

santa Madre Genoveva³, que se concentravam sobre mim. Demorei um instante de joelhos aos seus pés, e agradeci ao Bom Deus a graça que me concedia de ficar conhecendo uma santa. E depois acompanhei Madre Maria de Gonzaga⁴ a vários recintos da comunidade. Tudo me parecia fascinante. Imaginava-me transportada a um deserto; era principalmente minha celinha que me encantava, mas a alegria que sentia era *tranqüila*. Nem a mais leve brisa fazia ondular as águas tranqüilas, nas quais navegava meu barquinho. Nenhuma nuvem toldava meu céu azul... ah! estava plenamente recompensada de todas as provações... Com que profunda alegria repetia as palavras: "Aqui estou para sempre, para sempre...".

Esta felicidade não era efêmera, não se dissiparia com "as ilusões dos primeiros dias". Quanto a *ilusões,* o Bom Deus concedeu-me a graça de *não ter* NENHUMA, quando entrei para o Carmelo. Encontrei a Vida religiosa *tal qual* a imaginara. Nenhum sacrifício me espantou. No entanto vós o sabeis, meus primeiros passos toparam mais em espinhos do que em rosas!... Sim, o sofrimento estendeu-me os braços, e lancei-me neles com amor... O que vinha fazer no Carmelo, declarei-o aos pés de Jesus-Hóstia no exame que precedeu minha profissão: "Vim para salvar as almas, e principalmente para rezar pelos sacerdotes". Quando se quer atingir um fim, é preciso aplicar os respectivos meios. Jesus deu-me a entender que pela cruz queria dar-me almas, e meu atrativo pelo sofrimento crescia na proporção que o sofrimento se avolumava. Durante cinco anos, meu caminho foi esse. Nada, porém, traía exteriormente meu sofrimento, tanto mais doloroso, quanto unicamente conhecido, por mim. Oh! se tivermos lido a história das almas, qual

---

³ Madre Genoveva de Santa Teresa (1805-1891), professa do Carmelo de Poitiers, fora enviada em 1838 como fundadora e subpriora do Carmelo de Lisieux, onde por vários anos ocupará o cargo de priora.
⁴ Madre Maria de Gonzaga (1834-1904) entrou para o Carmelo de Lisieux em 1860. Foi eleita priora pela primeira vez em 1874. Teresa tê-la-á como superiora em toda a sua vida religiosa, menos de 1893-1896.

não será nossa surpresa no fim do mundo!... Quantas pessoas não ficarão admiradas ao verem por qual caminho foi levada a minha...

196   Isto é tão verdadeiro que, dois meses após minha entrada, vindo para a profissão da Irmã Maria do Sagrado Coração[5], Padre Pichon ficou surpreso ao verificar o que o Bom Deus operava em minha alma. Disse-me que, na véspera, me observou a rezar no coro, e achava meu fervor muito próprio de criança, e meu caminho muito suave. A conversa com o bom Padre foi para mim um consolo muito grande, embora velada de lágrimas, por causa da dificuldade que sentia em abrir minha alma.

Entretanto, fiz confissão geral, como nunca fizera anteriormente. Ao cabo, disse-me o Padre estas palavras, as mais consoladoras que me vibraram aos ouvidos da alma: *"Na presença do Bom Deus, da Santíssima Virgem e de todos os Santos,* DECLARO QUE JAMAIS COMETESTES UM SÓ PECADO MORTAL". Acrescentou em seguida: "Agradecei ao Bom Deus o que fez por vós, pois se vos tivesse abandonado, em lugar de ser um anjinho, tornar-vos-íeis um demoninho".

Oh! não tive dúvida em admiti-lo. Sentia quanto era frágil e imperfeita, mas a gratidão inundava minha alma. Tanto receava ter manchado a veste do meu Batismo, que a declaração, saída da boca de um diretor, como os que Nossa Santa Madre Teresa desejava, isto é, os que unissem a *ciência* à *virtude*[6], me parecia proferida pela boca do próprio Jesus... Disse-me ainda o bom Padre as seguintes palavras, que ficaram carinhosamente gravadas em meu coração: "Minha filha, Nosso Senhor seja sempre vosso Superior e vosso Mestre de noviciado". De fato, Ele o foi, e foi também
197 "meu diretor". Não quero dizer que minha alma se tenha fechado às minhas Superioras. Ah! longe disso, sempre me

---

[5] A 22 de maio de 1888.
[6] *Caminho de perfeição,* VI.

esforcei por lhes ser um *livro aberto*. Contudo, nossa Madre, doente de vez em quando, pouco tempo tinha para se ocupar comigo. Sei que me amava muito e de mim dizia todo o bem possível. No entanto, o Bom Deus permitiu que, *sem o perceber,* fosse MUITO SEVERA. Não podia encontrar-me com ela, sem ter que beijar o chão[7]. Acontecia a mesma coisa nas raras direções espirituais que me dava... Que graça inestimável!... Como o Bom Deus atuava *de modo visível* em quem fazia suas vezes!... Que seria de mim, se fosse o "xodó" da comunidade, como o julgavam pessoas de fora?... Se em lugar de ver Nosso Senhor em minhas Superioras, não considerasse talvez senão as pessoas, meu coração, tão *bem preservado* no mundo, ter-se-ia apegado a afeições humanas dentro da clausura... Felizmente, fiquei isenta de tal desgraça. Não padece dúvida, *nutria grande amor* à nossa Madre, mas com uma afeição *pura,* que me elevava ao Esposo de minha alma...

Nossa Mestra[8] era uma *verdadeira santa*, tipo acabado das primeiras carmelitas. Permanecia o dia inteiro com ela,

---

[7] ...*porque lhe fazia alguma censura. Uma vez, lembro-me que tendo eu deixado uma teia de aranha no claustro disse-me na presença de toda a comunidade:* "Bem se vê que nossos claustros são varridos por uma criança de quinze anos! Ide, pois, tirar a teia de aranha, e para o futuro sede mais cuidadosa". *(...) E o que mais me contristava era não achar uma maneira de corrigir meus defeitos: por exemplo, minha lentidão, minha pouca dedicação nos serviços.*

Um dia, pensei comigo que nossa Madre por certo desejaria ver-me aproveitar para o trabalho horas de folga, ordinariamente consagradas à oração; e sem erguer os olhos do trabalho pus em ação minha pequena agulha. Como, porém, desejava ser sincera e nada fazer senão sob os olhares de Jesus, ninguém teve jamais conhecimento do que acontecera.

Nessa altura do meu postulantado, mandava-me minha Mestra às quatro horas e meia da tarde arrancar ervas daninhas no jardim. Isto me custava bastante, tanto mais que tinha quase certeza de encontrar-me no caminho com a Madre Maria de Gonzaga. Numa dessas ocasiões, repreendeu-me: "Mas, afinal de contas, essa criança não faz absolutamente nada! Que raça de noviça é esta, que a gente precisa todos os dias mandar a passeio?" *E assim se havia comigo em todas as coisas.*

Ó minha Madre muito amada quanto não agradeço a Deus por fazer que me dessem uma educação tão sólida e tão preciosa!

[8] Irmã Maria dos Anjos (1845-1924). Tinha assumido o encargo do noviciado em 1886.

pois era quem me ensinava a trabalhar. Sua bondade para comigo não tinha limites, e, apesar disso, minha alma não conseguia dilatar-se... Só com esforço conseguia submeter-me à direção espiritual. Por não estar habituada a falar de minha alma, não sabia externar em palavras o que nela se passava. Certo dia, uma das boas Madres antigas[9] compreendeu meus sentimentos e disse-me a rir no recreio: "Minha filhinha, parece-me que não tereis muita coisa para desabafar com vossas superioras". — "Por que, minha Madre, falais assim?"... — "Porque vossa alma é extremamente *simples*. Quando, porém, fordes perfeita, sereis *mais simples* ainda. Quanto mais a gente se avizinha do Bom Deus, tanto mais a gente se simplifica". Tinha razão a boa Madre. Mas, a dificuldade que sentia de abrir a alma, muito embora procedesse de minha simplicidade, constituía verdadeira provação. Agora o reconheço, pois exprimo meus pensamentos com a máxima facilidade, sem deixar de ser simples.

Disse que Jesus fora "meu diretor". Ao entrar para o Carmelo, travei conhecimento com alguém que me serviria como tal, mas ele partiu para o desterro[10] logo depois de me admitir no número de suas filhas... Assim, foi só conhecê-lo, para logo me privar dele... Limitada a receber uma carta sua por ano sobre as doze que lhe escrevia, meu coração de pronto se volveu ao Diretor dos diretores, e foi quem me instruiu nessa ciência oculta aos sábios e entendidos, dignando-se comunicá-la aos *pequeninos*[11]...

Transplantada para a montanha do Carmelo, a florinha iria desabrochar à sombra da Cruz. As lágrimas, o Sangue de Jesus tornaram-se seu orvalho, e seu Sol era a sua adorável Face, velada de pranto... Até então não tinha sondado, ainda, a profundeza dos tesouros ocultos na Sagrada

---

[9] "A Irmã Febrônia, então subpriora, a quem assistiu no último transe" (observação da Madre Inês de Jesus).
[10] O Padre Pichon foi enviado ao Canadá, na qualidade de pregador. Embarcou no Havre a 3 de novembro de 1888.
[11] Cf. Mt 11,25.

Face[12], e foi por vosso intermédio, minha querida Mãe, que aprendi a conhecê-los. Como há tempos a nós todas precedestes no Carmelo, assim também fostes a primeira a penetrar os mistérios de amor, escondidos na Face de nosso Esposo. Chamastes-me então, e compreendi... Compreendi o que vinha a ser a *verdadeira glória*. Aquele, cujo Reino não é deste mundo[13], mostrou-me que a verdadeira sabedoria consiste em "querer ser ignorada e tida por nada"[14], — "em fazer constar a alegria no desprezo de si mesmo"[15]. Oh! como o de Jesus, queria que "meu rosto ficasse realmente velado, e que na terra ninguém me reconhecesse"[16]. Tinha sede de sofrer e de ser esquecida...

Quão misericordioso é o caminho, pelo qual o Bom Deus sempre me guiou! Nunca me levou a desejar alguma coisa, sem que ma desse. Por esta razão, seu amargo cálice pareceu-me delicioso...

Após as radiantes festas do mês de maio, das festas de profissão e tomada de véu de nossa querida Maria, *primogênita* da família, a quem a mais nova teve a ventura de coroar no dia de suas núpcias, era bem necessário que a provação nos visitasse. No mês de maio do ano anterior, Papai fora acometido de um ataque de paralisia nas pernas. Nossa preocupação foi muito grande, mas a robusta compleição de nosso querido Rei logo levou vantagem, de sorte que nossas apreensões se dissiparam. Não obstante, na viagem a Roma, notamos mais de uma vez que ele se

---

[12] A devoção da Sagrada Face desenvolveu-se no século XIX, em conseqüência das revelações de Nosso Senhor à Irmã Maria de São Pedro, do Carmelo de Tours. Desde o início de sua vida religiosa, Teresa foi iniciada nessa devoção pela Irmã Inês de Jesus. A seguir, aprofundou-a de modo muito pessoal, apoiando-se em textos do profeta Isaías, mormente por ocasião da enfermidade de seu pai. A 10 de janeiro de 1889, dia de sua tomada de hábito, assinou pela primeira vez num santinho: "Irmã Teresa do Menino Jesus e da Sagrada Face".
[13] Cf. Jo 18,36.
[14] *Imit. de Cristo* I 2,3.
[15] *Imit. de Cristo* III 49,7.
[16] Cf. Is 53,3.

cansava com facilidade, e não andava tão alegre como de costume... Ao que eu tinha principalmente observado, eram os progressos feitos por Papai na perfeição. Segundo o exemplo de São Francisco de Sales, chegara a conseguir o domínio de sua natural vivacidade, a ponto de aparentar que seu gênio era o mais pacato do mundo[17]... Parecia que as coisas da terra mal o tocavam, facilmente dominava as contrariedades desta vida. O Bom Deus, afinal, *inundava-o* de consolações. Nas visitas diárias ao Santíssimo Sacramento, seus olhos muitas vezes marejavam de lágrimas, e o semblante irradiava uma beatitude celestial... Quando Leônia deixou a Visitação, ele não se afligiu, não fez nenhuma censura ao Bom Deus por não atender as preces que lhe dirigira, para alcançar a vocação de sua querida filha. Foi até com certa alegria que se pôs a caminho para ir buscá-la...

Eis a fé com que Papai aceitou a separação de sua rainhazinha. Comunicou-a nestes termos aos amigos de Alençon: — "Meus caríssimos amigos, Teresa, minha rainhazinha, entrou ontem no Carmelo!... Só Deus pode exigir tal sacrifício... Não me lastimeis, pois meu coração transborda de alegria".

---

[17] *Dai-me licença, minha Madre, de contar-vos a propósito um exemplo de sua virtude:*

Durante a romaria, os dias e as noites no vagão pareciam longos demais para os viajantes, aos quais víamos organizar partidas de baralho, e estas por vezes se tornavam tempestuosas. Um dia, os jogadores solicitaram nossa participação. Recusamos, alegando nosso pouco conhecimento da matéria; não achávamos, como eles, o tempo muito longo, mas antes curto demais para contemplarmos à vontade os magníficos panoramas que se desenrolavam aos nossos olhos. Logo prorrompeu a irritação. Nosso Paizinho tomou a palavra e defendeu-nos com serenidade, dando a entender que, em romaria, não seria demais o tempo de oração.

Esquecido do respeito que se deve a cabelos brancos, um dos parceiros exclamou então irrefletidamente: "Por sorte, os fariseus não são numerosos!" Papai não respondeu palavra. Parecia até estar possuído de santa alegria, e pouco mais tarde descobriu um meio de dar a mão ao cavalheiro, acompanhando o belo gesto com uma palavra amável, a qual podia dar a impressão de que não entendera a censura, ou que pelo menos já a esquecera.

Aliás, vós o sabeis, minha Madre, o hábito de perdoar não datava daquele dia. De acordo com o testemunho de Mamãe e de quantos o conheceram, jamais proferiu palavra contra a caridade.

Era tempo que um servidor tão fiel recebesse a paga de seus trabalhos. Era justo que seu salário se assemelhasse ao que Deus outorgou ao Rei do céu, seu Filho Único... Papai acabava de oferecer a Deus um *Altar*[18]. Ele próprio foi a vítima escolhida para ser ali imolada, em união com o Cordeiro sem mancha[19]. Sabeis, minha querida Mãe, nossas amarguras no mês de junho, mormente no dia 24 do ano de 1888[20]. Estas reminiscências calaram fundo demais em nossos corações, de sorte que não é preciso descrevê-las...

Ó minha Mãe! quanto não sofremos!... E ainda era apenas o *começo* de nossa provação... Chegara, entretanto, a época de minha tomada de hábito. Fui admitida pelo Capítulo, mas como pensar em se fazer uma cerimônia? Já falavam em me darem o hábito, sem que eu passasse para fora[21], quando decidiram aguardar. Contra toda esperança, nosso querido Pai recuperou-se do segundo ataque, e o Sr. Bispo marcou a cerimônia para o dia 10 de janeiro.

Fora longa a espera, mas em compensação, como foi linda a festa!... Nada faltou, nem sequer a *neve*... Não sei se já vos falei de minha predileção pela neve?... Quando era pequenina, sua alvura extasiava-me. Um dos meus maiores prazeres era sair a passear, enquanto caíam flocos de neve. Donde me vinha o gosto pela neve?... Quiçá por ser *florzinha de inverno*. Por isso, o primeiro adorno, do qual meus olhos de criança viram a natureza enfeitada, terá sido seu manto branco... Enfim, sempre desejara que, no dia da mi-

---

[18] O altar-mor da igreja de São Pedro em Lisieux.
[19] *Ó minha Madre, estais vós lembrada daquele dia, daquela visita no locutório, quando nos falou: "Minhas filhas estou chegando de Alençon, onde na Igreja de Nossa Senhora recebi graças tão grandes, e consolações de tal natureza, que formulei a seguinte oração: 'Meu Deus, é por demais! Sim, sou feliz demais, desta maneira não me é possível alcançar o céu; quero sofrer alguma coisa por vós!' E eu me ofereci...". Morreu-lhe nos lábios o termo vítima; não se animou a pronunciá-lo em nossa presença,* mas nós o tínhamos compreendido!
[20] A 23 de junho de 1888, sábado, o Sr. Martin desaparecera sem avisar ninguém. Celina e o Sr. Guérin encontraram-no no Havre, a 27 de junho.
[21] No dia da tomada de hábito, a postulante saía então de dentro da clausura em trajes de noiva. Assistia, rodeada de sua família, à cerimônia externa.

nha tomada de hábito a natureza estivesse, como eu, enfeitada de branco. Na véspera do formoso dia, olhava triste o céu acinzentado, donde vinha às vezes um chuvisco, e tão branda estava a temperatura, que eu já não contava com neve. Na manhã seguinte, o céu não tinha mudado[22]. No entanto, a festa foi encantadora, e a flor mais formosa e deslumbrante era meu querido Rei, nunca estivera tão *formoso e imponente*... Foi objeto de admiração para todo o mundo. Foi o dia de seu *triunfo,* sua derradeira festa aqui na terra. Doara *todos os* filhos ao Bom Deus. Pois, quando Celina lhe confiou sua vocação, *chorara de alegria,* e fora com ela agradecer aquele que lhe concedia a honra de lhe tomar todas as filhas[23].

No fim da cerimônia, o Sr. Bispo entoou o Te-Deum. Um sacerdote tentou lembrar que o cântico só se cantava nas profissões. Mas, o começo fora dado, e o hino de *ação de graças* prosseguiu até o final. Não vinha a propósito que a festa *fosse completa,* uma vez que reunia em si todas as restantes?... Depois de abraçar pela última vez meu querido Rei, tornei a recolher-me à clausura. A primeira coisa que percebi sob o claustro, foi o "meu Menino Jesus cor-de-rosa" a sorrir-me por entre flores e luminárias. E logo depois meu olhar deu com *flocos de neve*... O pátio interno estava de branco como eu. Que fineza de Jesus! Antecipando-se aos desejos de sua noivinha, presenteou-a com neve... Neve! pois qual o mortal, por mais poderoso que fosse, poderia fazê-la

---

[22] *Larguei mão do meu irrealizável sonho de criança, e saí pelo mosteiro afora.*
Esperava-me o Papai à entrada da clausura. Indo ao meu encontro, com os olhos rasos de lágrimas, e apertando-me contra o coração: "Ah! exclamou, pois aqui está minha rainhazinha!". *A seguir, ofereceu-me o braço, e solenemente fizemos nossa entrada na capela.*

[23] "Vem (disse ele), *vamos juntos à presença do Santíssimo Sacramento agradecer ao Senhor a graça que concede à nossa família, e a honra que me faz, de escolher para si esposas em minha casa. Sim (...), se tivesse algo de melhor todo o meu empenho seria em lho ofertar." O algo* de melhor *era ele mesmo! E o Senhor aceitou-o como vítima de holocausto; provou-o como o ouro no cadinho, e encontrou-o digno de si* (Sb 3,6).

cair do céu para o encanto de sua bem-amada?... Pode ser que pessoas de fora formulassem tal pergunta, mas o certo é que a neve, na minha tomada de hábito, se lhes afigurava como pequeno milagre, e toda a cidade ficou admirada. Acharam que eu tinha um gosto extravagante por apreciar neve... Tanto melhor! Vinha realçar, ainda mais, a *incompreensível condescendência* do Esposo das virgens... Daquele que muito preza os *lírios brancos,* iguais à NEVE!...

Depois da cerimônia, o Sr. Bispo entrou na clausura. Foi de uma bondade toda paternal para comigo[24]. Quero crer que sentia gosto em ver-me bem sucedida, e a todos dizia que eu era *"a sua* filhinha". Depois desta bela festa, sua Excelência sempre foi muito bondoso para comigo. Lembro-me, de modo particular, sua visita por ocasião do centenário de Nosso Pai São João da Cruz. Tomou-me a cabeça entre as mãos e fez-me mil carícias de toda a espécie. Nunca fora eu objeto de tanta honra! O Bom Deus fez-me, ao mesmo tempo, pensar nas carícias que haverá por bem fazer-me na presença dos Anjos e Santos, e das quais já neste mundo me dava uma pálida imagem. Foi, portanto, muito grande a alegria que senti...

Como ia dizendo, o dia 10 de janeiro foi o triunfo do meu Rei. Comparo-o à entrada de Jesus em Jerusalém no Domingo de Ramos. Igual à de Nosso Senhor, sua glória *de um dia* foi seguida por dolorosa paixão, e esta paixão não foi para ele tão-somente. Da mesma maneira que as dores de Jesus trespassaram com uma espada o coração de sua divina Mãe, assim também nossos corações se comoveram com os sofrimentos de quem na terra estremecíamos no grau mais afetuoso possível... Tenho lembrança de que no mês de junho de 1888, no momento de nossas primeiras provações, eu declarava: "Sofro muito. Sinto, porém, que posso ainda suportar provações maiores". Não pensava, então, nas que

---

[24] *Diante de todos os sacerdotes de sua comitiva, fez-me lembrar minha visita em Bayeux, minha viagem a Roma, sem esquecer o* penteado alto.

me estavam reservadas... Não sabia que, no dia 12 de fevereiro, um mês após minha tomada de hábito, nosso querido Pai beberia o *mais amargo e humilhante* de todos os cálices[25]...

Ah! naquele dia, não repeti que podia sofrer mais ainda!!!... Palavras não exprimem nossas angústias, motivo pelo qual não tentarei descrevê-las. Um dia, no Céu, teremos prazer em falar de nossas *gloriosas* provações. Mas, não nos sentimos, desde já, felizes de tê-las sofrido?... Sim, os três anos de martírio do Papai se me apresentam como os mais amáveis, os mais frutuosos de nossa vida. Não os daria em troca de todos os êxtases e revelações dos Santos. Meu coração transborda de reconhecimento, pensando nesse inestimável *tesouro,* que deve provocar santa emulação aos Anjos da Corte Celestial...

Meu desejo de sofrimento estava saciado, mas nem por isso diminuía minha atração por ele. Daí, minha alma teve logo parte nos sofrimentos do meu coração. Meu pão cotidiano era a secura espiritual. Mas, apesar de privada de toda consolação, era a mais ditosa das criaturas, uma vez que todos os meus desejos estavam satisfeitos...

Ó minha querida Mãe! Quão doce não foi nossa provação, pois que de todos os nossos corações só brotaram suspiros de amor e gratidão!... Já não caminhávamos pelas veredas da perfeição, todas as cinco voávamos. As duas pobres pequenas exiladas de Caen[26], estando ainda no mundo, já não eram do mundo... Oh! que maravilhas não operou a provação na alma de minha querida Celina!... Todas as cartas que escrevia na época, eram repassadas de resignação e amor... E quem fará idéia de nossas conversações no locutório?... Oh! em vez de separar-nos, as grades do Carmelo

---

[25] A 12 de fevereiro de 1889, o Sr. Martin teve que deixar Lisieux para se internar na casa de saúde do Bom Salvador em Caen.

[26] Leônia e Celina quiseram hospedar-se no Orfanato de São Vicente de Paulo, nas imediações do Bom Salvador de Caen.

uniam mais fortemente nossas almas. Tínhamos as mesmas idéias, as mesmas aspirações, o mesmo *amor por Jesus e pelas almas*... Quando Celina e Teresa falavam uma com a outra, jamais se misturava às conversações uma palavra sobre coisas da terra. Todas já pairavam no Céu. Como outrora no *mirante,* elas sonhavam com coisas da *eternidade,* e, para gozarem sem detença a felicidade sem fim, como único quinhão aqui na terra, escolhiam *"sofrimento e desprezo"*[27].

Assim decorreu o tempo de meus esponsais... Foi bem longo para a pobre Teresinha! Ao terminar meu ano, Nossa Madre disse-me que nem pensasse em pedir a profissão, porque o Sr. Superior certamente recusaria minha súplica. Fui obrigada a esperar oito meses ainda... No primeiro instante, foi-me muito difícil aceitar o grande sacrifício, mas logo clareou a luz em minha alma. Na ocasião, estava meditando os "Fundamentos da vida espiritual" do Padre Surin. Certo dia, na oração, compreendi que meu desejo tão vivo de fazer profissão estava mesclado de um grande amor-próprio. Uma vez que *me tinha doado* a Jesus para o alegrar e consolar, não devia obrigá-lo a fazer *minha vontade,* em lugar da sua. Compreendi ainda que uma noiva deve estar ornada para o dia de suas núpcias, e nada tinha feito nesse sentido... Então, disse a Jesus: "Ó meu Deus! Não vos peço para emitir meus sagrados votos, *esperarei quanto tempo quiserdes.* Só não quero que, por culpa minha, seja diferida minha união convosco. Por isso, porei todo o meu empenho numa bela roupagem, recamada de pedrarias. Quando achardes que o enfeite já está bastante rico, tenho a certeza de que todas as criaturas não vos impedirão de descer até mim, a fim de me unirdes para sempre convosco, ó meu Bem-Amado!"...

Desde minha tomada de hábito, já tinha recebido copiosas luzes sobre a perfeição religiosa, principalmente no que concerne ao voto de pobreza. Durante o postulantado,

---

[27] Alusão ao dito de São João da Cruz: "sofrer e ser desprezado".

ficava contente de ter coisas bonitas para meu uso, de encontrar ao alcance da mão tudo que me fosse necessário. "Meu *Diretor*"[28] levava-o em paciência, pois não gosta de mostrar às almas tudo ao mesmo tempo. De ordinário, concede sua luz pouco a pouco. (Nos primórdios de minha vida espiritual, lá pela idade de 13 a 14 anos, perguntava a mim mesma o que ainda alcançaria mais tarde, pois julgava não me ser possível compreender melhor ainda a perfeição. Bem depressa cheguei à conclusão de que, quanto mais se avança no caminho, tanto mais a gente se julga longe do termo final. Por isso mesmo, agora me resigno a verificar que sou sempre imperfeita, e acho nisso minha alegria...)

Torno às lições que *"meu Diretor"* me deu. Certa noite, após as Completas, procurei em vão nossa lamparina nas prateleiras que servem para guardar. Era grande silêncio. Nenhuma possibilidade de reclamá-la. Deduzi que alguma irmã, crendo pegar sua lanterna, levara a nossa, e esta me fazia muita falta. Em vez de me aborrecer com a privação, senti-me muito feliz, percebendo que a pobreza consiste em ver-se alguém carente não só de coisas agradáveis, mas até de coisas indispensáveis. E assim, nas *trevas exteriores,* tive luzes interiores...

Na época, empolgava-me verdadeiro amor a objetos mais feios e menos cômodos. Foi, portanto, com alegria que vi tirarem de nossa cela a *linda bilhazinha* e colocarem em seu lugar uma *bilha grande, toda esborcinada...* Fazia, também, muitos esforços por não me escusar. Isto me parecia bem difícil, mormente em relação com nossa Mestra, a quem nada quisera encobrir.

Eis minha primeira vitória, não é grande, mas custou-me bastante. — Apareceu, quebrado, um jarrinho que estava atrás de uma janela. Julgando ser eu quem o deixou fora do lugar, nossa Mestra mo indicou, recomendando que noutra vez prestasse mais atenção. Sem dizer nada, beijei o chão

---

[28] O "Diretor" de Teresa é Jesus (cf. mais acima, fl. 70).

e a seguir prometi ser mais ordeira para o futuro. — Em conseqüência da minha pouca virtude, tais práticas me custavam bastante. Força me era refletir que, no juízo final, tudo seria revelado, pois averiguava o seguinte: Quando a gente cumpre com o dever, sem nunca se desculpar, ninguém toma conhecimento, ao passo que as imperfeições logo se tornam notórias...

Aplicava-me, antes de tudo, à prática de pequenas virtudes, uma vez que não achava facilidade de praticar as grandes. Gostava, pois, de dobrar as capas esquecidas pelas irmãs, e de prestar a estas todos os pequenos obséquios ao meu alcance. Foi-me dado, também, o amor à mortificação e ele era tanto maior quanto nada me era permitido satisfazê-lo... A única mortificação que fazia neste mundo, e consistia em não me encostar, quando sentada, foi-me proibida por causa de minha propensão em ficar corcunda. Não há dúvida, infelizmente, que pouco duraria meu ardor, se me fossem permitidas muitas penitências... As que me eram autorizadas, sem minha solicitação, consistiam em mortificar meu amor-próprio, o que me beneficiava muito mais do que penitências corporais...

O refeitório, meu primeiro ofício logo após a tomada de hábito, proporcionou-me mais de uma ocasião para colocar meu amor-próprio no devido lugar, isto é, debaixo dos pés... Tinha, é verdade, o consolo de estar no mesmo ofício convosco, minha querida Mãe, podendo observar de perto vossas virtudes, mas a aproximação constituía motivo de sofrimento. Não me sentia, *como antigamente,* com liberdade de vos dizer tudo. Havia a observância da Regra, não podia abrir-vos minha alma. Afinal, estava no *Carmelo,* e não mais nos *Buissonnets* debaixo do *teto paterno!...*

Contudo, a Santíssima Virgem ajudava-me a preparar a veste de minha alma. Depois de concluída, os obstáculos cessaram por si mesmos. O Sr. Bispo enviou-me a autorização que solicitara a comunidade, houve por bem admitir-me, e minha profissão ficou marcada para o dia *oito de setembro...*

Tudo o que acabo de resumir em poucas palavras, exigiria muitas páginas com pormenores. Tais páginas, porém, não serão jamais lidas na terra. Em breve, minha querida Mãe, falar-vos-ei de todas estas coisas em *nossa casa paterna,* no formoso céu, para onde sobem os suspiros de nossos corações!...

Estava pronta minha veste nupcial, enriquecida com jóias *antigas,* que meu esposo me dera, mas não era o suficiente para sua liberalidade. Quis Ele dar-me *novo* diamante de um fulgor incalculável. A provação de Papai, com todas as dolorosas circunstâncias, representava as jóias *antigas,* e a *nova* foi uma provação, pequenina na aparência, mas que me fez sofrer muito.

— Desde algum tempo, estando um pouco melhor, quando saía, levavam em carruagem nosso pobre Paizinho, e até pensaram em fazê-lo viajar por estrada de ferro, para vir visitar-nos. Naturalmente, *Celina* logo achou que se devia escolher o dia de minha tomada de véu. "Com a intenção de não fatigá-lo", dizia, "não o deixarei assistir a toda a cerimônia. Só no fim irei buscá-lo, e levá-lo-ei devagar até a grade, para que Teresa receba sua bênção".

Ah! nisso reconheço perfeitamente o coração de minha querida Celina... É bem verdade que "o amor nunca alega impossibilidade, por crer que lhe é tudo possível, tudo lícito"[29]... A *prudência humana,* porém, treme a cada passo, e não tem coragem, por assim dizer, de pisar firme. Assim, o Bom Deus, querendo meter-me à prova, *dela se* serviu, como dócil instrumento, e no dia de minhas núpcias estava eu realmente órfã. Já não tendo Pai na terra, podia confiante olhar para o céu e dizer com toda a verdade: *"Nosso Pai,* que estais nos Céus".

[29] *Imit. de Cristo* III 5,4.

Capítulo VIII

DESDE A PROFISSÃO ATÉ AO HOLOCAUSTO AO AMOR
(1890 - 1895)

Profissão, - Tomada de véu, - Madre Genoveva, - Epidemia da influenza (gripe maligna), - Retiro Espiritual pregado pelo Padre Aleixo, - Eleição da Madre Inês de Jesus, - Morte de Papai, - Entrada de Celina, - 9 de junho de 1895, - Qual será o desfecho da presente história? - Interpretação do brasão, Conclusão do Manuscrito A.

Antes de falar-vos dessa provação, minha querida Mãe, deveria falar-vos do retiro espiritual que precedeu minha profissão[1]. Esteve longe de me trazer consolações. Minha partilha foi a mais absoluta aridez e um quase abandono. Como sempre, Jesus estava a dormir no meu barquinho. Oh! bem percebo ser raro que as almas O deixem nelas tranqüilamente. Tão cansado está Jesus de sempre se oferecer e sacrificar, que de pronto aproveita o repouso por mim oferecido. Certamente, não despertará antes do meu grande retiro da eternidade. Mas, em vez de me contristar, isso me dá uma alegria extrema...

Na realidade, longe estou de ser santa. Para o provar, basta apenas o seguinte. Em vez de rejubilar com minha aridez, deveria atribuí-la ao meu pouco fervor e fidelidade. Deveria desconsolar-me por dormir (já se vão sete anos) em minhas orações e minhas *ações de graças*. No entanto, não me desconsolo... Penso em que as *criancinhas* agradam aos pais, tanto adormecidas, como acordadas. Penso em que os médicos adormecem os doentes, quando vão operá-los. Por

---
[1] O retiro começou a 28 de agosto de 1890.

fim, penso em que "o Senhor vê nossa fragilidade, e lembra-se de que não somos senão poeira"².

216 Meu retiro de profissão foi, pois, como todos os que se seguiram, um retiro de grande aridez. Contudo, sem que eu o percebesse, o Bom Deus me indicava claramente o meio de lhe agradar e praticar as mais sublimes virtudes. Observei, amiúde, que Jesus não me quer fornecer *provisões*. Nutre-me, a cada instante, com alimento sempre novo. Encontro-o em mim, sem saber como foi ali parar... Creio, com toda a simplicidade, que é o próprio Jesus, oculto no fundo do meu pobre coraçãozinho, quem me concede a graça de atuar em mim, levando-me a pensar em tudo quanto quer que eu faça no momento presente.

Dias antes de minha profissão, tive a ventura de receber a bênção do Soberano Pontífice. Tinha-a solicitado por intermédio do bom Frei Simeão, para *Papai* e para mim. E muito me consolou poder retribuir ao meu querido Paizinho a graça que me proporcionara, quando me levou a Roma.

217 Chegou, finalmente, o *belo dia* de minhas núpcias³. Passou sem nuvens. Na véspera, porém, tinha-se levantado em minha alma uma tempestade, como nunca vira igual... Até então, jamais me viera à cabeça nenhuma dúvida em torno de minha vocação. Era-me necessário conhecer tal provação. À noite, quando fazia minha Via-Sacra depois de Matinas, minha vocação afigurou-se-me um *sonho*, uma quimera... Achava muito linda a vida do Carmelo, mas o demônio insuflava-me a *certeza* de que não era feita para mim; que iludiria as superioras, caso prosseguisse num ca-
76v minho, para o qual não era chamada... Tão grandes eram minhas trevas, que não via nem compreendia senão uma coisa: Não tinha *vocação*...

Oh! como descrever a angústia de minha alma?... Parecia-me (coisa absurda, mostrando ser do demônio a tenta-

---
² Sl 102,14.
³ A 8 de setembro, uma segunda-feira.

ção) que, se falasse de meus temores à minha Mestra, impedir-me-ia de fazer meus Sagrados Votos. Contudo, quereria antes fazer a vontade de Deus e retornar ao século, do que, fazendo a minha, permanecer no Carmelo. Chamei, pois, minha Mestra para fora, e *cheia de confusão* lhe expus o estado de minha alma... Ela, felizmente, viu mais claro do que eu, e tranqüilizou-me por completo. Aliás, o ato de humildade que eu acabava de praticar, afugentara o demônio, que talvez me não julgasse com ânimo de confessar minha tentação. Tão logo acabei de falar, dissiparam-se minhas dúvidas. Todavia, para tornar mais completo meu ato de humildade, quis ainda comunicar minha estranha tentação à nossa Madre, mas ela contentou-se em rir-se de mim.

Na manhã de oito de setembro, senti-me *inundada* por um caudal de *paz,* e foi numa paz *"a ultrapassar todo sentimento"*[4] que proferi meus Sagrados Votos... Minha união com Jesus não se efetuou entre trovões e relâmpagos, isto é, entre graças extraordinárias, mas no meio de uma *ligeira brisa,* semelhante ao que Nosso Pai Santo Elias ouviu na montanha[5]... Quantas graças não pedi naquele dia!... Senti-me, realmente, como RAINHA. Por esta razão, valia-me do meu título para libertar os cativos, impetrar do *Rei* favores para os ingratos súditos. Queria, afinal, libertar todas as almas do purgatório e converter os pecadores... Rezei muito por minha *Mãe,* por minhas queridas irmãs... por toda a família, sobretudo pelo meu Paizinho, tão sofrido e tão santo... Ofereci-me a Jesus, para que torne perfeita sua *vontade* em mim, sem que jamais as criaturas ponham obstáculo[6]...

Passou o belo dia, à semelhança dos mais tristes, pois que aos mais radiosos sobrevém um amanhã. Não obstante, foi sem tristeza que depus minha grinalda aos pés da Santíssima Virgem. Sentia que o tempo não me arrebataria

---

[4] Fl 4,7.
[5] Cf. 1Rs 19,12-13.
[6] Entre as laudas 76 e 77, encarta-se a cédula que Teresa trazia sobre o coração no dia de sua profissão (cf. o texto no Apêndice).

a felicidade... Como é bela a festa da Natividade de *Maria* para a gente se tornar esposa de Jesus! Era a Santíssima Virgem, *pequenina* de um dia, que apresentava sua *florzinha* ao Menino Jesus... Nesse dia, tudo era pequeno, exceto as graças e a paz que recebi, exceto a *tranqüila* alegria que senti à noite, quando contemplava as estrelas que fulgiam no firmamento, enquanto imaginava que *em breve* o formoso Céu se abriria aos meus olhos extasiados, e poderia unir-me ao meu Esposo na amplidão de uma alegria eterna...

219 No dia vinte e quatro houve a cerimônia da minha tomada de véu. Foi um dia todo *velado* de lágrimas... Papai não estava presente para abençoar sua Rainha... O Padre estava no Canadá... O Sr. Bispo que devia vir e jantar em casa de Titio, encontrava-se doente e não veio também. Afinal, tudo foi tristeza e amargura... Contudo, a *paz,* sempre a *paz,* continuava no fundo do cálice... Nesse dia, Jesus permitiu que não pudesse conter minhas lágrimas, e minhas lágrimas não foram compreendidas... Com efeito, tinha suportado, sem chorar, provações muito maiores, mas ajudada, então, por uma poderosa graça. No dia vinte e quatro, pelo contrário, Jesus deixou-me à mercê de minhas próprias forças, e demonstrei quanto eram reduzidas.

220 Oito dias depois da minha tomada de véu, realizou-se o casamento de Joana[7]. Ser-me-ia impossível dizer-vos, minha querida Mãe, como seu exemplo me esclareceu sobre as delicadezas que a esposa deve prodigalizar ao esposo. Escutava, com avidez, tudo o que poderia aprender a respeito, porque não queria fazer pelo meu bem-amado Jesus, menos do que Joana por Francisco, criatura indubitavelmente muito perfeita, mas afinal sempre *criatura!*...

77v Por brincadeira, cheguei até a redigir um convite, para igualar com o dela. Eis em que termos estava redigido:

---

[7] Joana Guérin, prima de Teresa, casou-se com o Dr. Francisco La Néele a 1º de outubro de 1890.

Convite para o casamento da Irmã Teresa
do Menino Jesus e da Sagrada Face

O Deus Todo-Poderoso, Criador do Céu e da terra, Soberano Dominador do Mundo, e a gloriosíssima Virgem Maria, Rainha da Corte Celestial, honram-se em participar a V. Senhoria o Matrimônio de seu Augusto Filho Jesus, Rei dos Reis, e Senhor dos senhores, com a Senhorita Teresa Martin, agora Dama e Princesa dos reinos trazidos como dote por seu Divino Esposo, a saber: A Infância de Jesus e sua Paixão, vindo a ser seus títulos de nobreza: do Menino Jesus e da Sagrada Face.

O Senhor Luís Martin, Dono e Titular das Circunscrições do sofrimento e da humilhação, e a Senhora Martin, Princesa e Dama de Honra da Corte Celestial, têm o prazer de participar a V. Senhoria o Matrimônio de sua Filha Teresa com Jesus, Verbo de Deus, Segunda Pessoa da Adorável Trindade, que pela operação do Espírito Santo se fez Homem e Filho de Maria, Rainha dos Céus.

Como não houve possibilidade de convidar V. Senhoria para a Bênção Nupcial, que lhes foi dada na Montanha do Carmelo, no dia oito de setembro de 1890 (por ter sido a Corte Celestial a única convidada), V. Senhoria é, contudo, convidado a comparecer à participação da festa, que se efetuará amanhã, Dia da Eternidade, dia em que Jesus, o Filho de Deus, virá por sobre as nuvens do Céu, no esplendor de sua Majestade, para julgar os vivos e os mortos. Dada a incerteza da hora, V. Senhoria é convidado a estar prestes e de sobreaviso.

Agora, minha querida Mãe, que me resta dizer-vos? Oh! julgava ter terminado, mas ainda nada vos disse da minha felicidade por ter conhecido nossa santa Madre Genoveva... Foi uma graça inapreciável. Ora, o Bom Deus que já me havia concedido tantas, quis que vivesse com uma *Santa*, não inimitável, mas Santa a quem virtudes ocultas e comuns santificaram... Mais de uma vez recebi dela grandes consolações, sobretudo num domingo. — Quando fui fazer-lhe minha breve visita, como de costume, encontrei duas irmãs com a Madre Genoveva. Olhei para ela a sorrir, e, não podendo ficar três junto a uma doente[8], dispunha-me a sair, quando ela me fitou com um ar inspirado, e disse-me: "Um instante, minha filhinha, dir-vos-ei apenas uma palavrinha. Em todas vossas visitas, pedis que vos dê um ramalhete espiritual. Pois bem, hoje vos darei este: "Servi a Deus com *paz* e *alegria*. Lembrai-vos, minha filha, que *Nosso Deus é o Deus da paz*"[9].

Depois de lho agradecer com simplicidade, retirei-me, comovida até às lágrimas, convicta de que o Bom Deus lhe revelara o estado de minha alma. Aquele dia, encontrava-me em extrema provação, quase que entristecida, numa noite de tais proporções, que já não sabia se era amada pelo Bom Deus. A alegria, porém, e a consolação que senti, podeis adivinhá-las, minha Mãe querida!...

No domingo seguinte, quis saber que revelação tivera a Madre Genoveva. Assegurou-me não ter recebido nenhuma. Então, minha admiração foi ainda maior, quando percebi a que eminente grau Jesus vivia nela e a guiava em obras e palavras. Ah! uma *santidade em tais condições* me parece a *mais autêntica, a mais santa*. É a que desejo, porque não envolve nenhuma ilusão...

No dia da profissão, tive também muito consolo em saber, da boca da própria Madre Genoveva, que ela, antes de emitir os votos, passara como eu pela mesma provação... Lembrai-vos, minha querida Mãe, das consolações que encontrávamos junto a ela, no momento de nossas *grandes*

---

[8] "É um uso conventual para a visita de doentes" (observação da Madre Inês de Jesus).
[9] Cf. 1Cor 14,33.

tribulações? Enfim, a recordação que a Madre Genoveva me deixou no coração é a de uma lembrança balsâmica... No dia que partiu para o Céu[10], senti uma comoção toda particular. Pela primeira vez assistia uma morte. Era, realmente, um espetáculo de pasmar... Achava-me justo ao pé da cama da santa agonizante, percebia perfeitamente seus mais leves movimentos. Nas duas horas assim passadas, era de esperar que me sentisse cheia de fervor. Pelo contrário, apoderara-se de mim uma espécie de insensibilidade. Mas, no *próprio momento* que nossa santa Madre Genoveva nasceu para o Céu, minha disposição interior mudou. Num abrir e fechar de olhos, senti-me repleta de um gozo e fervor indizível. Era como se a Madre Genoveva me tivesse comunicado parte da bem-aventurança que desfrutava, pois tenho plena convicção de que se foi diretamente para o Céu... Quando ainda viva, eu lhe dissera um dia: "Ó minha Mãe! não ireis para o Purgatório!"... — *"Assim o espero"*, respondeu-me com doçura... Oh! o Bom Deus seguramente não terá frustrado uma esperança tão cheia de humildade. Provam-no todas as graças que temos recebido... Cada irmã se empenhou em conseguir uma relíquia. Sabeis, minha querida Mãe, a que tenho a felicidade de possuir... Na agonia da Madre Genoveva, notara uma *lágrima,* a cintilar na pálpebra, como se fora um diamante. A lágrima, a *última de todas* que derramara, não chegou a cair. Eu a vi ainda *brilhar* no coro, sem que ninguém pensasse em recolhê-la. Tomando então um paninho fino, tive ânimo de achegar-me no correr da noite, sem que ninguém me visse, e de tomar como *relíquia a última lágrima* de uma Santa... A partir de então, carrego-a sempre comigo, na bolsinha de guardar meus votos.

Nenhuma importância atribuo aos meus sonhos. Aliás, quando os tenho, raramente são simbólicos. Chego até a perguntar a mim mesma por que razão, durante o sono, não

---

[10] A 5 de dezembro de 1891.

me ocupo mais com o Bom Deus, se penso nele o dia inteiro... Em geral, sonho com bosques e flores, com riachos e mar. Quase sempre estou a ver lindas criancinhas, a caçar borboletas e passarinhos, como nunca os vira iguais. Vedes, minha Mãe, que meus sonhos, tendo embora uma imagem poética, nem de longe são místicos... Depois da morte da Madre Genoveva, tive certa noite um mais consolador. Sonhei que ela fazia seu testamento, e a cada irmã dava alguma coisa que lhe pertencera. Ao chegar minha vez, julguei que nada receberia, visto que já não sobrava nada. Ela, porém, soergueu-se e disse-me, por três vezes, com timbre penetrante: "A vós, deixo o meu *coração*".

Um mês após a partida de nossa santa Madre, irrompeu a influenza na comunidade. De pé só estava eu, com duas outras irmãs. Jamais poderei declarar tudo o que presenciei, o que a vida me pareceu ser, e tudo o que é transitório...

O dia dos meus dezenove anos teve por festa um óbito[11], seguido logo após por mais dois. Na ocasião, ficava sozinha com o serviço de sacristia. Estando muito gravemente enferma a primeira encarregada[12], era eu que devia preparar os enterros, abrir as grades do coro à hora da missa etc. ... Na ocasião, o Bom Deus concedeu-me muitas graças para poder resistir. Agora, pergunto-me como pude, sem medo, fazer o que fiz. A morte dominava por toda a parte. As mais doentes eram atendidas pelas que mal se podiam arrastar. Assim que uma irmã dava o último suspiro, força era largá-la sozinha. Certa manhã, ao levantar-me, tive o pressentimento que a Irmã Madalena tinha morrido. O dormitório estava às escuras. Ninguém saía das celas. Decidi-me, afinal, a entrar na de minha Irmã Madalena, cuja porta estava aberta. Com efeito, eu a vi, vestida e reclinada na enxerga. Não senti nenhum pavor. Quando reparei que ela estava sem vela, fui buscar uma, bem como uma grinalda de rosas.

---

[11] A 2 de janeiro de 1892 morreu a Irmã São-José de Jesus, a mais antiga da Comunidade.
[12] Irmã Santo Estanislau (1824-1914).

Na noite da morte da Madre Subpriora[13], estava sozinha com a enfermeira. É impossível imaginar-se o triste estado da comunidade na ocasião. Somente as que se mantinham de pé podem fazer uma idéia. Mas, no meio de tal abandono percebia que o Bom Deus velava sobre nós. Sem esforço passavam as agonizantes a melhor vida. Depois de morrerem, de seus rostos logo se irradiava uma expressão de alegria e de paz. Dir-se-ia que era um leve sono, e bem assim o era na realidade. Pois, quando passar a aparência deste mundo, despertarão para gozar eternamente as delícias que se reservam aos eleitos...

Todo o tempo que a comunidade passou por essa provação, coube-me o inefável consolo de receber *todos os dias* a Santa Comunhão... Oh! como era delicioso!... Jesus mimou-me por muito tempo, mais tempo a mim do que às suas fiéis esposas, permitindo que *Mo dessem,* sem terem as outras a felicidade de recebê-lo. Era também muito feliz de tocar nos vasos sagrados, de preparar os *paninhos brancos,* destinados a envolver Jesus. Sentia obrigação de ser muito fervorosa, e lembrava-me amiúde da palavra dirigida a um santo diácono: "Sede santos, vós que tocais nos vasos do Senhor"[14].

Não posso afirmar que recebi muitas vezes consolações em minhas ações de graças. Talvez seja o momento em que menos as tenho... Acho isto muito natural, pois que me ofereci a Jesus não como quem deseja receber sua visita para consolo próprio, mas antes a alegria Daquele que se dá a mim. — Imagino minha alma como uma área *livre,* e peço à Santíssima Virgem remova o *entulho* que a impediria de ser *livre.* Depois, suplico-lhe que ela mesma levante ali uma ampla tenda digna do *Céu,* e a enfeite com seus *próprios* adereços. A seguir, convido todos os Santos e Anjos venham executar grandioso concerto. Ao que me parece, quando Je-

---
[13] Irmã Febrônia (fal. 4-1-1892).
[14] Is 52,11 — Ofício litúrgico da ordenação de diáconos.

sus desce ao meu coração, fica contente por se ver tão bem recebido, de minha parte eu também fico contente... Tudo não impede que distrações e sonolência venham visitar-me. Mas no fim da ação de graças, vendo que a fiz tão mal, tomo a resolução de permanecer em ação de graças o dia inteiro...

226 Vedes, minha querida Mãe, quão longe estou de ser levada pelo caminho do temor. Consigo sempre encontrar um meio de ser feliz e tirar proveito de minhas misérias... Isto por certo não desagrada a Jesus, pois parece encorajar-me nesse caminho. — Um dia, contra meu costume, estava um tanto perturbada, quando fui à Comunhão. Parecia-me que o Bom Deus não estava contente comigo e eu pensava: "Oh! se hoje receber só *metade de uma hóstia,* terei muito pesar. Suporei que Jesus vem como que forçado ao meu coração". Achego-me... Oh! que felicidade! Pela primeira vez na vida, vejo o sacerdote tomar *duas partículas* bem separadas e dar-mas!... Compreendeis minha alegria e as doces lágrimas que derramei, vendo tão grande misericórdia...

227 No ano imediato à minha profissão, isto é, dois meses antes da morte da Madre Genoveva, recebi grandes graças no retiro espiritual[15]. De ordinário, os retiros pregados são-me ainda mais dolorosos dos que os feitos por mim individualmente. Aquele ano, porém, foi diferente. Fizera com muito fervor uma novena preparatória, apesar do íntimo sentimento que me ficava. Pois, minha impressão era que o pregador não me compreenderia, estando qualificado,

80v antes de tudo, para beneficiar grandes pecadores, que não almas religiosas. Como o Bom Deus queria mostrar-me que o diretor de minha alma era unicamente ele, serviu-se, justamente desse sacerdote que não foi apreciado senão por mim... Eu passava então por toda a sorte de grandes provações interiores (a ponto de me perguntar, às vezes, se existia algum Céu). Sentia-me disposta a não declarar nada a

---

[15] O retiro foi pregado, de 8 a 15 de outubro de 1891, pelo Padre Aleixo Prou (1844-1914), franciscano recoleto de Caen, então, superior do Convento de São Nazário.

respeito de minhas disposições íntimas, por não saber como exprimi-las. Logo, porém, que cheguei ao confessionário, senti minha alma dilatar-se. Depois de dizer poucas palavras, foi compreendida e até *adivinhada* de uma maneira maravilhosa... Minha alma era como um livro, no qual o sacerdote lia melhor do que eu mesma... Lançou-me a velas desfraldadas, nas ondas da *confiança* e do *amor*, que tão forte atração exerciam sobre mim, mas dentro das quais não tinha coragem de lançar-me ao largo... Declarou-me que *minhas faltas não desagradavam o Bom Deus;* que na qualidade de *Seu representante* me comunicava, *da parte dele,* estar muito contente comigo...

Oh! como me senti feliz, ao escutar estas consoladoras palavras!... Jamais ouvira dizer que as faltas *podiam não desagradar ao Bom Deus.* Tal segurança encheu-me de alegria e levou-me a suportar com paciência o desterro da vida... Senti, bem no fundo do coração, que era verdade, pois o Bom Deus é mais carinhoso do que uma mãe. Ora, não estais, vós, minha querida Mãe, sempre pronta a relevar-me as pequenas indelicadezas, que involuntariamente vos faço?... Quantas vezes já não tive a doce experiência!... Nenhuma censura me sensibilizaria tanto, quanto uma única de vossas carícias. Sou de tal feitio, que o temor me faz retroceder. *Com amor,* não caminho apenas, *ponho-me a voar...*

Ó minha Mãe! Foi principalmente a partir do abençoado dia de vossa eleição[16] que voei pelos caminhos do amor... Naquele dia, Paulina veio a ser meu Jesus ao vivo...

Desde muito, tenho a dita de observar as *maravilhas* que Jesus opera por intermédio de minha Mãe querida... Vejo que só o sofrimento pode gerar almas, e que mais do que nunca se me revela a profundidade das sublimes palavras de Jesus: *"Em verdade, em verdade vos digo, se o grão de trigo que cai na terra, não morrer, fica só; mas, se morrer, produz muito fruto"*[17].

---

[16] A Irmã Inês de Jesus foi eleita priora a 20 de fevereiro de 1893.
[17] Jo 12,24.

Quão copiosa não é a colheita que fizestes!... Semeastes entre lágrimas, mas em breve vereis o fruto de vossos trabalhos. Voltareis cheia de alegria, carregando em vossas mãos os feixes[18]... Ó minha *Mãe*, entre esses ramalhetes floridos se mantém oculta a *florzinha branca;* no céu, porém, terá voz para cantar vossa *doçura* e as *virtudes,* quais vos vê praticar dia por dia, na penumbra e no silêncio desta vida de exílio...

Sim, dois anos faz que compreendi muitos mistérios, para mim ocultos até então. O Bom Deus teve para comigo a mesma misericórdia que usou para com o rei Salomão. Não quis que tivesse um só desejo que não fosse satisfeito, não apenas meus desejos de perfeição, mas aqueles também, de cuja vaidade *tinha noção,* sem tê-la experimentado.

Minha Mãe querida, tendo-vos sempre diante dos olhos como meu *ideal,* desejava assemelhar-me a vós em todas as coisas. Vendo-vos fazer lindas pinturas e atraentes poesias, dizia comigo: "Ah! como seria feliz se soubesse pintar, se pudesse exprimir minhas idéias em versos e fazer assim algum bem às almas"... Não teria vontade de *pedir* essas prendas naturais, e meus desejos permaneciam *ocultos* no íntimo do *coração. Jesus, oculto* também neste pobre coraçãozinho, houve por bem mostrar-lhe que, *debaixo do sol, tudo é vaidade e aflição de espírito*[19]... Com grande espanto das irmãs, mandaram-me *aprender pintura,* e o Bom Deus permitiu conseguisse tirar proveito das lições que minha querida Mãe me dava... Quis também que, a exemplo dela, tivesse capacidade de fazer poesias e compor peças de representação, que foram apreciadas como lindas...

Da mesma forma que Salomão, *voltando-se para as obras que suas mãos tinham feito, onde empregara um esforço tão sem proveito, viu que tudo não passava de vaidade e aflição de espírito,* assim também reconheci, por EXPERIÊNCIA, que a felicidade só consiste em esconder-se e man-

---

[18] Cf. Sl 125,5-6.
[19] Cf. Ecl 2,11.

ter-se na ignorância das coisas criadas. Compreendi que, sem o *amor*, todas as obras nada valem, nem sequer as mais retumbantes como a de ressuscitar mortos e converter povos...

Em vez de me fazerem mal, de me levarem à vaidade, os dons com que o Bom Deus me favoreceu (sem que lhos tenha pedido), levam-me a *Ele*. Vejo que só Ele é *imutável*, *só* Ele pode satisfazer meus imensos desejos...

Outros desejos existem, de outra natureza, que Jesus se agradou de satisfazer, desejos de criança, semelhantes aos da neve na minha tomada de hábito.

Sabeis, minha querida Mãe, quanto gosto de flores. Em me constituindo prisioneira aos quinze anos de idade, renunciei para sempre ao gozo de percorrer os campos esmaltados com os primores da primavera. Ora, nunca tive mais flores à minha disposição do que após meu ingresso no Carmelo... Costumam os noivos oferecer amiúde ramalhetes de flores às suas noivas. Disso Jesus não se esqueceu: enviou-me em profusão braçadas de centáureas, boninas, papoulas etc., flores todas, que mais me encantam. Havia até uma florzinha, chamada nigela dos trigos, que não via mais desde nossa mudança em Lisieux. Desejava muito tornar a vê-la, flor da minha infância, que colhia nos prados de Alençon, no Carmelo veio ela sorrir para mim, mostrando-me que, tanto nas mínimas como nas máximas coisas, o Bom Deus dá cem vezes mais, já nesta vida, às almas que tudo abandonaram por seu amor[20].

Todavia, o mais íntimo de meus desejos, o maior de todos, que jamais pensava ver concretizado, era a entrada de minha querida Celina para o mesmo Carmelo que o nosso... Tal *sonho* me parecia inverossímil: viver debaixo do mesmo teto, tomar parte nas alegrias e tristezas da companheira de minha infância. Esta a razão de ter feito meu sacrifício. Confiara a Jesus o futuro de minha querida irmã, e estava resolvida a vê-la partir para os confins do mundo, se tanto

---

[20] Cf. Mt 19,29.

fosse preciso. A única coisa que não podia aceitar era que se não tornasse esposa de Jesus. Pois, como eu a amava tanto quanto a mim mesma, era-me impossível vê-la dar seu coração a um mortal. Já tinha sofrido, por saber que, no mundo, ela ficava exposta a perigos, pelos quais nem cheguei a passar. Afirmar posso que, depois de minha entrada no Carmelo, minha afeição por Celina era amor tanto de mãe como de irmã... Ela precisava, um dia, freqüentar a uma festa[21], e isso me causava tanto desgosto, que supliquei ao Bom Deus a *impedisse de dançar,* e cheguei a ponto de derramar (contra meu costume) uma torrente de lágrimas. Jesus dignou-se atender-me, não permitindo que sua noivinha *conseguisse dançar* aquela noite (muito embora, quando necessário, não se embaraçasse de fazê-lo graciosamente). Foi convidada sem poder recusar; seu par viu-se em total impossibilidade *de fazê-la dançar.* Com grande vexame seu, foi condenado a reconduzi-la, a *passo comum,* até ao lugar dela. Retraiu-se depois, e não tornou a aparecer no salão. Tal aventura, única no gênero, incrementou-me na confiança e no amor para com Aquele que, marcando *seu sinal* em minha fronte, ao mesmo tempo o gravara na fronte de minha querida Celina...

233 No dia vinte e nove de julho do ano passado, o Bom Deus rompera os vínculos de seu incomparável servidor[22]. E, chamando-o para a eterna recompensa, rompeu ao mesmo tempo os que retinham no mundo sua dileta noiva. Tinha ela cumprido a primeira missão. Encarregada de *re-*

---

[21] Deu-se o episódio a 20 de abril de 1892, no casamento de Henrique Maudelonde, sobrinho do Sr. e da Sra. Guérin.

[22] *Nos dois anos que precederam a morte, meu tio mantinha-o em sua própria casa, e cercava-lhe a dolorosa velhice com todos os gêneros de atenção. Mas, em conseqüência de seu estado de fraqueza e invalidez, nós mesmas o vimos uma única vez em visita ao parlatório. Ah! que encontro aquele! Estareis lembrada, minha Madre! No momento de separar-nos, como lhe disséssemos "Até outra vista",* ergueu os olhos, apontou para o céu, permaneceu nessa postura por muito tempo, e para exprimir seu pensamento não encontrou senão esta palavra, proferida com voz toda lacrimosa: "Até ao céu!!!" — O Sr. Martin morreu no castelo de La Musse (Eure).

presentar todas nós junto ao nosso tão estremecido Pai, desempenhou a missão, como se fora um anjo... E anjos não se demoram na terra. Depois de cumprirem a vontade do Bom Deus, retornam a Ele imediatamente. É por isso que têm asas... Nosso anjo também vibrou as asas brancas, na iminência de voar *muito longe,* a fim de encontrar Jesus, mas Jesus fê-la voar *bem perto...* Deu-se por satisfeito com a aceitação de um grande sacrifício, que foi muito *doloroso* para Teresinha. A sua Celina ocultara-lhe o segredo durante *dois anos*[23]... Oh! como ela também sofrera!... Enfim, lá do alto do Céu, meu querido Rei que, na terra, não gostava de demoras, foi rápido em resolver os problemas tão complexos de sua Celina, a qual no dia quatorze de setembro se juntava à nossa companhia...

Um dia, em que as dificuldades pareciam insuperáveis, declarei a Jesus, em minha ação de graças: "Sabeis, meu Deus, quanto desejo saber se Papai foi *diretamente para o Céu.* Não vos peço que me faleis. Dai-me, porém, um sinal. Se minha irmã A. de J. [24] consentir na entrada de Celina ou não lhe puser nenhum obstáculo, será uma resposta de que Papai foi ter *diretamente convosco".* Achava a irmã, como o sabeis, minha querida Mãe, que em número de três já éramos demais, e não queria conseqüentemente admitir mais uma das nossas. Mas, o Bom Deus que tem nas mãos o coração das criaturas, inclinando-o como quer, alterou as disposições da irmã. Foi ela a primeira pessoa que encontrei depois da ação de graças. Chamou-me com um ar amável, falou-me que subisse à vossa procura, e referiu-se à Celina com lágrimas nos olhos...

Oh! quantos motivos não tenho de agradecer a Jesus que soube satisfazer plenamente todos os meus desejos!...

Agora, já não tenho outro desejo senão o de *amar* a Jesus a mais não poder... Desvaneceram-se meus desejos de

---

[23] Teresa alude a um projeto de apostolado missionário no Canadá, sugerido à Celina pelo Padre Pichon.
[24] Irmã Amada de Jesus do Coração de Maria (1851-1930).

criança. Não resta dúvida, gosto ainda de ornar com flores o altar do Menino Jesus. Mas, a partir do momento que Ele me deu a minha *querida Celina,* a *Flor* por mim desejada, já não desejo outra. Dela lhe faço oferta, como o mais formoso dos meus ramalhetes...

Já não desejo tampouco, nem o sofrimento, nem a morte. No entanto, amo ambas as coisas. O que, porém, me atrai, é unicamente o *amor...* Almejei-os por muito tempo. Estive em posse do sofrimento, e acreditei que já abordava às praias do Céu. Acreditei que a florzinha seria colhida em sua primavera... Agora, o que me guia é só o abandono, já não tenho outra bússola!... Já não sei pedir nada com ardor, a não ser o perfeito cumprimento da vontade do Bom Deus no tocante à minha alma, sem que as criaturas consigam por-lhe obstáculos. Posso repetir as palavras do Cântico Espiritual de Nosso Pai São João da Cruz: "Bebi na adega íntima do meu Bem-Amado, e quando dela saí, já não conhecia nada por todo aquele prado, e larguei o rebanho que antes acompanhava... De alma me consagrei ao seu serviço, com todos os meus recursos. E já não guardo a grei, mas tenho outro mister, pois que só AMAR já é o *meu viver!...*"[25] — Ou ainda: "Desde que fiz a experiência, o AMOR é tão potente em obras, que *de tudo sabe tirar proveito,* tanto do bem como do *mal* que se encontra em mim, e transformar minha alma NELE próprio"[26].

Ó minha querida Mãe, quão suave é o caminho do *amor!* Sem dúvida, a gente bem pode cair, pode cometer infidelidades. Sabendo, porém, *tirar proveito de todas as coisas,* o amor consome muito rapidamente *tudo* o que desagrade a Jesus, e deixa apenas uma paz humilde e profunda no fundo do coração...

Ah! quantas luzes não hauri das obras de Nosso Pai São João da Cruz!... Na idade de dezessete a dezoito anos,

---

[25] S. João da Cruz, *Cântico Espiritual,* estrofes XXVI e XXVIII.
[26] S. João da Cruz, *Poesias: Glosa sobre o Divino.*

não dispunha de outro alimento espiritual. Mais tarde, porém, todos os livros me deixavam na aridez, e ainda continuo nesse estado. Se abro um livro escrito por algum autor espiritual (ainda que seja o mais lindo, o mais edificante), sinto logo o coração fechar-se, e leio, por assim dizer, sem compreensão; ou, quando compreendo, meu espírito pára sem poder meditar... Nessa impossibilidade, a Sagrada Escritura e a *Imitação de Cristo* vêm em meu socorro. 83v Nelas encontro alimento sólido e todo *puro*. Mas, acima de tudo, é o *Evangelho* que me entretem em minhas orações. Nele encontro tudo quanto minha pobre alminha necessita. Nele sempre encontro novas luzes, sentidos ocultos e misteriosos...

Compreendo, e sei por experiência, que o "Reino de Deus está dentro de nós"[27]. Jesus não precisa de livros nem de doutores para instruir as almas. Ele, o Doutor dos doutores, ensina sem ruído de palavras[28]... Nunca o ouvi falar, mas sinto que está dentro de mim a cada instante. É quem me orienta, inspirando-me o que devo dizer ou fazer. Exatamente quando se faz mister, descubro luzes que ainda não tinha enxergado. O mais das vezes, não é durante minhas orações que ocorrem mais abundantes, mas de preferência em minhas ocupações diárias...

Ó minha Mãe querida! Depois de tantas graças, não 237 poderei cantar com o Salmista: "Como é BOM o *Senhor,* e como sua MISERICÓRDIA é eterna"?[29] Parece-me que, se todas as criaturas possuíssem as mesmas graças que eu, o Bom Deus não seria temido por ninguém, mas amado até à loucura; e por *amor,* não a tremer, nenhuma alma jamais consentiria em Lhe causar desgosto... Compreendo, todavia, que nem todas as almas podem ser semelhantes. Força é que haja várias categorias, a fim de enaltecerem de modo especial cada uma das perfeições do Bom Deus. A mim me

---

[27] Lc 17,21.
[28] Cf. *Imit. de Cristo* III 43,3.
[29] Sl 117,1.

deu sua *infinita misericórdia, através da qual* contemplo e adoro as demais perfeições divinas!... Então, todas se me apresentam radiosas de *amor*... A própria justiça (talvez mais do que qualquer outra) se me afigura revestida de *amor*... Que doce alegria pensar em que o Bom Deus é *justo,* quer dizer, leva em consideração nossas fraquezas, conhece perfeitamente a fragilidade de nossa natureza. De que então teria eu medo?

84 Oh! Deus infinitamente justo que se dignou perdoar, com tanta bondade, todas as faltas do filho pródigo, não será justo também para comigo, que estou sempre com Ele?[30]

238 Este ano, dia 9 de junho, festa da Santíssima Trindade, recebi a graça de compreender, mais do que nunca, quanto Jesus deseja ser amado[31].

Pensava nas almas que se oferecem como vítimas à justiça de Deus, a fim de desviar e atrair sobre si os castigos reservados aos culpados. O oferecimento parecia-me grande e generoso, mas nem por sombra me inclinava a fazê-lo. "Ó meu Deus! bradei no fundo do coração, haverá só vossa justiça para receber almas que se imolem como vítimas?... Será que também vosso *amor* misericordioso não precisa delas?... De todas as partes é desconhecido, rejeitado. Os corações a quem o desejais prodigalizar, voltam-se para as criaturas, pedindo-lhes felicidade em troca de seu miserável afeto, em vez de se atirarem a vossos braços e aceitarem vosso *amor infinito*... Ó meu Deus! será que vosso desprezado amor se confina em vosso Coração? Parece-me que, se encontrardes almas que se ofereçam como vítimas de holocausto a vosso amor, Vós as consumiríeis rapidamente. Parece-me que vos daríeis por feliz de não comprimir as ondas de infinitas ternuras que em Vós existem... Se vossa justiça, *que só abrange a terra,* tende a desobrigar-se, quanto mais não deseja vosso amor misericordioso *abrasar* as almas, porque vossa misericórdia *sobe até aos Céus"*[32]... Ó

---

[30] Cf. Lc 15,31.
[31] Cf. no Apêndice o texto do Ato de Oblação.
[32] Cf. Sl 35,6.

meu Jesus! seja *eu* a ditosa vítima! Consumi vosso holocausto pelo fogo de vosso divino amor!...

Minha Mãe querida, destes-me permissão de oferecer-me desta maneira ao Bom Deus. Conheceis os caudais, ou melhor, os oceanos de graças que me vieram inundar a alma... Oh! a partir desse feliz dia me parece que *o amor* me penetra e envolve. Parece-me que, a cada instante, esse *amor misericordioso* me renova, purifica minha alma, onde não deixa nenhum traço de pecado, e por essa razão não consigo temer o Purgatório... Sei que, por mim mesma, nem mereceria sequer entrar nesse lugar de expiação, dado que a ele só podem ter acesso almas santas. Mas, sei também que o fogo do amor é mais santificante do que o do Purgatório. Sei que Jesus não nos pode desejar sofrimentos inúteis, e não me inspiraria os desejos que me empolgam, se os não quisesse satisfazer...

Oh! quão suave é o caminho do amor!... Quanto não desejo aplicar-me em fazer sempre, com o maior abandono, a vontade do Bom Deus!...

Eis aqui, minha querida Mãe, tudo quanto posso contar-vos da vida de vossa Teresinha. Por vós mesma conheceis muito melhor o que ela é, e o que Jesus por ela fez. Perdoar-me-eis, portanto, que tenha abreviado muito a história de minha vida religiosa...

Qual será o fim da "História de uma florzinha branca"? Será a florzinha talvez colhida em seu frescor, ou então transplantada para outras paragens?[33] É o que ignoro. Tenho, porém, a certeza de que a misericórdia do Bom Deus sempre a acompanhará, e ela jamais deixará de bendizer a Mãe querida que a entregou a Deus, alegrando-se, por toda a eternidade, de ser uma das flores de sua grinalda... Cantará eternamente, com sua Mãe querida, o sempre novo cântico do Amor...

---

[33] Alusão à possibilidade de partir como missionária.
O Carmelo de Saigon, fundado pelo de Lisieux, pedia elementos para uma fundação em Hanói.

EXPLICAÇÃO DO ESCUDO

O brasão JHS é o que Jesus se dignou oferecer como dote à sua pobre esposazinha. A *órfã de Beresina*[34] tornou-se Teresa do MENINO JESUS DA SAGRADA FACE. São estes, seus títulos de nobreza, sua riqueza, e sua esperança. A videira que divide o brasão é ainda a figura Daquele que se dignou declarar-nos: "Eu sou *a videira, e vós sois os ramos. Quero que me produzais muitos frutos"*[35]. Os dois ramos que cercam, um à Sagrada Face, e outro ao Menino Jesus, são o emblema de Teresa, que na terra não tem outro desejo senão o de oferecer-se, como cachinho de uvas, para refrescar o Menino Jesus, para o distrair, para se deixar espremer por Ele, ao sabor de seus caprichos, e para poder, outrossim, estancar-lhe a ardente *sede* que sentiu em sua Paixão. — A harpa também representa Teresa que, continuamente, quer cantar melodias de amor a Jesus.

O brasão FMT é o de Maria Francisca Teresa, florzinha da Santíssima Virgem. Por isso, a florzinha vem representada em ato de receber os benéficos raios da meiga Estrela da Manhã. — A terra verdejante representa a abençoada família, no seio da qual cresceu a florzinha. Mais distante, enxerga-se uma montanha, que representa o Carmelo. Foi o abençoado lugar que Teresa escolheu para delinear, no brasão, o *dardo inflamado* do amor que lhe deve valer a palma do martírio, enquanto espera poder dar, realmente, seu sangue por *Aquele que ela ama*. Para corresponder, pois, a todo o amor de Jesus, quisera fazer por Ele o que Ele por ela fizera... Teresa, porém, não esquece que é apenas um débil caniço, motivo pelo qual o colocou no brasão. O triângulo luminoso representa a adorável Trindade, que não cessa de derramar seus inestimáveis dons na alma da pobre Teresinha. Por isso, em sua gratidão, jamais esquecerá o lema: *"Amor com amor se paga"*[36].

---

[34] Um dos afetuosos apelidos que o Sr. Martin aplicava à sua "pequena Rainha".
[35] Jo 15,5.
[36] S. Joao da Cruz, *Cântico Espiritual*, explicação da estrofe IX.

Fac-símile do Brasão com o texto original

Je chanterai éternellement les Miséricordes du Seigneur!...

Armoiries de Jésus et de Thérèse

JHS FMT

L'AMOUR NE SE PAIE QUE PAR L'AMOUR

Jours de Grâces, accordés par le Seigneur à sa petite épouse

Naissance 2 Janvier 1873 — Baptême 4 Janvier 1873 — Sourire de la Sainte Vierge Mai 1883 — Première Communion 8 Mai 1884 — Confirmation 14 Juin 1884 — Conversion 25 Décembre 1886 — Audience de Léon XIII 20 Novembre 1887 — Entrée au Carmel 9 Avril 1888 — Prise d'habit 10 Janvier 1889 — Notre grande richesse 12 Février 1889 — Examen canonique Bénédiction de Léon XIII Septembre 1890 — Profession 8 Septembre 1890 — Prise de voile 24 Septembre 1890 — Offrande de moi-même à l'Amour 9 Juin 1895.

CARTA

À IRMÃ MARIA DO SAGRADO CORAÇÃO

Manuscrito "B"

Capítulo IX

MINHA VOCAÇÃO: O AMOR
(1896)

Segredos de Jesus, - Sonho de 10 de maio. A Venerável Ana de Jesus, - Todas as vocações são minhas, - Minhas loucuras, - Dentro do coração da Igreja, - Jogar flores, - A avezinha, - A Águia Divina, - Conclusão do Manuscrito B.

Jesus +   J. M. J. T.

Ó minha querida Irmã! pedis-me que vos dê uma lembrança do meu retiro[1], retiro que será talvez o derradeiro[2]... Dada a permissão de nossa Madre[3], é para mim uma alegria vir entreter-me convosco, que sois duas vezes minha Irmã, convosco que me emprestastes vossa voz, prometendo em meu nome que não quereria servir senão a Jesus, no momento que não podia falar de própria boca... Boa e querida Madrinha, quem vos fala esta noite é a criança que oferecestes ao Senhor, é aquela que vos ama como uma filha sabe amar sua mãe... Só no Céu conhecereis toda a gratidão que me transborda do coração... Ó minha Irmã querida! Gostaríeis de escutar os segredos que Jesus confia à vossa filhinha. Tais segredos, eu o sei, ele vo-los confia, pois sois quem me ensinou a recolher os ensinamentos divinos. Tentarei, todavia, balbuciar algumas palavras, embora sinta

1
240

---
[1] Teresa responde a uma pergunta que a Irmã Maria do Sagrado Coração lhe fizera por escrito em 13 de setembro de 1896. Na realidade, a primeira parte do *Manuscrito* "B" foi redigida *depois* da segunda parte (fl. 2, pelo fim), que é de 8 de setembro.
[2] Na sexta-feira Santa de 1896, Teresa teve a primeira hemoptise.
[3] Madre Maria de Gonzaga, novamente priora, desde 21 de março de 1896.

205

ser impossível, para a linguagem humana, reproduzir coisas que o coração mal pode pressentir...

241 Não creiais que esteja a nadar em consolações. Oh! não! Minha consolação é não ter nenhuma na terra. Sem se mostrar, sem fazer ouvir sua voz, Jesus instruiu-me em segredo, e não foi por meio de livros, porquanto não entendo o que leio. Às vezes, porém, alguma palavra me consola, como esta que colhi ao acaso no final da oração (depois de sentir-me largada no silêncio e na secura): *"Eis o mestre que te dou! Ensinar-te-á tudo o que deves fazer. Quero levar-te a ler no livro da vida, onde se contém a ciência do AMOR"*[4].

Ciência do amor, oh! sim, tal palavra ressoa, suavemente, ao ouvido de minha alma. Não desejo outra ciência senão esta. *Depois de dar* por ela *todas as minhas riquezas,* acho, como a esposa dos Cantares, que *não dei nada*[5]... Compreendo, perfeitamente, que só o amor nos pode tornar agra-

242 dáveis ao Bom Deus, sendo esse amor o único bem que ambiciono. Jesus se compraz em apontar-me o único caminho que conduz a essa fornalha divina. O caminho é o *abandono* da criancinha que adormece sem temor nos braços de seu pai... *"Todo aquele que é pequenino, venha a mim"*[6], disse o Espírito Santo por boca de Salomão, e o mesmo Espírito de Amor declarou ainda que *"com os pequeninos se usará de misericórdia"*[7].

Em seu nome, revela-nos o profeta Isaías que, no último dia, *"o Senhor conduzirá seu rebanho às pastagens, reunirá os cordeirinhos e os aconchegará contra o peito"*[8]. E como se todas estas promessas não bastassem, o mesmo profeta, cujo olhar inspirado já se embebia nas profundezas da eternidade, apregoa em nome do Senhor: *"Como uma mãe aca-*

---

[4] Estas palavras de Nosso Senhor à Santa Margarida Maria se encontram num livro da época, conservado no Carmelo de Lisieux: *Petit bréviaire du Sacré-Coeur de Jésus.*
[5] Cf. Ct 8,7.
[6] Pr 9,4.
[7] Sb 6,7.
[8] Is 40,11.

*ricia seu filhinho, assim vos consolarei, carregar-vos-ei ao peito, acariciar-vos-ei no regaço"*⁹.

Ó querida Madrinha! diante de tal linguagem, nada se pode fazer senão emudecer e chorar de gratidão e amor... Oh! se todas as almas débeis e imperfeitas sentissem o que sente a mais pequena de todas as almas, a alma de vossa Teresinha, nenhuma delas se desesperaria de atingir o cume da montanha do amor, visto que Jesus não exige grandes feitos, mas unicamente o abandono e a gratidão, pois declarou no Salmo 49: *"Não tenho precisão dos bodes de vossos rebanhos, porque todas as feras das selvas me pertencem, os milhares de animais que vivem nos montes. Conheço todas as aves das montanhas... Se tiver fome, não será a ti que o direi, porque minha é a terra e tudo que nela se contém. Serei, por acaso, obrigado a comer carne de touros e a beber sangue de cabritos?...* IMOLAI A DEUS SACRIFÍCIOS DE LOUVOR E DE AÇÕES DE GRAÇAS"¹⁰.

Eis aí tudo o que Jesus exige de nós. Não precisa de nossas obras, mas unicamente de nosso *amor*, pois o mesmo Deus declara *não ter necessidade de dizer-nos, quando está com fome,* não teme de *mendigar* um pouco de água à Samaritana. Tinha sede... Mas, quando disse: "dai-me de beber"¹¹, era o *amor* de sua pobre criatura que o Criador do Universo reclamava. Tinha sede de amor... Oh! sinto mais do que nunca, Jesus *está com sede.* Entre os discípulos do mundo, só encontra ingratos e indiferentes; *entre seus próprios discípulos,* infelizmente, só encontra poucos corações que a ele se entregam sem reserva, que compreendam toda a ternura de seu amor infinito.

Querida Irmã, como somos felizes por compreender os íntimos segredos de nosso Esposo. Oh! se quisésseis lançar por escrito tudo o que sabeis a respeito, belas páginas teríamos para ler. Sei, contudo, que preferis guardar os *"segre-*

---

⁹ Is 66,13,12.
¹⁰ Sl 49,9-14.
¹¹ Jo 4,7.

dos do Rei", enquanto a mim dizeis *"ser louvável publicar as obras do Altíssimo"*[12]. Acho que tendes razão de guardar silêncio, e só com o único fim de vos causar prazer que escrevo estas linhas, pois sinto impossibilidade de formular em linguagem da terra os segredos do Céu. Além do mais, depois de escrever páginas sobre páginas, teria a impressão de não ter ainda começado... Há tantos horizontes diferentes, há tantos matizes em escala infinita, que só a paleta do Celestial Pintor poderá, após a noite desta vida, fornecer-me cores adequadas para pintar as maravilhas que se descortinam aos olhos de minha alma.

245 Minha querida Irmã, pedistes-me vos descrevesse meu sonho e a "minha pequena doutrina", como lhe chamais. É o que fiz nas páginas a seguir, mas tão mal, que me parece impossível compreenderdes. Achareis, talvez, minhas expressões exageradas... Oh! perdoai-me, será efeito do meu estilo pouco atraente. Asseguro-vos que não há nenhum exagero em minha alminha, dentro da qual tudo é bonança e tranqüilidade...

(No ato de escrever, dirijo-me a Jesus. Assim me fica mais fácil exprimir meus pensamentos... O que, lamentavelmente, não impede que saiam muito mal redigidos!)

J. M. J. T.

8 de setembro de 1896[13]

(À minha querida Irmã Maria do Sagrado Coração)

2
246 Ó Jesus, meu Bem-Amado! quem poderá descrever com que ternura, com que mansidão levais minha *alminha*! Como vos agrada fazer com que a luz de vossa graça resplandeça até no meio da mais tenebrosa tempestade!... Jesus, muito

---

[12] Tb 12,7.
[13] Sexto aniversário da profissão de Teresa, e data da redação desta parte do *Manuscrito*.

forte bramia a tormenta em minha alma, desde a linda festa de vosso triunfo, a luminosa festividade de Páscoa, quando num sábado do mês de maio[14], pensando nos misteriosos sonhos que por vezes ocorrem a certas almas, dizia comigo que deveriam constituir um consolo muito suave, mas nem por isso o pediria. De noite, considerando as nuvens que lhe toldavam o céu, minha *alminha* repetia a si mesma que lindos sonhos não eram para ela, e adormeceu sob a ação da tempestade... O dia seguinte era dez de maio, segundo DOMINGO do mês de Maria, aniversário, talvez, do dia em que a Santíssima Virgem se dignou *sorrir* à sua florzinha[15]...

Aos primeiros clarões da madrugada, encontrava-me (a sonhar) numa espécie de corredor, onde mais à distância encontravam-se várias outras pessoas. Nossa Madre estava sozinha perto de mim. De repente percebo três carmelitas, revestidas de suas capas e véus compridos, sem que tivesse visto como entraram. Pareceu-me que vinham em assuntos com nossa Madre, mas o que claramente entendi é terem chegado do céu. No fundo do coração exclamei: "Oh! como me sentiria feliz, se pudesse ver o semblante de uma dessas carmelitas"! Então, como se tivesse escutado minha oração, a mais alta das santas veio em minha direção. Instantaneamente caí de joelhos. Oh! que ventura! A Carmelita *ergueu o véu, ou melhor, soergueu-o e cobriu-me com ele*... Sem a menor hesitação, reconheci a *venerável Madre Ana de Jesus*[16], fundadora do Carmelo na França. O rosto era formoso, de uma formosura imaterial. Não desprendia de si nenhuma luminosidade. Não obstante o véu que nos envolvia a ambas, divisava-lhe o rosto celestial, iluminado por uma

---

[14] A 9 de maio de 1896.
[15] Foi, com efeito, exatamente num segundo domingo de maio que a Virgem sorriu para Teresa em 1883. Naquele ano, porém, o segundo domingo caiu no dia 13, que não no dia 10.
[16] Ana de Lobera (1545-1621) nasceu na Espanha. Tendo entrado em 1570 em São José de Ávila, primeiro mosteiro do Carmelo Reformado, tornou-se conselheira e companheira de Teresa de Ávila. De São João da Cruz obteve o *Cântico Espiritual*, e estabeleceu a Reforma Teresiana na França e nos Países-Baixos.

luz inefavelmente branda, não recebida de fora, mas produzida por ele mesmo...
Não poderia descrever o júbilo de minha alma. São coisas que a gente sente e não consegue externar... Vários meses já passaram após o inefável sonho. Contudo, a impressão que me ficou na alma, nada perdeu de seu frescor, de seus celestiais encantos... Vejo ainda o olhar e o sorriso CHEIOS DE AMOR da venerável Madre. Creio sentir ainda as carícias com que me favoreceu...

248 Vendo-me tão ternamente amada, tive ânimo de proferir estas palavras: "Ó minha Madre! suplico-vos, dizei-me se o Bom Deus me deixará muito tempo na terra... Virá logo buscar-me?...". Com um sorriso de ternura, a santa segredou: "Sim, *logo, logo... Eu vo-lo prometo*". — "Minha Madre, acrescentei, dizei-me ainda se Deus não me pede algo mais
2v do que minhas pobres e humildes ações e desejos. Está contente comigo?" A fisionomia da santa tomou uma expressão *incomparavelmente mais afetuosa* do que a primeira vez, quando me falava. Seu olhar e seus carinhos eram a mais doce das respostas. Entrementes, respondeu-me: "O Bom Deus não exige outra coisa de vós. Está contente, muito contente!"... Depois de me ter afagado com mais amor do que a mais afetuosa das mães jamais faria por uma filha, vi que se retirava... Meu coração exultava de júbilo. Lembrei-me, então, de minhas irmãs e quis pedir algumas graças para elas. Mas, que pena!... Tinha acordado!...

249 Ó Jesus, então a tempestade já não bramia, o céu estava calmo e sereno... Eu *acreditava,* eu *sentia* que existe um *Céu,* e que o Céu é povoado de almas que me estremecem, que me consideram como filha... Permanece a impressão em meu coração, tanto mais que a venerável Madre *Ana de Jesus* até então me era *absolutamente indiferente.* Nunca a tinha invocado, e sua lembrança só me vinha ao espírito quando ouvia falar a seu respeito, o que raramente acontecia. Por conseguinte, depois de compreender a que ponto me amava, e quão longe estava de lhe ser *indiferente,* meu coração derreteu-se de amor e gratidão, não só pela santa que me visitara, como também por todos os bem-aventurados moradores do Céu...

Ó meu Bem-Amado! esta graça foi apenas o prelúdio das graças maiores que querias cumular-me. Permite-me, meu único Amor, que as avive novamente em tua lembrança, hoje... hoje, sexto aniversário de *nossa união*... Ah! perdoa-me, Jesus, se me excedo em querer repetir meus desejos, minhas esperanças, que tocam o infinito. Perdoa-me, e cura minha alma, dando-lhe o que ela espera!!!...

Ser tua *esposa*, ó Jesus, ser *carmelita,* ser *mãe* das almas pela união contigo, deveria ser bastante para mim... Mas, assim não acontece... Sem dúvida, as três prerrogativas constituem exatamente *minha vocação: Carmelita, Esposa, e Mãe.* Contudo, sinto em mim outras *vocações.* Sinto em mim a *vocação de* GUERREIRO, de SACERDOTE, de APÓSTOLO, de DOUTOR, e de MÁRTIR. Sinto, afinal, a necessidade, o desejo de realizar *por ti, Jesus,* todas as obras, as mais heróicas... Sinto na alma a coragem de um *Cruzado,* de *Zuavo Pontifício.* Desejaria morrer no campo de batalha pela defesa da Igreja...

Sinto em mim a vocação de SACERDOTE. Com que amor, ó meu Jesus, não te carregaria nas mãos, quando à minha voz descesses do Céu... Com que amor te não daria às almas!... Mas, que fazer? Com todo o desejo de ser *sacerdote,* admiro e invejo a humildade de São Francisco de Assis, e sinto a *vocação* de imitá-lo, quando recusou a sublime dignidade do *sacerdócio.*

Ó Jesus! meu amor, minha vida, como conciliar tais contrastes? Como tornar realidade os desejos de minha pobre alminha?...

Oh! apesar de minha pequenez, quisera esclarecer as almas, como os *Profetas, os Doutores.* Tenho *vocação de ser Apóstola...* Quisera percorrer a terra, apregoar teu nome, e implantar em terra de infiéis tua gloriosa Cruz. Mas, ó meu *Bem-Amado,* uma única missão não me seria bastante. Quisera anunciar, ao mesmo tempo, o Evangelho pelas cinco partes do mundo até as ilhas mais remotas... Quisera ser missionária não só por alguns anos, mas quisera sê-lo desde a criação do mundo, e sê-lo até a consumação dos séculos... Mas, acima de tudo, quisera, ó meu amado Salvador, por ti quisera derramar meu sangue até a última gota...

252 *Martírio!* eis o sonho de minha juventude! O sonho que cresceu comigo à sombra dos claustros do Carmelo... Aí, também, percebo que meu sonho é loucura, pois não conseguiria limitar-me a desejar um *só* gênero de martírio... Para me satisfazer, precisaria de *todos eles*... Quisera, como tu, meu adorado Esposo, ser flagelada e crucificada... Como São Bartolomeu, quisera morrer esfolada... Como São João, quisera ser escaldada em azeite a ferver. Quisera submeter-me a todos os tormentos que Se infligiam aos mártires... Com Santa Inês e Santa Cecília, quisera apresentar meu pescoço à espada, e, como Joana D'Arc, minha querida irmã, quisera sobre a fogueira murmurar teu nome, ó JESUS... Pensando nos tormentos que serão a sorte dos cristãos na era do Anticristo, sinto o coração alvoroçar-se, e quisera que tais tormentos me fossem reservados[17]... Jesus, Jesus, quisesse escrever todos os meus desejos, ser-me-ia necessário pedir emprestado *teu Livro da Vida*[18], onde se relatam todos os feitos dos Santos, e quereria tê-los praticado por amor a ti...

Ó meu Jesus! O que vais responder a todas estas minhas loucuras?... Haverá alma mais *pequenina,* mais impotente do que a minha?... Entretanto, justamente por causa de minha fraqueza, foi de teu agrado, Senhor, satisfazer plenamente meus *pequenos desejos de criança,* e hoje queres satisfazer outros *desejos,* mais *vastos* do que o universo...

253 Como, na oração, meus desejos me faziam passar por verdadeiro martírio, abri as epístolas de São Paulo, a fim de

---

[17] Cf. Arminjon, *Fin du Monde présent et Mystères de la vie future,* 2ª conferência, particularmente pp. 73-74 (edição francesa de 1970).
[18] Cf. Ap 20,12.

buscar alguma resposta. Dei com os olhos nos capítulos 12 e 13 da primeira epístola aos Coríntios... Li, no primeiro deles, que *nem todos* podem ser apóstolos, profetas, doutores etc. ... que a Igreja se compõe de membros diversos, e que o olho não poderia ser mão *ao mesmo tempo*[19]... A resposta era clara, mas não satisfazia meus anseios, não me dava paz... Como Madalena insistia em debruçar-se por sobre o túmulo vazio e acabou encontrando o que procurava, assim também, debruçando-me até as profundezas do meu nada, ergui-me a tal altura, que pude alcançar meu objetivo[20]... Sem esmorecer, dei continuação à leitura, e a frase seguinte consolou-me: *"Aspirai, pois, aos* DONS MELHORES, *e mostrar-vos-ei um caminho mais perfeito ainda"*[21]. E o Apóstolo explica como *todos os dons mais* PERFEITOS não são nada sem o AMOR... que a caridade é o CAMINHO POR EXCELÊNCIA, o qual leva a Deus com segurança.

Encontrara, enfim, tranqüilidade... Tomando em consideração o corpo místico da Igreja, não me identificava em nenhum dos membros descritos por São Paulo, por outra, queria identificar-me em *todos eles*. A *caridade* deu-me a chave de minha *vocação*. Compreendi que, se a Igreja tinha corpo, composto de vários membros, não lhe faltava o mais necessário, o mais nobre de todos. Compreendi que a Igreja tinha coração, e que o coração era ARDENTE DE AMOR. Compreendi que só o *amor* fazia os membros da Igreja atuarem, e que se o *amor* se extinguisse, os Apóstolos já não anunciariam o Evangelho e os Mártires se recusariam a derramar seu sangue... Compreendi que o AMOR ABRANGE TODAS AS VOCAÇÕES, ALCANÇANDO TODOS OS TEMPOS E TODOS OS LUGARES... NUMA PALAVRA, É ETERNO...

---

[19] Cf. 1Cor 12, 29, 12,21.
[20] S. João da Cruz, *Poesias: Segundo cântico a propósito de um êxtase*.
[21] 1Cor 12,31.

Então, no transporte de minha delirante alegria, pus-me a exclamar: Ó Jesus, meu amor, minha *vocação,* encontrei-a afinal: MINHA VOCAÇÃO É O AMOR!...
Sim, encontrei o meu lugar na Igreja, e tal lugar, ó meu Deus, fostes vós que mo destes... No coração da Igreja, minha Mãe, serei o *amor...* Assim serei tudo... Assim se realizará meu sonho!!!...

255 Por que falar de delirante alegria? Não, a expressão é bem adequada. É antes a paz calma e tranqüila do navegante, tão logo percebe o farol que o guiará ao porto... Ó luminoso farol do amor, sei como achegar-me a ti. Descobri o segredo de apossar-me de tua chama.

Não passo de uma criança, incapaz e débil. No entanto, minha própria fraqueza comunica-me a audácia de oferecer-me como *vítima ao teu Amor, ó Jesus!* Outrora, só as vítimas puras e sem manchas eram bem aceitas pelo Deus Forte e Poderoso. Para satisfazer a *justiça divina* havia necessidade de vítimas perfeitas. Mas, à lei do temor sobreveio a *lei do amor,* e o *Amor* escolheu-me como holocausto, a mim, débil e imperfeita criatura... Não é digna do *Amor,* a escolha? Sim, para que o Amor encontre plena satisfação, é necessário que se abaixe até ao nada, e transforme o nada em *fogo...*

4 Ó Jesus, sei que amor só com amor se paga[22]. Por isso,
256 procurei e encontrei um meio de consolar meu coração, retribuindo-te amor com amor. — "Aplicai as riquezas que rendem com iniqüidade para adquirir amigos que vos recebam em eternos tabernáculos."[23] Tal é o conselho, Senhor, que dás a teus discípulos, depois de lhes declarar que "os filhos das trevas são mais hábeis em seus interesses do que os filhos da luz"[24]. Filha da luz, compreendi que meus *desejos de ser tudo,* de abranger todas as vocações, eram rique-

---

[22] S. João da Cruz, *Cântico Espiritual,* explicação da estrofe IX. Em janeiro de 1896, Teresa tinha inscrito esse lema em seu brasão.
[23] Lc 16,9.
[24] Lc 16,8.

zas que bem podiam tornar-me injusta. Então, aproveitei-os para *granjear amigos...*

Lembrando-me da súplica de Eliseu a seu Pai Elias, quando se animou a pedir-lhe SEU DUPLO ESPÍRITO[25], apresentei-me diante dos Anjos e Santos, e falei-lhes: "Sou a mínima das criaturas, conheço minha miséria e fraqueza, mas sei também quanto os corações nobres e generosos gostam de fazer algum bem. Suplico-vos, portanto, bem-aventurados Moradores do Céu, ADOTAI-ME COMO FILHA. *Para vós, unicamente,* será a glória que me fizerdes adquirir. Dignai-vos, porém, atender minha súplica, que é temerária, bem o sei, mas ainda assim ouso pedir-vos que me obtenhais VOSSO DUPLO AMOR".

Jesus, não posso levar mais longe minha petição. Recearia ser aniquilada pelo peso dos meus audaciosos desejos... Minha desculpa é a de ser *criança,* e crianças não refletem sobre o pleno alcance de suas palavras. No entanto, seus pais, se forem, por hipótese, erguidos a um trono, e dispuserem de imensos tesouros, não hesitam em contentar os desejos dos *pequenos seres,* aos quais amam como a si mesmos. Para lhes dar prazer, cometem loucuras e chegam até a *atitudes de fraqueza...* Ora, quanto a mim, sou *filha da Igreja,* e a Igreja é rainha, por ser tua Esposa, ó Divino Rei dos Reis... Não são riquezas e glória (nem sequer a glória do Céu) que o coração de uma criancinha pede para si... Compreende que a glória, por direito, pertence aos seus irmãos, aos Anjos e Santos... Sua glória será o reflexo da que jorrará da fronte de sua mãe. Amor é o que ela pede... Não sabe outra coisa senão amar-te, ó Jesus... Obras grandiosas não são de seu alcance. Não pode pregar o Evangelho, nem derramar seu sangue... Mas, pouco importa, seus irmãos trabalham em seu lugar, enquanto ela, criancinha, se deixa estar juntinho ao *trono* do Rei e da Rainha, *amando* em lugar dos irmãos que labutam... Não obstante, como testemu-

---

[25] Cf. 2Rs 2,9.

nhará seu *amor*, visto que o *amor* é provado por obras? Ora, a criancinha *jogará flores*, recenderá com seus *perfumes* o trono real, e com sua voz argentina entoará o cântico do *amor*...

258 Sim, meu Bem-Amado, eis como se consumirá minha vida... Não tenho outro meio para te dar prova do meu amor, senão o de jogar flores, isto é, o de não deixar escapar ne-
4v nhum sacrificiozinho, nenhum olhar, nenhuma palavra, o de servir-me das coisas mais insignificantes, fazendo-as por amor... Quero sofrer por amor e até gozar por amor, e assim estarei a lançar flores diante do teu trono. Não pegarei nenhuma delas, sem que a *desfolhe* para ti... Depois, cantarei ao jogar minhas flores. (Seria possível chorar, quando se pratica ato tão alegre?) Cantarei, ainda que tenha de colher minhas flores entre espinhos, e tanto mais melódico será meu cantar, quanto mais longos e pungentes forem os espinhos.

Jesus, a que te servirão minhas flores e meus cantos?... Ah! bem o sei, a chuva perfumada, as frágeis pétalas sem valor, os cantos de amor do mais pequenino dos corações, hão de encantar-te. Sim, esses nonadas te darão prazer, farão sorrir a Igreja Triunfante, a qual recolherá minhas flores, desfolhadas por *amor*, e fará com que cheguem às mãos divinas. Ó Jesus, tendo vontade de *brincar* com sua filhinha, a Igreja do céu, por sua vez, lançará as flores, munidas de valor infinito ao teu toque divino, jogando-as sobre a Igreja Padecente, a fim de lhe extinguir as chamas, e sobre a Igreja Militante, a fim de lhe trazer a vitória!...

259 Ó meu Jesus! amo-te, amo a Igreja, minha Mãe. Não esqueço que *"para ela o mínimo impulso de* PURO AMOR *é mais proveitoso do que todas as demais obras em sua totalidade"*[26]. Mas, será que em meu coração se encontra realmente o PURO AMOR?... Não são meus imensos desejos um sonho, uma loucura?... Oh! se assim for, esclarece-me,

---

[26] S. João da Cruz, *Cântico Espiritual*, explicação da estrofe XXIX.

Jesus. Sabes que busco a *verdade*... Se meus desejos forem temerários, elimina-os, pois desejos tais são para mim o maior dos martírios... Não obstante, sinto, ó Jesus, que depois de aspirar pelas mais altas regiões do amor, caso não as pudesse atingir algum dia, *maior doçura* experimentaria em meu *martírio, em meu desatino,* do que gozarei na posse das *alegrias da pátria,* a não ser que por milagre me tirasses a recordação de minhas esperanças terrenas. Deixa-me, então, fruir as delícias do amor, enquanto durar meu exílio... Deixa-me saborear as doces amarguras do meu martírio...

Jesus, Jesus, se tão delicioso é *desejar amar-te,* que não será então possuir, gozar o amor?...

Como pode alma tão imperfeita, como a minha, aspirar à posse da plenitude do *Amor?*... Ó Jesus, *meu primeiro, meu único Amigo,* tu, a quem UNICAMENTE *amo,* dize-me em que consiste esse mistério?... Por que não reservas tão imensas aspirações às grandes almas, às *águias* que pairam nas alturas?... A mim me considero como *débil avezinha,* apenas revestida de leve penugem. *Águia,* não sou, mas dela tenho, simplesmente, OLHOS E CORAÇÃO, pois que, não obstante minha extrema pequenez, ouso fitar o Sol Divino, o Sol do Amor, e meu coração sente nele todas as aspirações da *águia...* Quisera a avezinha *voar* em direção do Sol fulgurante que lhe fascina os olhos. Quisera imitar as águias, suas irmãs, quando as vê elevarem-se até o divino foco da Santíssima Trindade... Tudo o que pode fazer, ainda mal, é *soerguer as asinhas.* Mas, sair voando é o que sua reduzida força não permite! Qual será sua sorte? Morrer de desgosto, por se ver tão impotente?... Isso, não! A avezinha nem sequer se afligirá. Num audaz abandono, continuará fixando seu Divino Sol.

Nada a poderia amedrontar, nem o vento, nem a chuva. E quando nuvens carregadas vêm encobrir o *Astro do Amor,* a avezinha não muda de lugar. Sabe que, além das nuvens, seu sol está sempre a brilhar, e seu esplendor não

261 poderia eclipsar-se um instante sequer. Verdade é que, por vezes, o coração da avezinha se sente acometido pela tempestade. Parece-lhe não acreditar na existência de outra coisa fora das nuvens que a envolvem. Chega, então, o momento da *alegria perfeita para a pobre e frágil criaturinha.* Que ventura, ainda assim, *continuar* ela ali mesmo, fitando a luz invisível que se subtrai à sua fé!!!... Até aqui, meu Jesus, compreendo teu amor pela avezinha, pois não se afasta de ti... Mas, às vezes, eu o sei e tu o sabes também, a imperfeita criaturinha, sem sair de onde está (isto é, debaixo dos raios do sol), deixa-se desviar um pouco de sua única ocupação, respigando um grãozinho à direita e à esquerda, correndo atrás de algum bichinho... Mais adiante, encontra uma pocinha de água, onde *molha* a plumagem recém-formada. Quando vê uma flor que lhe agrada, logo sua mente se prende a ela... Afinal, não podendo planar como as águias, a pobre avezinha entretém-se ainda com ninharias da terra.

No entanto, depois de todos os desmandos, em vez de pôr-se num cantinho para chorar suas misérias e morrer de tristeza, a avezinha retorna ao seu bem-amado sol. Abre as asinhas *molhadas* à ação dos raios benfazejos. Geme como a andorinha, e no meigo cantar mostra confiança, esmiuça todas as suas infidelidades, cuidando, em seu temerário abandono, que assim adquire mais império, atrai mais de cheio o amor *daquele* que não veio chamar os justos, mas os pecadores[27]... Se o *astro adorado* não dá ouvidos aos lasti-
262 mosos gorjeios de sua criaturinha, se continua *oculto à sua vista...* então, a criaturinha continua *molhada, conforma-se em tiritar de frio,* e alegra-se ainda com o sofrimento, aliás, merecido...

Ó Jesus, quão ditosa é tua *avezinha* por ser débil e pequena, e que seria dela, se fosse grande?... Nunca teria a audácia de comparecer à tua presença, de *dormitar*

---

[27] Mt 9,13.

diante de ti... Sim, aí está ainda um fraco da avezinha. Quando quer fitar o Sol Divino e as nuvens lhe impedem de enxergar um só raio, os olhinhos fecham-se sem querer, a cabecinha esconde-se debaixo da asinha, e a pobre criaturinha adormece, crente de que continua a fitar sempre seu astro querido. Quando desperta, não se desconsola. Seu coraçãozinho permanece tranqüilo, prosseguindo seu mister de *amor*, invocando os Anjos e os Santos, que se elevam como águias em direção do Fogo devorador, objeto de suas aspirações. E as águias, compadecendo-se de sua irmãzinha, protegem-na, defendem-na, afugentam os abutres que quereriam devorá-la. Aos abutres, imagens dos demônios, a avezinha não os teme. Seu destino é tornar-se presa, não deles, mas da *Águia,* que avista no centro do Sol do Amor.

Ó Verbo Divino, és tu a Águia adorada, a quem amo, és tu que me atrais! És tu que, lançando-te na terra do exílio, quiseste sofrer e morrer, a fim de *atrair* as almas ao centro do eterno foco da Bem-aventurada Trindade. És tu, que te remontas à Luz inacessível, que doravante será tua morada. És tu, ainda que, permaneces neste vale de lágrimas, e te escondes na aparência de uma hóstia branca... Águia Eterna, queres nutrir-me com tua divina substância, a mim, pobre criaturinha, que ao nada retornaria, se teu divino olhar me não desse a vida a cada instante... Ó Jesus, permite-me, na exuberância de minha gratidão, permite-me declarar-te que *teu amor atinge as raias da loucura...* Como queres, diante de tal loucura, que meu coração se não atire ao teu encontro? Como teria limites minha confiança?... Oh! por ti, sei eu, também os Santos cometeram *loucuras.* Grandes coisas fizeram, porque eram *águias...*

Jesus, sou pequenina demais para fazer grandes coisas... E *loucura* muito minha é esperar que teu Amor me aceite como vítima... Minha *loucura* está em suplicar às águias, minhas irmãs, me obtenham a prerrogativa de voar

219

em rumo do Sol do Amor com as *próprias asas da Aguia Divina*[28]...

Por todo o tempo que quiseres, ó meu Bem-Amado, tua avezinha deixar-se-á ficar sem alento e sem asas. Continuará sempre com os olhos fitos em ti. Quer *fascinar-se* do teu olhar divino, quer tornar-se *presa* do teu amor... Um dia, conforme espero, virás, Águia Adorada, buscar tua avezinha, e, transportando-te com ela até ao Foco do Amor, mergulha-la-ás por toda a eternidade no ardente abismo desse Amor, ao qual se imolou como vítima...
....

265   Ó Jesus, pudera explicar a todas as *almas pequeninas* quão inefável é tua condescendência... Percebo que, se por absurdo encontrasses alma mais fraca, mais pequenina, do que a minha, terias prazer em cumulá-la de favores muito maiores, contanto que com inteira confiança se abandone à tua infinita misericórdia. Mas, por que razão desejar comunicar teus segredos de amor, ó Jesus; pois, se foste tu, unicamente, que mos ensinastes, não poderás tu mesmo revelá-los a outros?... Sim, disto estou ciente, e conjuro-te que o faças. Suplico-te que baixes teu divino olhar sobre grande número de *almas pequeninas*... Suplico-te que escolhas uma legião de *pequenas* vítimas, dignas de teu AMOR!...

A pequenina Irmã Teresa do Menino Jesus
e da Sagrada Face, indigna religiosa carmelita.

---

[28] Cf. Dt 32,11.

MANUSCRITO DIRIGIDO
À
MADRE MARIA DE GONZAGA

Manuscrito "C"

Capítulo X

A PROVAÇÃO DA FÉ
(1896-1897)

Teresa e sua Priora, - A florzinha, - O elevador divino, - Encarregada do Noviciado, - Primeira hemoptise, - Mesa dos pecadores, - Trevas fechadas, - Não recuso o combate, - Chamamento das Missões, - O que é a caridade, - Amar como Jesus ama, - O mais amável dos meus sorrisos, - Meu último recurso: a fuga, - Dar e deixar que tomem, - Abrir mão de seus direitos, - Dar emprestado sem nada esperar.

J. M. J. T.

junho de 1897

Minha Madre bem-amada[1], manifestastes-me o desejo de que termine, convosco, de *cantar as misericórdias do Senhor*[2]. Este doce cantar, eu o tinha começado com vossa querida filha Inês de Jesus, que foi a mãe a quem o Bom Deus encarregou de me orientar nos dias de minha infância. Era, portanto, com ela que me coube cantar as graças concedidas à *Florzinha* da Santíssima Virgem, quando ainda se encontrava na primavera da vida. Mas, junto a vós, vou cantar a felicidade da mimosa florzinha, agora que os tímidos raios da aurora cederam lugar aos candentes ardores do meio-dia.

Sim, Madre bem-amada, é convosco, é para corresponder ao vosso desejo[3], que tentarei expressar os sentimentos de minha alma, minha gratidão para com o Bom Deus, para convosco que, com relação a mim, o representais visivelmente. Não foi em vossas mãos maternais que me entreguei to-

---
[1] Madre Maria de Gonzaga fora reeleita priora a 21 de março de 1896, como sucessora da Madre Inês de Jesus.
[2] Cf. Sl 88,2.
[3] A 3 de junho de 1897, por empenho da Madre Inês de Jesus, Madre Maria de Gonzaga ordenou a Teresa continuasse a escrever suas reminiscências.

talmente a ele? Ó minha Madre, vós vos lembrais daquele dia?[4]... Sim, percebo que vosso coração não o poderia esquecer... Por mim, esperarei o lindo céu, pois aqui na terra não encontro palavras adequadas para interpretar o que se passou em meu coração naquele dia abençoado.

267 Madre bem-amada, outro dia houve em que minha alma se estreitou ainda mais à vossa, se tanto fora possível. Foi quando Jesus novamente vos impôs o encargo do superiorado. Naquele dia, minha querida Madre, semeastes entre *1v* lágrimas, mas no céu transbordareis de alegria, quando vos virdes carregada de ramalhetes preciosos[5]. Ó minha Madre, relevai-me a simplicidade de criança. Noto que me permitias falar-vos sem procurar o que é lícito a uma religiosa jovem, dizer à sua Priora. Pode ser que nem sempre me mantenha nos moldes prescritos a subalternos. Mas, isso, minha Madre, atrevo-me a dizê-lo, é por vossa culpa. Convosco procedo como filha, porque comigo procedeis não como Priora, mas como Mãe...

268 Oh! sinto perfeitamente ser o Bom Deus quem sempre fala por vosso intermédio. Muitas Irmãs pensam que me deixastes mal acostumada, e que desde a entrada na Arca Santa não recebi de vós senão mimos e louvores. Mas, não foi o que aconteceu. No caderno que contém minhas recordações de infância, vereis, minha Madre, o que penso a respeito da educação *enérgica* e maternal que de vós recebi. Do mais fundo do coração vos agradeço por não me haverdes poupado. Bem sabia Jesus que, para sua florzinha, era necessária a vivificante água da humilhação. Sem tal ajuda, estava muito raquítica para enraizar, e por vós, minha Madre, me foi concedido esse benefício.

269 De ano e meio para cá, quis Jesus alterar o processo de cultivar sua florzinha. Achava, sem dúvida, que estava bastante *irrigada,* pois agora é o *sol* que a faz crescer. Jesus

---

[4] Dia de sua profissão, 8 de setembro de 1890.
[5] Cf. Sl 125,5-6.

já não quer para ela senão seu próprio sorriso, e este sempre lhe é dado por vosso intermédio, minha Madre bem-amada. O suave sol, em vez de murchar a florzinha, faz com que cresça maravilhosamente, e conserve no fundo do cálice as preciosas gotas de orvalho recebidas, e as gotas recordam-lhe continuamente que é pequenina e fraca...

Podem todas as criaturas inclinar-se para ela, admirá-la, cumulá-la de louvores. Mas, sem que eu saiba por quê, isso não acrescentaria uma só gota de falso gozo à verdadeira alegria que desfruta no coração, reconhecendo-se o que é aos olhos do Bom Deus, nada mais do que um pobre e pequeno nada... Digo que não sei por quê. Mas, não será por que ficou todo o tempo imune da água dos louvores, até seu cálice encher-se com o orvalho da humilhação? Agora, já não há perigo. Pelo contrário. A florzinha acha tão delicioso o orvalho de que está cheia, e tomaria toda precaução de não trocá-lo pela água tão insípida dos elogios.

Não quero referir-me, minha querida Madre, ao amor e à confiança que me testemunhais. Não julgueis que o coração de vossa filha seja insensível a isso. Só que, agora, percebo claramente que nada devo temer. Ao contrário, posso desfrutá-los referindo a Deus o que, de bom, foi de seu agrado depositar em mim. Se lhe apraz fazer-me parecer melhor do que sou na realidade, isso não me diz respeito. É livre para proceder como quiser... Ó minha Madre, como são vários os caminhos pelos quais o Senhor leva as almas! Vemos, na vida dos Santos, como muitos houve que não quiseram deixar nada de si mesmos depois da morte, nem sequer a mínima lembrança, o mínimo escrito. Outros houve, pelo contrário, como nossa Madre Santa Teresa, que enriqueceram a Igreja com suas sublimes revelações, sem receio de revelar os segredos do Rei[6], a fim de que Ele seja mais conhecido, mais amado pelas almas. Qual das duas categorias de Santos agrada mais de tudo ao Bom Deus?

---

[6] Cf. Tb 12,7.

Parece-me que lhe agradam por igual, porque todos seguiram a moção do Espírito Santo, e o Senhor declarou: *"Dizei ao justo que* TUDO *lhe sairá bem"*[7]. Sim, tudo sai bem, quando só procuramos a vontade de Jesus. É a razão, pela qual eu, pobre florzinha, obedeço a Jesus, quando me esforço por comprazer à minha Madre muito amada.

271   Como o sabeis, sempre desejei ser santa. Mas, que tristeza! Quando me confronto com os Santos, sempre verifiquei que há entre eles e eu a mesma diferença que existe entre a montanha, cujo cimo desaparece nos céus, e o obscuro grão de areia, espezinhado pelos transeuntes. Em vez de me desanimar, pensei: O Bom Deus não seria capaz de inspirar-me desejos irrealizáveis. Posso, por conseguinte, aspirar à santidade, não obstante minha pequenez. Ficar maior, não me é possível. Devo, pois, suportar-me tal qual sou, com todas as minhas imperfeições. Mas, procurarei um meio de ir para o céu por uma trilha bem reta, bem curta, uma trilha inteiramente nova.

       Vivemos num século de invenções. Agora, já não se tem
3 o trabalho de subir os degraus de uma escada. Em casa de gente abastada, um elevador a substitui com vantagem. Por mim, gostaria de encontrar um elevador para me erguer até Jesus, porque sou pequenina demais para subir a dura escada da perfeição. Busquei, então, nos Sagrados Livros uma indicação do elevador, objeto dos meus desejos, e li estas palavras, saídas da boca da Eterna Sabedoria: *"Se alguém é* PEQUENINO, *venha a mim"*[8]. Fui, então, com o pressentimento de ter achado o que procurava, e com a vontade de saber, ó meu Deus! o que faríeis ao *pequenino* que respondesse ao vosso chamado. Continuando minhas reflexões, eis o que encontrei: *"Como uma mãe acaricia o filhinho, assim vos consolarei, e vos acalentarei em meu regaço!"*[9]. Oh! nun-

[7] Is 3,10.
[8] Pr 94.
[9] Is 66, 13,12.

ca vieram alegrar minha alma palavras mais ternas e mais melodiosas! O elevador que me conduzirá até ao céu, são vossos braços, ó Jesus! Por isso, não preciso ficar grande. Devo, pelo contrário, conservar-me *pequenina,* que venha a ser sempre mais. Ó meu Deus, fostes além da minha expectativa, e por mim quero cantar vossas misericórdias. *"Ensinastes-me desde a minha juventude. Publiquei até agora vossas maravilhas, continuarei a publicá-las até a mais avançada velhice",* Sl 70[10]. Qual será, para mim, a idade mais avançada? Parece-me, poderia ser agora, pois que aos olhos do Senhor, 2000 anos não são mais do que 20 anos... do que um só dia[11]...

Oh! Madre muito amada, não julgueis que vossa filha vos queira deixar... Não julgueis que tenha por graça maior morrer ao despontar da aurora, do que ao declinar do dia. O que aprecia, o que unicamente deseja, é *comprazer* a Jesus... Agora que parece achegar-se dela, para a levar à mansão de sua glória, vossa filha rejubila. Compreendeu, desde muito, que o Bom Deus não tem necessidade de ninguém (menos ainda dela, que de outrem) para promover algum bem na terra.

Perdoai-me, minha Madre, se vos contristo... Oh! quisera tanto vos alegrar... Mas, credes que, se vossas orações não forem atendidas na terra, se Jesus separar por *alguns dias* a filha de sua Mãe, as orações não serão atendidas no Céu?...

Vosso desejo, bem o sei, é que cumpra junto a vós missão muito suave, muito fácil[12]. Essa missão, não a poderei executar lá do alto dos Céus?... Como Jesus dissera um dia a São Pedro, dissestes à vossa filha: *"Apascenta meus cordeiros"*[13], e, tomada de surpresa, vos declarei que *"era mui-*

---

[10] Sl 70, 17-18.
[11] Cf. Sl 89,4.
[12] Teresa ajuda, em caráter oficial, Madre Maria de Gonzaga junto às noviças, depois da eleição de 21 de março de 1896.
[13] Jo 21,15.

to pequenina"... Supliquei-vos que *vós mesma apascentásseis vossos cordeirinhos,* e que *por favor* me deixásseis *pastar* junto com eles. E, atendendo *em parte* ao meu justo desejo, minha Madre muito amada, conservastes os cordeirinhos junto às ovelhas[14]. Mas, destes-me ordem de levá-los amiúde a pastar na *sombra,* de indicar-lhes as melhores e mais nutritivas pastagens, de bem lhes apontar em que formosas flores não deverão jamais tocar, a não ser para as calcar aos pés... Não tivestes receio, minha querida Madre, que deitasse a perder vossos cordeirinhos. Minha

4 inexperiência e pouca idade não vos intimidaram. Talvez vos ocorresse que, muitas vezes, o Senhor se compraz em conceder sabedoria aos pequeninos, e certa ocasião, em transportes de júbilo, louvou seu *Pai* por ter ocultado seus segredos aos sábios e tê-los revelados aos *pequeninos*[15]. Como sabeis, minha Madre, muito raras são as almas que não medem o poder divino pelos seus curtos pensamentos. Por toda a parte na terra admitem-se exceções, só o Bom Deus não tem o direito de fazê-las!

Bem sei que o critério de medir a experiência pelos anos se aplica desde muito tempo entre os humanos, pois na adolescência o santo rei Davi cantava ao Senhor: "JOVEM *sou, e desprezado*"[16]. No mesmo salmo 118, todavia, não teve dúvida em declarar: — "Mais *ponderado sou do que os anciãos, porque observei vossa vontade... Vossa palavra é uma lâmpada que clareia meus passos... Sem delongas cumpro vossos preceitos,* e NADA ME APAVORA"[17]...

274 Não receastes, Madre muito amada, de declarar-me um dia, que o Bom Deus me iluminava a alma, dando-me até a experiência de *anos...* Ó minha Madre! sou *muito pequenina*

---

[14] Madre Maria de Gonzaga exerce, ao mesmo tempo, as funções de priora e mestra de noviças. "Cordeirinhos" designam as noviças; e "ovelhas", as religiosas professas.
[15] Cf. Mt 11,25.
[16] Sl 118, 141.
[17] Sl 118, 100, 105, 60.

para ter vaidade agora. Ainda sou *muito pequenina* para fazer frases bonitas, que vos façam crer em minha grande humildade. Prefiro concordar, simplesmente, em que o Todo-poderoso grandes coisas operou na alma da filha de sua divina Mãe, e que a maior delas foi a de lhe ter mostrado sua *pequenez*, sua incapacidade. Querida Madre, bem o sabeis, o Bom Deus foi servido de fazer minha alma passar por muitas espécies de provações. Muito sofri desde que estou na terra. Entretanto, se na infância sofri com tristeza, já não é assim que sofro agora. É na alegria e na paz. Sou verdadeiramente feliz de sofrer. Ó minha Madre, é preciso que conheçais todos os segredos de minha alma, para não sorrirdes à leitura destas linhas. Pois, a julgar pelas aparências, haverá alma menos provada do que a minha? Ah! se a provação que padeço, de um ano para cá[18], se manifestasse aos olhares, que espanto provocaria!...

Madre muito amada, conheceis essa provação. Dela, todavia, vos quero falar ainda, pois que a tenho como grande graça, recebida durante vosso abençoado priorado.

No ano passado, o Bom Deus concedeu-me o consolo de observar o jejum quaresmal em todo o seu rigor. Jamais me sentira tão robusta, e a robustez manteve-se até a Páscoa. Entretanto, quis Jesus no dia de sexta-feira Santa dar-me a esperança de ir em breve visitá-lo no Céu...

Oh! quão doce me é esta lembrança!... Depois de ficar junto à Urna do Santíssimo[19] até a meia-noite, recolhi-me em nossa cela. Mal tive, porém, o tempo de pôr a cabeça no travesseiro, quando senti uma golfada que subia e subia, efervescente, até aos lábios. Não sabia o que fosse, mas cuidei que ia talvez morrer, e minha alma ficou imersa em alegria... No entanto, como já apagara nosso candeeiro, disse comigo que seria preciso esperar até a manhã, para me ca-

---

[18] Sua tentação contra a fé, que perdura desde a Páscoa de 1896.
[19] Altar de adoração na quinta-feira Santa. As Carmelitas passavam a noite em oração diante do Santíssimo Sacramento.

pacitar de minha felicidade, pois me parecia ser sangue o que tinha vomitado. A manhã não se fez esperar muito. Quando despertei, acudiu-me imediatamente a idéia de que algo de alegre chegaria ao meu conhecimento. E, abeirando-me da janela, pude averiguar que me não tinha enganado... Ah! minha alma encheu-se de grande consolação. Estava intimamente persuadida de que Jesus, no dia do aniversário de sua Morte, me queria fazer ouvir um primeiro chamado. *Era como que um murmúrio suave e distante a anunciar-me a chegada do Esposo*[20]...

Com fervor muito grande, assisti à hora de Prima e ao Capítulo dos perdões[21]. Ansiava por ver chegada minha vez, a fim de que pudesse, minha Madre muito amada, enquanto vos pedia perdão, confidenciar-vos minha esperança e felicidade. Acrescentei, contudo, que não sofria absolutamente (o que era bem verdade), e supliquei-vos não me impusésseis nada de particular. Tive, com efeito, o consolo de passar o dia de sexta-feira Santa, da maneira que o desejava. Nunca dantes as austeridades do Carmelo se me afiguraram tão deliciosas. A esperança de ir para o céu punha-me num transporte de alegria. Chegada a noite desse bem-aventurado dia, era preciso repousar, e, como na noite anterior, Jesus bondoso deu-me o mesmo sinal de que não estava longe minha entrada na vida eterna... Via-me então na posse de uma *fé* tão viva, tão lúcida, que a idéia do céu constituía toda a minha felicidade. Não podia conceber que houvesse ímpios, carentes de fé. Julgava que falassem contra sua própria convicção, ao negarem a existência do Céu, do formoso céu, onde o próprio Deus quereria ser, para eles, a eterna recompensa. Nos dias tão alegres do tempo pascal, Jesus deu-me a conhecer que realmente existem almas que não têm fé, e que por abuso de graças perdem esse precioso tesouro, ma-

---

[20] Cf. Mt 26,6.
[21] Na sexta-feira Santa, a Priora fazia uma alocução sobre a caridade, e as religiosas abraçavam-se e pediam perdão umas às outras.

nancial das únicas alegrias puras e autênticas. Permitiu que minha alma fosse invadida pelas mais densas trevas, e que o pensamento do Céu, tão doce para mim, já não fosse senão motivo de luta e tormento... A provação não duraria alguns dias, algumas semanas. Só desapareceria à hora marcada pelo Bom Deus... e a hora ainda não chegou... Quisera externar o que sinto, mas infelizmente julgo ser impossível. É preciso passar por esse lúgubre túnel para ter uma idéia de sua escuridão. Procurarei, todavia, explicá-la por uma comparação.

Nasci, por suposição, num país envolto em denso nevoeiro. Nunca contemplei o risonho aspecto da natureza, quando inundada, transfigurada pelo sol brilhante. Desde a infância, na verdade, ouço falar dessas maravilhas. Sei que o país, onde estou, não é minha pátria. Esta fica noutra região, para a qual preciso sempre aspirar. Não se trata de uma história inventada por algum habitante do melancólico país, onde moro, mas é concreta realidade, pois o Rei do país do sol brilhante veio viver 33 anos no país das trevas. Que pena! As trevas não compreenderam que o Rei Divino era a luz do mundo[22]... Entretanto, Senhor, vossa filha compreendeu vossa luz divina. Pede-vos perdão em lugar de seus irmãos. Pelo tempo que quiserdes, aceita comer o pão da dor, e da mesa coberta de amargura, onde comem pobres pecadores, não quer levantar-se antes do dia que determinardes... Contudo, não pode também dizer em nome próprio, em nome de seus irmãos: *"Tende piedade de nós, Senhor, porque somos pecadores"*[23]?... Oh! Senhor, deixai-nos partir justificados... Todos que ainda não foram iluminados pelo luzente facho da Fé, acabem enfim por vê-lo brilhar... Ó Jesus, se preciso for que a mesa por eles manchada seja purificada por uma alma que vos ame, quero de boa vontade comer sozinha o pão da provação até quando vos aprouver

---

[22] Cf. Jo 1,5,9.
[23] Lc 18,13.

introduzir-me em vosso reino luminoso. A única graça que vos peço é a de nunca vos ofender!...

278 Minha Madre muito amada, não há continuidade no que vos escrevo. Minha historiazinha, parecida com um conto de fadas, converteu-se de repente em oração. Não sei qual interesse poderíeis ter na leitura de todos estes pensamentos confusos e mal redigidos. Afinal, minha Madre, não escrevo para compor obra literária, mas por obediência. Se vos aborreço, vereis pelo menos que vossa filha deu prova de boa vontade. Sem desalento, quero, pois, levar adiante minha modesta comparação, a partir do ponto em que a deixei.

6v

Dizia que, desde a infância, me fora dada a certeza de que um dia iria ficar longe do país triste e tenebroso. Não só acreditava o que ouvia dizer as pessoas mais instruídas do que eu, mas também sentia ainda, no fundo do coração, aspirações por uma região mais formosa. Como o gênio de Cristóvão Colombo lhe fez pressentir a existência de um mundo novo, quando ninguém pensava nisso, assim também sentia que outra terra me serviria um dia como morada definitiva. De repente, porém, os nevoeiros que me cercam ficam mais compactos, penetram-me na alma, envolvem-na de tal sorte que já me não é possível nela reconhecer a imagem tão doce de minha Pátria. Lá se foi tudo! Quando quero repousar meu coração, fatigado das trevas que o rodeiam, com a evocação do país luminoso, pelo qual aspiro, meu tormento redobra. Parece-me que as trevas, tomando a voz dos pecadores, me dizem escarnecendo-se de mim: — "Sonhas com a luz, uma pátria embalsamada dos mais suaves perfumes. Sonhas com a posse *eterna* do Criador de todas essas maravilhas. Crês que um dia sairás dos nevoeiros que te cercam! Avante, avante! Alegra-te com a morte. Dar-te-á não o que esperas, mas uma noite mais profunda ainda, a noite do nada".

7 Madre muito amada, a imagem que vos quis apresentar das trevas que obscurecem minha alma, é tão imperfeita quanto o é um esboço em comparação com o modelo. Não quero, todavia, estender-me mais sobre o assunto. Recearia blasfemar... Sinto até medo de ter falado demais...

Ah! que Jesus me perdoe, se lhe fiz agravo. Sabe, porém, que eu, embora não esteja *em gozo da fé,* procuro pelo menos praticar as obras correspondentes. Acho que, de um ano para cá, fiz mais atos de fé do que em toda a minha vida. A cada nova ocasião de combate, quando o inimigo vem provocar-me, comporto-me com valentia. Por saber que é covardia entrar em duelo, dou as costas ao adversário, sem querer nem ao menos encará-lo. Corro, entretanto, para o lado de Jesus, digo-lhe que estou disposta a derramar até a derradeira gota de sangue para professar que existe um *Céu.* Declaro-lhe que sou feliz de não gozar o belo Céu na terra, a fim de que ele o possa abrir aos incrédulos por toda a eternidade. Nestes termos, não obstante a provação que me tira todo *gozo,* posso, contudo, exclamar: "Senhor, ALEGRAIS-ME sobremaneira por TODAS as vossas ações"[24]. Haverá, pois, maior alegria do que a de sofrer por vosso amor?... Quanto mais íntimo for o sofrimento, menos aparece aos olhos das criaturas, e mais vos regozija, ó meu Deus! Entanto, se por absurdo vós mesmo desconhecêsseis meu sofrimento, ainda assim me sentiria feliz de tê-lo, se por meio dele eu pudesse impedir ou reparar uma única falta cometida contra a *fé...*

Minha Madre muito amada, talvez vos pareça exagerar demais minha provação. De fato, se julgardes pelos sentimentos que manifesto nas curtas poesias que compus este ano, devo parecer-vos uma alma cheia de consolações, para a qual o véu da fé quase se rasgou. E no entanto... para mim, já não é um véu, é um muro que se ergue até os céus e encobre o firmamento estrelado... Quando canto a ventura do Céu, a eterna posse de Deus, não sinto nenhuma alegria, pois canto simplesmente o que QUERO CRER. Verdade é, de quando em quando, um minúsculo raio de sol vem ilumi-

---

[24] Sl 91,5.

nar minhas trevas. Então, cessa a provação *por um instante*. Mas, depois, em vez de me causar alegria, a lembrança dessa réstea de luz, torna minhas trevas mais densas ainda. Ó minha Madre, nunca senti tanto, como agora, quanto o Senhor é manso e misericordioso. Não me enviou a provação senão no momento que dispusesse de força para a suportar. Viesse antes, boas razões tenho para crer que me teria mergulhado no desalento... Agora, faz-me perder tudo quanto encontraria de satisfação natural no desejo que tinha do Céu... Madre muito amada, agora me parece que nada me impede de voar deste mundo. Pois, grandes desejos já não os tenho, senão o de amar até morrer de amor... (9 de junho)[25].

8
281 Fiquei espantada, minha querida Madre, quando verifiquei o que vos escrevi ontem. Que rabiscos!... De tal maneira me tremia a mão, que me foi impossível ir adiante, e agora chego a lamentar que tentasse escrever. Espero que, hoje, o faça mais legivelmente, pois já não estou na caminha, mas numa pequena poltrona, bonita e toda branca.

Bem sinto, ó minha Madre, que tudo quanto vos digo não tem ligação entre si. Mas, sinto também a necessidade de falar-vos acerca dos meus atuais sentimentos, antes que vos fale do passado. Mais tarde, talvez os perdesse de lembrança. Primeiramente, quero dizer-vos quanto me sinto comovida com todas as vossas delicadezas de mãe. Ah! podeis crer, minha Madre muito amada, o coração de vossa filha está cheio de gratidão. Nunca esquecerá tudo o que vos deve...

Minha Madre, o que sobretudo me comove é a novena que fazeis a Nossa Senhora das Vitórias[26], são as missas que mandais celebrar para obter minha cura. Sinto que todos esses tesouros espirituais fazem grande bem à minha

---

[25] A data está escrita a lápis no rodapé da página do manuscrito. Comemora o segundo aniversário do Ato de oblação ao Amor Misericordioso (9 de junho de 1895).

[26] A novena tinha começado a 5 de junho de 1897.

alma. No início da novena, dizia-vos, minha Madre, ser preciso que a Santíssima Virgem me curasse, ou então me levasse para os céus, pois achava muito triste, para vós e para a comunidade, terdes a vosso encargo uma jovem religiosa doente. Agora, quero de boa vontade estar doente minha vida inteira, se for do agrado do Bom Deus, e consinto até em que minha vida seja bem prolongada. A única graça que almejo, é que seja destruída pelo amor. *8v*

Oh! não, não me atemorizo com uma vida longa. Não **282** me nego ao combate, pois o *Senhor é a rocha na qual fui criada. Adestra minhas mãos para a luta, e meus dedos para a guerra. É o meu escudo. Nele espero*[27]. Por isso, nunca pedi ao Bom Deus que morresse jovem. Verdade é, sempre esperei fosse tal a sua vontade. Muitas vezes, o Senhor contenta-se com o desejo de trabalhar pela sua glória, e sabeis, minha Madre, que meus desejos são muito grandes. Sabeis, outrossim, que Jesus me apresentou mais de um cálice amargo, mas afastou-o dos meus lábios antes que o bebesse, mas não antes que me fizesse saborear sua amargura.

Madre muito amada, tinha razão o santo Rei Davi, quando cantava: *Oh! quão bom e quão suave é para irmãos habitarem juntos em perfeita unidade*[28]. É exato, experimentei-o muitas vezes, mas é nas entranhas dos sacrifícios que tal união deve formar-se na terra. Não foi para viver com minhas irmãs que vim ao Carmelo, mas unicamente para atender ao chamado de Jesus. Ah! bem pressentia que viver com suas irmãs, quando se não quer fazer nenhuma concessão à natureza, seria motivo de contínuo sofrimento.

Como se pode afirmar que é maior perfeição apartar-se **283** alguém dos seus?... Já se levou a mal alguma vez que irmãos combatam no mesmo campo de batalha, que juntos acorram para alcançar a palma do martírio?... Sem dúvida

---

[27] Sl 143,1-2.
[28] Sl 132,1.

9 alguma, formou-se a justa opinião de que se animariam uns aos outros, como também que o martírio de cada qual se tornaria comum de todos. Assim, também, acontece na vida religiosa, a que os teólogos chamam de martírio. — Quando o coração se dá a Deus, não perde a afetividade. Pelo contrário. A afetividade cresce, na medida que se torna mais pura e mais divina.

Madre muito amada, é com um afeto assim que vos amo, que amo minhas irmãs. Sinto-me feliz de combater, *em família,* pela glória do Rei dos Céus. Estou, porém, disposta a voar para outro campo de luta, se o Divino General me manifestar seu desejo. Não se faria mister voz de comando; apenas um olhar, um simples aceno.

284 Desde minha entrada na Arca Bendita, sempre pensei que, se Jesus não me arrebatasse bem depressa para o Céu, minha sorte seria a da pombinha de Noé. Um dia, o Senhor abriria a janela da Arca, e dir-me-ia que voasse muito longe, muito longe, em direção das plagas incrédulas, carregando comigo o raminho de oliveira. Esse pensamento, minha Madre, fez minha alma crescer, fez-me pairar mais alto que todo o criado. Compreendi que, até no Carmelo, poderia ainda haver separações, que só no céu a união será completa e eterna. Quis, então, que minha alma habitasse nos Céus, não olhasse senão de longe para as coisas da terra. Aceitei, não só o exilar-me no meio de um povo desconhecido, mas
9v também o que me era *muito mais amargo,* aceitei o exílio para minhas irmãs.

Nunca me esquecerei do dia 2 de agosto de 1896, dia justamente em que caía a partida dos missionários[29], quando se cogitou seriamente na ida da Madre Inês de Jesus. Oh! não quisera tomar nenhuma iniciativa para a impedir que partisse. Sentia, contudo, grande tristeza no coração. Achava que sua alma, tão sensível, tão delicada, não era de

---

[29] A 2 de agosto de 1896, o Padre Roulland, irmão espiritual da Santa, embarcou em Marselha para a China, com outros missionários.

molde a viver entre almas que a não poderiam compreender. Milhares de outros pensamentos tumultuavam em meu espírito, e Jesus mantinha-se calado, não imperava a tempestade... De minha parte, dizia-lhe: Meu Deus, tudo aceito por vosso amor. Se o quiserdes, de bom grado quero sofrer ao ponto de morrer de tristeza. Jesus contentou-se com o ato de aceitação, mas alguns meses depois falou-se da partida da Irmã Genoveva e da Irmã Maria da Trindade. Meu sofrimento foi então de outra natureza, muito íntima, muito profunda. Representava-me todas as provações, os desenganos que teriam de sofrer. Em suma, meu céu estava toldado de nuvens... Só o fundo do coração se mantinha em paz e tranqüilidade.

Minha muito querida Madre, vossa prudência soube descobrir a vontade de Deus, proibindo, da parte Dele, a vossas noviças pensassem agora em apartar-se do berço de sua infância religiosa. Entretanto, suas aspirações, vós as compreendíeis, porque vós mesma, minha Madre, em vossa juventude pedistes para ir a Saigon. Assim, os desejos das mães encontram eco amiúde na alma de suas filhas. Bem o sabeis, minha querida Madre, vossa aspiração apostólica encontra em minha alma um eco muito fiel. Permiti-me que vos conte porque desejei e ainda desejo, caso a Santíssima Virgem me cure, abandonar, em favor de uma terra estranha, o delicioso oásis, onde vivo tão ditosa sob o vosso maternal olhar.

Para viver em Carmelos do estrangeiro (vós mo dissestes), minha Madre, se requer uma vocação toda especial. Muitas almas se julgam vocacionadas, sem o serem na realidade. Dissestes-me também que eu tinha tal vocação, e que o único obstáculo seria minha saúde. Reconheço, perfeitamente, que o obstáculo desapareceria, se o Bom Deus me chamasse para longe. Por esse motivo vivo sem nenhuma inquietação. Fosse um dia preciso apartar-me do meu querido Carmelo, ah! não aconteceria sem estremecimento. Jesus não me deu um coração insensível, e, justamente por ter capacidade de sofrer, meu desejo é que o mesmo dê a Jesus tudo quanto pode dar.

Aqui, Madre muito amada, vivo sem nenhum embaraço no que toca às necessidades desta mísera terra. Não me incumbe senão cumprir a doce e leve missão que me confiastes. *Aqui,* vivo cumulada de vossas maternais atenções. Não sinto a pobreza, porque jamais me faltou coisa alguma. Mas, *aqui,* sobretudo, sou amada por vós e por todas as Irmãs, e tal afeição é muito doce para mim. Eis por que sonho com um mosteiro, onde seria ignorada, onde teria de sofrer a pobreza, a carência de afeição, enfim o exílio do coração.

Oh! não é com intenção de prestar serviços ao Carmelo que bem quisesse receber-me, que largaria tudo o que me é afeiçoado. Sem dúvida, tudo faria o que de mim dependesse, mas reconheço minha incapacidade, e sei que, procedendo da melhor maneira possível, não chegaria a fazê-lo bem, por não ter, como dizia há pouco, nenhuma noção das coisas da terra. Meu único objetivo seria, portanto, cumprir a vontade do Bom Deus, sacrificar-me por ele, conforme seu agrado.

Bem sei que não teria nenhuma decepção. Pois, quando a gente aguarda puro sofrimento, sem nenhuma mistura, a mínima alegria constitui inesperada surpresa. E então, como o sabeis, minha Madre, o próprio sofrimento se torna a maior das alegrias, quando o buscamos como o mais precioso dos tesouros.

Oh! não! não é com intenção de me comprazer com o fruto de meus trabalhos que quisera partir. Se tal fosse meu fito, não sentiria a doce paz que me invade, e até sofreria por não poder concretizar minha vocação para as missões longínquas. Desde muito já me não pertenço, entreguei-me inteiramente a Jesus. Cabe-lhe, pois, a liberdade de fazer de mim o que lhe aprouver. Incutiu-me a atração por um exílio completo. Fez-me *compreender todos os sofrimentos* que nisso encontraria, quando me interpelou se queria esgotar tal cálice até as fezes. De imediato quis a taça que me oferecia, mas Ele retirou sua mão, dando-me a entender que se dava por satisfeito com a aceitação.

Ó minha Madre, de quantas inquietações a gente não se livra, quando se faz voto de obediência! Como são felizes as simples religiosas! Já que a vontade dos superiores constitui sua única bússola, estão sempre seguras de se encontrarem no caminho reto. Não precisam recear que se enganem, embora lhes pareça evidente algum engano, por parte dos superiores. Quando, porém, a gente deixa de olhar para a bússola infalível, desviando-se da trajetória que manda seguir, sob capa de fazer a vontade de Deus, a qual não esclarece bem os que, aliás, fazem suas vezes, bem logo a alma se desnorteia por caminhos áridos, onde não tarda a faltar-lhe a água da graça.

Madre muito amada, sois a bússola que Jesus me deu para conduzir-me com segurança até as praias da eternidade. Como me é suave fixar em vós meu olhar, e cumprir em seguida a vontade do Senhor! Permitindo que sofresse tentações contra *a fé,* ele aumentou de muito o *espírito de fé* em meu coração, levando-me a ver em vós não apenas uma Madre que ama, e a quem amo, mas fazendo-me, sobretudo, ver Jesus vivo em vossa alma, e que por vós me comunica sua vontade. Bem sei, minha Madre, que me tratais como alma fraca, como criança mimada, e por isso não me é custoso carregar o fardo da obediência. Parece-me, entanto, pelo sentimento que tenho no fundo do coração, não mudaria meu modo de proceder, e meu amor por vós não diminuiria de modo algum, caso fosse, de vossa vontade, tratar-me com severidade. Pois, veria ser a vontade de Jesus que assim procedêsseis, para o maior bem de minha alma.

Este ano, minha querida Madre, o Bom Deus deu-me a graça de compreender em que consiste a caridade. Dantes, eu a compreendia, é verdade, mas de uma maneira imperfeita. Não tinha tomado mais a fundo a palavra de Jesus: *"O segundo mandamento* é SEMELHANTE *ao primeiro:*

*Amarás teu próximo como a ti mesmo"*³⁰. Aplicava-me, antes de tudo, a *amar a Deus,* e, pelo fato de amá-lo, cheguei a compreender que meu amor não devia manifestar-se apenas por palavras, pois *"não são os que dizem: Senhor! Senhor! que entrarão no Reino dos Céus, mas os que fazem a vontade de Deus"*³¹.

Essa vontade, Jesus a deu a conhecer várias vezes, diria eu, em cada página de seu Evangelho. Mas, na Última Ceia, sabendo que no coração dos Discípulos ardia um amor mais ardente por ele, que acabava de se lhes dar no inefável mistério de sua Eucaristia, o amável Salvador quis dar-lhes um *novo mandamento.* Declarou-lhes com uma doçura inexprimível: *"Eu vos dou um novo mandamento: que vos ameis uns aos outros, e que,* ASSIM COMO EU VOS AMEI, VÓS TAMBÉM VOS AMEIS UNS AOS OUTROS. *E nisto, precisamente, reconhecerão todos, que sois meus discípulos: se tiverdes amor uns pelos outros"*³².

12 Como e por que amou Jesus seus discípulos? Ah! não eram suas qualidades naturais que poderiam exercer atração sobre ele. Infinita era a distância que havia entre eles e Jesus. Ele era a Ciência, a eterna Sabedoria; eles, pobres pescadores, ignorantes, imbuídos de uma mentalidade terrestre. Jesus, contudo, chama-os *seus discípulos, seus irmãos*³³. Quer vê-los reinar Consigo no Reino de seu Pai, e para lhes abrir o Reino, quer morrer na Cruz, pois declarou: *Não existe amor maior do que dar alguém a vida por aqueles a quem ama*³⁴.

289 Madre muito amada, compreendi, na meditação destas palavras de Jesus, quão imperfeito era meu amor por minhas irmãs. Reconheci que não as amava, como o Bom Deus as ama. Ah! compreendo, agora, que a caridade perfei-

---

³⁰ Mt 22,39.
³¹ Mt 7,21.
³² Jo 13,34-35.
³³ Cf. Jo 15,15.
³⁴ Jo 15,13.

ta consiste em suportar os defeitos dos outros, em não se admirar de suas fraquezas, em edificar-se com os mínimos atos de virtude que se lhes veja praticar. Antes de tudo, porém, compreendi que a caridade não deve ficar encerrada no fundo do coração: *"Não se acende,* disse Jesus, *uma candeia para a colocar debaixo do alqueire, mas sobre o candelabro, para que alumie a* TODOS *os que estão na casa"*[35]. Parece-me que candeia representa a caridade, que deve alumiar, alegrar não só os que me são mais queridos, mas a TODOS *os que estão na casa,* sem excluir ninguém.

Quando ordenou ao seu povo amasse o próximo como a si mesmo[36], o Senhor não tinha ainda vindo à terra. Por outro lado, sabendo perfeitamente até que ponto alguém ama sua própria pessoa, não podia exigir amor maior com relação ao próximo. Mas, quando estabeleceu para seus discípulos um novo mandamento, o SEU MANDAMENTO[37], como mais adiante especifica, Jesus já não fala em amar o próximo como a si mesmo, mas em amá-lo como *Ele, Jesus, o amou,* como o amará até a consumação dos séculos...

12v
290

Ah! Senhor, sei que não ordenais nada de impossível. Conheceis melhor do que eu minha fraqueza, minha imperfeição. Bem sabeis que não poderia jamais amar minhas irmãs, como vós as amais, se *vós mesmo,* ó meu Jesus, *não as amásseis também em mim.* Por me quererdes dar essa graça é que estabelecestes um *novo* mandamento. — Oh! quanto o amo! pois é o que me dá certeza de ser vossa vontade amar *em mim* todos aqueles, a quem me mandais amar!...

Sinto, sim, quando sou caridosa, é só Jesus que atua em mim. Quanto mais unida a ele, tanto mais também amo minhas irmãs. Quando quero aumentar em mim esse amor, principalmente quando o demônio tenta colocar ante os olhos de minha alma os defeitos desta ou daquela irmã, que me

---

[35] Mt 5,15.
[36] Cf. Lv 19,18.
[37] Cf. Jo 15,12.

seja menos simpática, apresso-me em procurar suas virtudes, seus bons desejos. Digo entre mim que, se a vi fraquejar uma vez, pode ela muito bem ter alcançado grande número de vitórias, e esconde-as por humildade, e mesmo aquilo que me parece falta, pode muito bem ser ato de virtude, por causa da intenção.

Não me custa chegar a essa conclusão, pois certo dia fiz uma pequena experiência, a qual me demonstrou que se não deve julgar. — Foi no recreio. A porteira dá dois toques de sineta. Era preciso abrir o portão de serviço, a fim de se recolher para dentro uns arbustos destinados ao presépio. O recreio não estava animado, por faltar vossa presença, minha querida Madre. Por isso, calculei ficar muito contente, se me mandassem servir de terceira[38]. Justamente, a Madre Subpriora disse-me que fizesse eu o serviço, ou então a irmã que se encontrava ao meu lado. Pus-me logo a desatar nosso avental, mas bastante devagar, para que minha companheira tirasse o seu antes de mim pois achava que lhe daria prazer, se a deixasse servir como terceira. A irmã que fazia as vezes da depositária, olhava risonha para nós. Quando, porém, observou que me levantara por último, disse-me: "Bem imaginava não serdes vós que ganharíeis uma pérola para vossa coroa. Fostes muito vagarosa..."

Não resta dúvida, toda a comunidade julgou que procedera ao sabor da natureza, mas eu não poderia dizer quanto bem fez à minha alma coisa tão insignificante, e como me tornou indulgente com as fraquezas de outrem. Impede-me, também, de sentir vaidade quando me julgam favoravelmente. Pois, digo o seguinte: Uma vez que tomam por imperfeições meus pequenos atos de virtude, poderão também enganar-se da mesma maneira, tomando por virtude o que não passa de imperfeição. Digo então com São Paulo: *"Pouco se me dá ser julgado por algum tribunal humano, nem sequer*

---

[38] Religiosa que acompanhava a irmã ecônoma quando operários precisavam trabalhar no interior do mosteiro.

me julgo a mim mesmo. Quem me julga, é o SENHOR[39]. Por isso, com a finalidade de tornar o julgamento mais favorável para mim, ou melhor, a fim de não ser julgada de modo algum, quero sempre nutrir pensamentos caridosos, pois que Jesus declarou: *"Não julgueis, e não sereis julgados"*[40].

Minha Madre, lendo o que acabo de escrever, poderíeis acreditar que a prática da caridade não me é difícil. É verdade. Desde alguns meses, já não preciso lutar para exercer essa bela virtude. Não quero, com isso, afirmar que nunca me aconteça cair em faltas. Ah! para tanto sou por demais imperfeita. Não sinto, entretanto, muita dificuldade em me levantar, quando caio, porque alcancei vitória em determinado combate; porque, também, agora a milícia celeste vem em meu socorro, não podendo tolerar-me vencida, depois que saí vitoriosa em gloriosa guerra, a qual tentarei descrever.

Na comunidade vive uma irmã que possui o dom de me desagradar em todas as coisas. Seus modos, suas palavras, seu gênio, pareciam-me *muito desagradáveis*. Trata-se, todavia, de uma santa religiosa, que será *muito agradável* ao Bom Deus. Por esta razão, não querendo ceder à antipatia natural que experimentava, pensei comigo que a caridade não consistiria em sentimentos, mas em atitudes. Dediquei-me, então, a fazer pela irmã o que faria pela pessoa a quem mais amasse. Todas as vezes que me encontrava com ela, por ela rezava ao Bom Deus, oferecendo-lhe todas as suas virtudes e seus méritos. Bem senti que isto agradava a Jesus, pois não existe artista que se desgoste de receber elogios por suas obras. E Jesus, plasmador das almas, regozija-se quando a gente não se prende ao exterior, mas penetra até o santuário íntimo que escolheu para sua mansão, e admira-lhe a formosura. Não me restringia a rezar muito pela irmã que me ocasionava tantos combates. Fazia por lhe prestar todos os obséquios possíveis, e quando tinha ten-

---

[39] 1Cor 4,3-4.
[40] Lc 6,37.

tação de responder-lhe de modo desagradável, contentava-me de lhe esboçar o mais amável sorriso, forcejando por desviar a conversa, pois a *Imitação de Cristo* diz que *"mais vale deixar cada qual com seu modo de pensar, do que obstinar-se em contestá-lo"*.[41]

Às vezes, também, quando não estava no recreio (quero dizer, em horas de trabalho), e tinha algum relacionamento de serviço com a irmã, punha-me em fuga como desertor, logo que minhas lutas se tornavam por demais violentas. Como ignorasse, absolutamente, o que eu por ela sentia, nunca suspeitou os motivos de meu proceder, e continuou na convicção de que seu temperamento me era agradável. Um dia, no recreio, com um ar de muita satisfação, disse-me mais ou menos estas palavras: "Poderíeis dizer-me, minha Irmã Teresa do Menino Jesus, o que tanto vos atrai para mim, vejo-vos sorrir todas as vezes que me olhais". Ah! o que me atraía, era Jesus escondido no fundo de sua alma... Jesus que adoça o que há de mais amargo[42]. Respondi-lhe que sorria, por ficar contente de vê-la (bem entendido, não acrescentei que era sob o ponto de vista espiritual).

Disse-vos, minha Madre muito amada, que para mim *o último recurso* de não ser vencida em combates era a deserção. Esse meio, já o empreguei no meu noviciado, e sempre deu ótimo resultado. Quero citar-vos, minha Madre, um exemplo que, creio, vos fará sorrir. Numa de vossas bronquites, vim certa manhã, bem de mansinho, deixar convosco as chaves da grade de comunhão, pois tinha o ofício de sacristã. No fundo, não estava aborrecida de ter a oportunidade de visitar-vos, estava mesmo muito contente, mas precavi-me em não deixá-lo transparecer. Tomada de santo zelo, uma irmã que, aliás, me queria muito bem, quando me viu entrar em vossa cela, minha Madre, julgou que iria despertar-vos. Quis tomar-me as chaves, mas eu era muito má,

---

[41] *Imit. de Cristo* III 44,1.
[42] *Imit. de Cristo* III 5,3.

para lhas dar e ceder-lhes *meus direitos*. Declarei-lhe, da maneira mais delicada possível, que não desejava, tampouco como ela, despertar-vos, mas que *a mim* cabia a obrigação de entregar as chaves... Compreendo, agora, que seria muito mais perfeito condescender com a irmã, jovem na verdade, mas enfim mais antiga do que eu. Na ocasião, não o compreendia, e por querer absolutamente entrar atrás dela, apesar de que puxasse a porta, para não me deixar passar, sucedeu logo o que temíamos. O ruído por nós provocado fez-vos abrir os olhos... Então, minha Madre, tudo recaiu sobre mim. A pobre da irmã, a quem opusera resistência, começou a desfiar um verdadeiro discurso, cujo fundo era o seguinte: Foi a Irmã Teresa do Menino Jesus quem fez barulho... Meu Deus, como ela é enjoada... etc. Sendo de opinião totalmente contrária, tinha muita vontade de defender-me. Felizmente, ocorreu-me uma idéia luminosa. Pensei comigo que, se começasse a justificar-me, não conservaria a paz de minha alma. Percebia, outrossim, que não dispunha de bastante virtude para me deixar acusar sem nada dizer. Portanto, minha derradeira tábua de salvação era a fuga. Dito e feito. Saí sem tambor nem trombeta, deixando a irmã continuar seu discurso, que se assemelhava às imprecações de Camilo contra Roma. O coração batia tão forte, que não pude ir para mais longe, sentando-me na escada para saborear tranqüila os frutos de minha vitória. Não foi nenhuma bravura, não acha, querida Madre? Creio, todavia, ser melhor não se expor ao combate, quando a derrota é certa.

Infelizmente, quando me recordo o tempo do meu noviciado, como vejo a que ponto era imperfeita!... Irritava-me com coisas tão minúsculas, das quais agora dou risada. Oh! como o Senhor é bom por ter feito minha alma desenvolver-se, por lhe ter dado asas... Todas as armadilhas dos caçadores não poderiam atemorizar-me, pois *"em vão se lança a rede diante dos olhos de quem tem asas"*[43]. Mais tarde, sem

---

[43] Pr 1,17.

dúvida, o tempo presente aparecer-me-á cheio de imperfeições. Agora, porém, já não me admiro de coisa alguma. Já não me aflijo, vendo que sou a *fraqueza* personificada. Pelo contrário, nela me glorio[44], e todos os dias conto descobrir em mim novas imperfeições.

15v
295 Lembrando-me de que *a caridade cobre uma multidão de pecados*[45], abasteço-me nessa mina fecunda que Jesus abriu diante de mim. No Evangelho, o Senhor explica em que consiste *seu novo mandamento*. Diz em São Mateus: *"Ouvistes que foi dito: Amareis vosso amigo, e odiareis vosso inimigo. Eu, porém, vos digo: Amai vossos inimigos, orai pelos que vos perseguem"*[46].

No Carmelo, sem dúvida, não existem inimigos, mas existem afinal simpatias. Sente-se atração por uma irmã, ao passo que outra vos faria dar grande volta, para evitar encontro com ela. Assim, até sem o perceber, a mesma se torna alvo de perseguição. Ora, Jesus diz-me que, a esta irmã, é preciso amá-la, é preciso rezar por ela, ainda que seu modo de proceder me leve a supor que não me ama: *"Se amais os que vos amam, que mérito tendes? Pois os pecadores também amam aos que os amam"*[47].

296 E não basta amar, é preciso dar prova disso. Temos natural satisfação em obsequiar um amigo, gostamos principalmente de fazer surpresas. Isto, porém, não representa a caridade, visto que os pecadores também fazem outro tanto. Eis o que Jesus ainda me ensina: *"Dai a* TODO AQUELE *que vos pede, e a* QUEM LEVA *o que é vosso, não o reclameis"*[48]. Dar a todas aquelas que *pedem*, é menos agradável do que oferecer pessoalmente, num impulso do coração.

Quando pedem de bons modos, não custa dar. Mas, se por má sorte alguém não usa termos bem delicados, a

---

[44] Cf. 2Cor 12,5.
[45] Pr 10,12.
[46] Mt 5,43-44.
[47] Lc 6,32.
[48] Lc 6,30.

alma de pronto se insurge, se não estiver firme na caridade. Encontra mil razões para recusar o que se lhe pede, e só depois de fazer ver à solicitante sua indelicadeza é que afinal damos, *por favor,* o que estava pedindo, ou lhe prestamos um servicinho, cuja execução exigiria vinte vezes menos tempo do que o necessário para fazer prevalecer direitos imaginários. Se difícil é dar a quem quer que o peça, muito mais o será *deixar que levem o que temos, sem pedir devolução. Ó minha Madre,* digo que é difícil, deveria dizer que *parece difícil,* pois o *jugo do Senhor é suave e leve*[49].

Desde que o aceitamos, logo lhe sentimos a doçura, exclamando com o Salmista: "CORRI *pelo caminho de vossos mandamentos, desde que me dilatastes o coração*"[50]. Só a caridade me pode dilatar o coração. Ó Jesus, desde que esta suave chama o consome, corro com alegria pelo caminho de *vosso* NOVO *mandamento...* Quero correr por ele até o ditoso dia em que, unindo-me ao cortejo virginal, poderei seguir-vos nos espaços infinitos, cantando vosso cântico NOVO[51], que será o do *Amor.*

Dizia: Jesus não quer que reclame o que me pertence. Deveria parecer-me coisa fácil e natural, porque *nada é meu.* Os bens da terra, renunciei-os pelo voto de pobreza. Não tenho, pois, direito de queixar-me, quando me tiram coisa que me não pertence. Devo, pelo contrário, alegrar-me, quando me acontece sentir a pobreza. Dantes, parecia-me não fazer questão de nada. Mas, depois de compreender as palavras de Jesus, vejo que, ocasionalmente, sou bastante imperfeita. No ofício de pintura, por exemplo, nada me pertence, bem o sei. Mas, se no início do trabalho dou com pincéis e tintas em completa desordem; se desapareceu alguma régua ou canivete, a paciência fica prestes a abandonar-me e preciso agarrar minha coragem com ambas as mãos, para não reclamar com azedume os objetos que me faltam. Mui-

---

[49] Mt 11,30.
[50] Sl 118,32.
[51] Cf. Ap 14,3.

tas vezes se faz mister pedir coisas indispensáveis. Quando, porém, o fazemos com humildade, não há quebra do mandamento de Jesus. Pelo contrário, procedemos como pobres que estendem a mão para receber o que lhes é necessário. Quando não são atendidos, não se admiram, porque ninguém lhes deve coisa alguma. Oh! que paz invade a alma quando esta se sobrepõe aos sentimentos da natureza!... Não, não existe alegria comparável à que goza o verdadeiro pobre de espírito. Se pede com desprendimento, uma coisa necessária, e não só lhe recusam a coisa, mas até procuram tomar-lhe o que possui, está a seguir o conselho de Jesus: *"A quem quiser citar-vos em juízo para vos tirar a túnica, largai-lhe também o manto..."*[52].

298 Abandonar a túnica, ao que me parece, é renunciar seus últimos direitos, é ter-se como servidora, como escrava das outras. Quando nos desfazemos de nosso manto, torna-se-nos mais fácil andar, correr. Por isso Jesus acrescenta:

17 *"E se alguém vos obrigar a dar mil passos, andai com ele outros dois mil"*[53]. Assim, não basta dar *a quem quer que mo peça*[54]. Preciso ir ao encontro de seus desejos, fazer um ar de quem se honra e satisfaz em prestar serviço. E quando alguém toma algum objeto de meu uso, não devo fazer sombra de o lastimar. Pelo contrário, devo dar a impressão de que estou feliz, por me *ver livre* do mesmo. Minha querida Madre, muito longe estou de pôr em prática o que compreendo. Entretanto, só o desejo de consegui-lo já me tranqüiliza.

299 Mais do que noutros dias, percebo que me expliquei de maneira extremamente falha. Fiz uma *espécie de dissertação* sobre a caridade, cuja leitura vos terá fatigado. Perdoai-me, minha querida Madre, e lembrai-vos de que, neste momento, as enfermeiras praticam para comigo o que vos acabo de descrever. Não hesitam em andar mil passos, quando vin-

[52] Mt 5,40.
[53] Mt 5,41.
[54] Cf. Lc 6,30.

te seriam suficientes[55]. Foi-me dado, portanto, contemplar a caridade em ação! Sem dúvida, minha alma deve sentir-se inebriada. Quanto ao meu estado de espírito, confesso que está meio paralisado diante de tanta dedicação, e minha pena perdeu algo de sua agilidade.

Para poder externar meus pensamentos, preciso estar como o *pássaro solitário*[56]. O que raramente é minha sorte. Quando vou pegar da pena, eis que uma boa irmã passa por mim, com o ancinho ao ombro. Julga distrair-me, dando uma prosinha. Fenação, criação de patos, de galinhas, visita do médico, tudo vem à tona. Para falar verdade, isso não toma muito tempo, mas existe *mais de uma boa irmã caridosa*, e senão quando uma outra, a ceifeira, me põe flores sobre os joelhos, na convicção talvez de inspirar-me idéias poéticas. Eu que, na ocasião, não as procurava, preferiria que as flores continuassem a balançar em suas hastes. Afinal, cansada de abrir e fechar o famoso caderno, abro um livro (que não quer parar aberto), e declaro resoluta, que estou a copiar pensamentos dos Salmos e dos Evangelhos para a festa de nossa Madre[57]. É bem verdade, pois não economizo as citações...

Querida Madre, acharíeis graça, creio, se vos contasse todas as minhas aventuras entre os arvoredos do Carmelo. Não sei se consegui escrever uma dezena de linhas, sem ser interrompida. Isto não me deveria levar a rir e gracejar. No entanto, por amor ao Bom Deus e às minhas irmãs (tão caridosas para comigo), esforço-me por mostrar, sobretudo, por ter, um ar de satisfação... Vejam só, eis aí uma ceifeira que se vai, depois de me dizer, em tom compassivo: "Pobre de minha irmãzinha, isso de escrever o dia inteiro deve dar-vos canseira". — "Ficai tranqüila, respondi-lhe, dou a impressão de escrever muito, mas na realidade não escrevo

---

[55] "Escrevia no jardim, no carrinho" (observação da Madre Inês de Jesus).
[56] Cf. Sl 101,8.
[57] Promovia-se a festa da Madre Maria de Gonzaga a 21 de junho: São Luís de Gonzaga.

quase nada". — "Tanto melhor!" replicou-me sossegada, "mas seja como for, estou contente, porque vamos começar a fenação, que vos distrairá um pouco". Realmente, para mim é tão grande a distração (sem contar as visitas das enfermeiras), que não minto ao dizer que não escrevo quase nada. Felizmente não sou fácil de desanimar. Para vo-lo provar, acabarei de explicar-vos o que Jesus me fez compreender a respeito da caridade. Só vos falei do exterior. Desejaria agora confiar-vos como entendo a caridade puramente espiritual. Estou bem certa de que não demorarei em misturar uma com a outra. Entretanto, minha Madre, sendo a vós que falo, seguramente não vos será difícil apanhar meu pensamento e desemaranhar as idéias de vossa filha.

301 No Carmelo, nem sempre é possível seguir, ao pé da letra, as palavras do Evangelho. Por causa de encargos, a gente obriga-se algumas vezes a recusar um obséquio. Quando, porém, lançou raízes profundas na alma, a caridade manifesta-se exteriormente. Há um modo tão gracioso de recusar o que se não pode conceder, que a recusa agrada tanto, quanto o dom. Verdade é, que a gente sente menos constrangimento em pedir um obséquio a uma irmã sempre disposta a atender. Jesus, entretanto, declarou: *"A quem quiser de vós um empréstimo, não lhe deis as costas"*[58].

Assim, sob pretexto de sermos obrigados a recusar, não devemos afastar-nos das irmãs que têm o costume de pedir favores. Não se deve também ser prestativa para que o *conste,* nem com a esperança que outra vez, a irmã favorecida vos preste serviço de sua parte, pois Nosso Senhor disse ainda: *"E se emprestardes àqueles de quem esperais receber, que merecimento é o vosso? Pois os pecadores também emprestam a pecadores, para receberem outro tanto. Vós, porém, praticai o bem.* EMPRESTAI SEM NADA ESPERAR EM TROCA, *e grande será vossa recompensa"*[59].

---

[58] Mt 5,42.
[59] Lc 6,34-35.

Oh! sim! grande é a recompensa mesmo aqui na terra... Nesse caminho, o que custa é só o primeiro passo. *Emprestar* sem nada *esperar em troca,* parece duro à natureza. A gente gostaria mais de *dar,* porque coisa dada já não nos pertence. Quando alguém vos vem dizer, com ar muito convicto: "Minha irmã, preciso de vossa ajuda por algumas horas. Mas, não se preocupe, tenho licença de nossa Madre, e restituir-vos-ei o tempo que me dedicardes, pois sei quanto sois ocupada". Realmente, sabendo-se muito bem que tempo *emprestado* jamais será devolvido, a gente preferiria responder: "Eu vo-lo dou". Contentar-se-ia o amor próprio, porque dar é ato mais generoso do que emprestar, e depois se daria a entender à irmã que a gente não conta com seus serviços... Oh! quanto não contrastam os ensinamentos de Jesus com os sentimentos da natureza! Sem o socorro de sua graça, seria impossível não apenas praticá-los, mas até compreendê-los.

18v

Capítulo XI
OS QUE VÓS ME HAVEIS DADO
(1896-1897)

> *Noviças e irmãos espirituais, - Instrumentos de Deus, - O pincelzinho, - O verdadeiro amor, - Como uma sentinela, - Minhas armas invencíveis, - A oração, - Açúcar e vinagre, - Almas imperfeitas, - Irmã São Pedro, - Uma oração com sofrimento, - Meu primeiro irmãozinho, - Escrever por obediência, - O segundo missionário, - Vossas palavras, ó Jesus! - Atraí-me, correremos, - Pela confiança e pelo amor.*

302   Minha Madre, Jesus concedeu à vossa filha a graça de penetrar as misteriosas profundezas da caridade. Se conseguisse expressar o que compreende, ouviríeis uma melodia do Céu. Infelizmente, só posso fazer-vos ouvir algum balbuciar de criança... Não me servissem de apoio as próprias palavras de Jesus, sentir-me-ia tentada a pedir-vos para largar a pena... Mas, isso não! por obediência tenho de levar avante o que por obediência comecei.

Madre muito amada, escrevi ontem que, não sendo meus os bens da terra, não deveria achar difícil nunca reclamá-los, se alguma vez me forem tirados. Os bens do Céu também não me pertencem. São-me *dados de empréstimo* pelo Bom
19   Deus, que mos pode retirar, sem que me caiba o direito de reclamar. Ora, bens que procedem diretamente de Deus, rasgos de inteligência e do coração, idéias profundas, tudo constitui uma riqueza, à qual a gente se apega como a um patrimônio próprio, em que ninguém tem o direito de tocar...

Por exemplo, se em hora de licença, comunico a outra irmã alguma iluminação recebida na oração, e pouco depois a irmã, em conversa com outra, lhe conta a coisa que lhe confiei, como se fora seu próprio pensamento, parece que usurpa para si o que lhe não pertence. Ou ainda, se durante o recreio se diz, em voz baixa, à companheira, alguma palavra espirituosa e bem apropriada, e a mesma o repete em voz alta, sem indicar a procedência, também parece ser roubo contra a autora. Esta não reclama, mas teria muita vontade de fazê-lo, e aproveitará a primeira oportunidade para dar, finalmente, a entender que se apossaram de suas idéias.

Minha Madre, não teria condições de explicar-vos tão bem os tristes sentimentos da natureza, se os não sentisse no próprio coração, e teria prazer de embalar-me na doce ilusão de que entraram só no meu, se não me tivésseis incumbido de ouvir as tentações de vossas queridas e jovens noviças. Muito aprendi no desempenho da missão que me confiastes. Vi-me, antes de tudo, forçada a pôr em prática o que ensinava às outras. Assim, posso afirmar agora, Jesus concedeu-me a graça de me não apegar aos bens do espírito e do coração, tampouco como aos da terra. Quando me ocorre pensar ou dizer alguma coisa grata às minhas irmãs, acho muito natural que se sirvam dela como se fosse bem próprio. O pensamento pertence ao Espírito Santo, e não a mim, pois São Paulo diz que, sem o Espírito do Amor, não conseguimos dar o nome de *"Pai"* ao nosso Pai que está nos Céus[1]. Cabe, pois, perfeitamente à sua livre determinação servir-se de mim para transmitir a uma alma algum bom pensamento. Se acreditasse que o pensamento me pertence, faria o papel do "asno carregado de relíquias"[2], o qual julgava dirigidas a si as homenagens que se prestavam aos Santos.

Não menosprezo as profundas idéias que nutrem a alma e a ligam a Deus. Mas, desde muito compreendi que não nos devemos apoiar nelas, nem fazer a perfeição consistir em receber muitas iluminações. Sem as obras, os mais belos pensamentos nada representam. Na verdade, outras pes-

---

[1] Cf Rm 8,15.
[2] La Fontaine, *Fábulas,* Livro V, 14 (edição francesa).

soas podem tirar muito proveito deles, dado que se humilhem e testemunhem ao Bom Deus seu reconhecimento, por lhes haver permitido participar no festim de uma alma, a quem Ele se compraz de enriquecer com suas graças. Entretanto, se a alma se compraz em seus *belos pensamentos,* e fizer a prece do fariseu, assemelha-se a alguém que morre de inanição diante de uma mesa bem servida, enquanto todos os seus convidados se regalam com farta alimentação, e lançam de vez em quando um olhar de inveja ao possuidor de tantos bens. Oh! que bom só haver o Bom Deus que conhece, única e exclusivamente, o fundo dos corações... e como as criaturas têm idéias curtas!...

20 Quando percebem uma alma mais esclarecida do que outras, logo concluem que Jesus lhes não quer bem como a essa alma, e que não se acham em condições de serem chamadas a igual perfeição. — Desde quando o Senhor *já não tem direito* de valer-se de uma de suas criaturas, para dispensar às almas que ama, o alimento que lhes é necessário? No tempo do Faraó, o Senhor dispunha ainda desse *direito,* porquanto diz ao monarca nas Escrituras: *"E com este propósito te conservei: para mostrar em ti* O MEU PODER, *e para que meu nome seja celebrado em toda a terra"*[3]. Desde que o Altíssimo proferiu estas palavras, sucederam-se séculos e séculos, e dali por diante seu modo de proceder não se alterou. Sempre se serviu de suas criaturas como instrumentos para executar sua obra nas almas.

305 Se a tela pintada por um artista pudesse pensar e falar, por certo não se queixaria de ser continuamente tocada e retocada pelo *pincel,* nem por isso invejaria a condição desse instrumento, pois saberia não ser ao pincel, mas ao artista que o maneja, que deve a beleza, da qual está revestida. De sua parte, o pincel não poderia gloriar-se da obra-prima por ele executada. Sabe que artistas não se embaraçam, nem fazem caso de dificuldades, e às vezes

[3] Ex 9,16.

se dão ao capricho de escolher instrumentos fracos e deficientes...

Minha Madre muito amada, sou tal pincelzinho, que Jesus escolheu para pintar sua imagem nas almas que me confiastes. O artista não se serve de um só pincel, precisa de dois pelo menos. O primeiro é o mais útil com o qual dá as mãos de fundo, e em muito pouco tempo cobre a tela por completo. O segundo, menor, serve-lhe para os acabamentos.

Para mim, minha Madre, representais o precioso pincel que a mão [de] Jesus agarra com amor, quando quer executar algum *grande trabalho* na alma de vossas filhas, e eu sou o *pequenino,* do qual se digna usar em seguida para as mínimas especificações.

A primeira ocasião que Jesus se serviu de seu pincelzinho foi lá pelo dia 8 de dezembro de 1892. Sempre me lembrarei da época como de um tempo de graças. Confiar-vos-ei, minha querida Madre, as duas suaves recordações.

Aos quinze anos, quando tive a ventura de entrar para o Carmelo, encontrei uma companheira de noviciado[4] que me precedera alguns meses. Era oito anos mais velha do que eu, mas seu gênio de criança fazia esquecer a diferença de anos. Por isso tivestes logo, minha Madre, a alegria de ver vossas jovens postulantes entenderem-se às mil maravilhas e tornarem-se inseparáveis.

Com o intuito de promover uma afeição nascente, que vos parecia em condições de produzir frutos, destes-nos permissão de termos juntas, de vez em quando, breves colóquios espirituais. Minha querida companheirinha encantava-me com sua inocência, com seu natural expansivo. Mas, de outro lado, admirava-me de ver quanto a afeição que tinha por vós, era diferente da minha. No modo de proceder para com as irmãs, muitas coisas havia, também, que eu desejaria que ela mudasse... A partir dessa época, o Bom

---

[4] Irmã Marta de Jesus, que entrou a 23 de dezembro de 1887, na qualidade de religiosa conversa.

Deus fez-me compreender como existem almas que sua misericórdia não se cansa de esperar, às quais não concede sua iluminação senão gradativamente. Por isso, muito me precavia de lhe antecipar a hora, e esperava, paciente, que a Jesus aprouvesse fazê-la chegar.

307   Refletindo um dia sobre a permissão que nos destes, de conversarmos juntas, conforme rezam nossas santas Constituições, *para mais nos inflamarmos no amor de nosso Esposo,* pensei com tristeza que nossas conversas não atingiam a desejada finalidade. Então, o Bom Deus fez-me sentir que o momento era chegado. Já não precisava haver receio de falar, como também devia acabar com conversas que se assemelhavam às de amigas no mundo. Era dia de sábado. Na manhã seguinte, durante minha ação de graças, pedi ao Bom Deus me pusesse na boca palavras mansas e convincentes, ou melhor, falasse Ele mesmo em meu lugar. Jesus atendeu minha oração, permitindo que o resultado correspondesse plenamente à minha esperança, pois *os que voltam os olhos para Ele, serão iluminados*[5], *e nas trevas surgiu uma luz para os retos de coração*[6]. A primeira palavra faz sentido para mim, e a segunda para minha companheira que tinha, realmente, um coração reto...

21v   Quando chegou a hora combinada para estarmos juntas, a pobre irmãzinha, lançando os olhos em mim, logo percebeu que já não era a mesma. Ruborizada, sentou-se ao meu lado, enquanto eu, apoiando sua cabeça contra meu coração, com voz lacrimosa lhe dizia *tudo o que pensava a respeito dela,* mas em termos tão delicados, e testemunhando-lhe tanta afeição, que suas lágrimas logo se misturaram com as minhas. Reconheceu, com muita humildade, que tudo quanto eu dizia era exato. Prometeu-me começar vida nova, pedindo-me como uma graça que sempre a advertisse de suas faltas. Afinal, ao momento de separar-nos, nossa afei-

---

[5] Sl 33,6.
[6] Sl 111,4.

ção se tornara toda espiritual, e nada tinha de humana. Em nós se averiguou a passagem da Escritura: "O *irmão que é ajudado pelo irmão, é como uma cidade fortificada*"[7].

O que Jesus fez mediante seu pincelzinho, logo se teria desfeito, se Ele não atuasse, por vosso intermédio, minha Madre, no sentido de levar a termo sua obra numa alma que queria toda para si. Minha pobre companheira achou a provação muito amarga, mas vossa firmeza alcançou a vitória. E então, numa tentativa de a consolar, pude explicar àquela que, entre todas, me destes por irmã, em que consiste o verdadeiro amor. Fiz-lhe ver que ela amava a *si própria,* e não a vós. Expliquei-lhe como eu vos amava, e os sacrifícios que me obriguei a fazer no início de minha vida religiosa, para não me afeiçoar a vós de modo todo material, como cão que se apega ao dono. O amor nutre-se de sacrifícios. Quanto mais a alma se nega às exigências da natureza, tanto mais robusta e abnegada se torna sua ternura.

Lembro-me que, no tempo de postulante, tinha às vezes tão violentas tentações de chegar junto a vós, para procurar satisfação e ter alguns pingos de alegria, que me obrigava a atravessar rápida a frente do depósito[8], e a agarrar-me com toda a força ao corrimão da escada. Vinham-me à mente inúmeras permissões que deveria pedir. Enfim, minha Madre muito amada, forjava mil razões para contentar minha natureza... Como agora sou feliz por me conter, desde o começo de minha vida religiosa! Desfruto já a recompensa prometida aos que combatem corajosamente. Já não sinto que, para mim, haja necessidade de negar-me todas as consolações do coração, pois minha alma foi retemperada por Aquele a quem queria unicamente amar. Vejo com satisfação que, tendo-lhe amor, o coração dilata-se e pode, incomparavelmente, dar muito mais ternura aos que lhe são

---

[7] Pr 18,19.
[8] Gabinete da Madre Priora. Ficava na primeira cela à entrada do dormitório. A cela de Teresa distava três portas mais adiante.

caros, do que quando se concentra num amor egoísta e infrutuoso.

310   Trouxe-vos à lembrança, minha querida Madre, o primeiro trabalho que Jesus e vós vos dignastes levar a cabo por meu intermédio. Não era senão o prelúdio dos que me deviam ser confiados. Quando pude penetrar no santuário das almas[9], logo reconheci que a tarefa transcendia minhas forças. Lancei-me, então, como uma criancinha, nos braços do Bom Deus, e, escondendo o rosto entre seus cabelos, disse-lhe: Senhor, sou muito pequenina para nutrir vossas filhas. Se por meu intermédio quiserdes dar-lhes o que convém a cada uma, enchei minha mãozinha, e eu, sem largar

22v   vossos braços, sem volver a cabeça, distribuirei vossos tesouros à alma que me vier pedir alimento. Se ela o achar a gosto, saberei que não é a mim, mas a vós que o deve. Em caso contrário, quando se queixa, achando amargo o que lhe apresento, minha paz não terá transtorno. Tratarei de persuadi-la que o alimento vem de vós, e muito me guardarei de buscar outro para ela.

311   Depois de compreender, minha Madre, que me era impossível fazer algo por mim mesma, já não me parecia difícil a tarefa que me impusestes. Percebi que a única coisa necessária era unir-me mais a Jesus, e *o resto me seria dado de acréscimo*[10]. Com efeito, minha esperança nunca se iludiu. O Bom Deus dignou-se encher-me a mãozinha tantas vezes quantas eram necessárias para nutrir a alma de minhas irmãs. Confesso-vos, Madre muito amada, se por um tantinho sequer me apoiasse em minhas próprias forças, bem depressa vos entregaria os pontos...

---

[9] De 1893 a 1896, Teresa olhava pelas suas companheiras de noviciado, como "decana" ou como "anjo" (termo que designa a religiosa encarregada de ajudar uma postulante em sua adaptação à vida conventual), sobretudo após a entrada da Irmã Maria da Trindade (16-6-1894) e da Irmã Genoveva (14-9-1894). A partir de março de 1896, tornou-se mestra de noviças, sem o respectivo título.
[10] Mt 6,33.

De longe, parece muito róseo *fazer algum bem às almas,* levá-las a amar mais a Deus, moldá-las, enfim, de acordo com seus pontos de vista e idéias pessoais. *De perto,* é tudo ao contrário. O róseo desvanece... Percebe-se que fazer algum bem, sem a ajuda de Deus, é coisa quase tão impossível, quanto fazer o sol brilhar na calada da noite... Percebe-se a absoluta necessidade de se pôr de lado seus gostos, suas concepções pessoais, e guiar as almas pelo caminho que Jesus lhes traçou, sem tentar fazê-las andar pelo seu caminho individual. Isto, porém, não é o mais difícil. O que mais me custa, acima de tudo, é observar as faltas, as mais leves imperfeições, e mover-lhes guerra de morte. Ia dizer que infelizmente para mim! (Mas, isso não! seria falta de coragem.) Digo, portanto, para felicidade de minhas irmãs, que depois de me colocar nos braços de Jesus, sou como uma sentinela que espreita o inimigo, da mais alta atalaia de um castelo forte. Nada escapa aos meus olhares. Muita vez fico espantada de enxergar tão claro nessas coisas, e acho bem justificável o profeta Jonas por ter fugido, em vez de ir anunciar a ruína de Nínive.

Para mim, seria mil vezes preferível receber admoestações do que fazê-las a outrem. Sinto, porém, a grande necessidade que, para mim, seja isto um sofrimento. Pois, quando se age ao sabor da natureza, impossível se torna para a alma, à qual se quer apontar faltas, que compreenda sua sem razão. Não enxerga senão uma coisa: a irmã encarregada de me orientar ficou irritada, e tudo recai sobre mim, que estou, aliás, cheia das melhores intenções.

Bem sei que vossos cordeirinhos me acham severa. Se lessem estas linhas, diriam que, aparentemente, não me custa, de forma alguma, correr atrás deles, falar-lhes em tom severo, quando lhes mostro seu lindo velo manchado, ou então lhes devolvo algumas madeixas de lã, que deixaram esgarçar-se nos espinhos do caminho. Digam os cordeirinhos tudo o que quiserem. No fundo, notam que os amo com verdadeiro amor, e que nunca imitarei o *merce-*

23v   *nário que, vendo o lobo chegar, abandona o rebanho e foge*[11]. Disponho-me a dar minha vida por eles. Minha afeição, porém, é tão pura, que não desejo que dela tenham conhecimento. Com a graça de Jesus, jamais tentei atrair a mim seus corações. Entendi que minha missão era a de conduzi-los a Deus, e fazer-lhes compreender que, na terra, sois vós, minha Madre, o Jesus visível, a quem devem amar e respeitar.

314   Disse-vos, querida Madre, que, instruindo as outras, muito aprendera. Verifiquei, primeiramente, que todas as almas têm mais ou menos os mesmos combates, mas diferenciam-se de tal maneira, que sem dificuldade compreendo a opinião do Padre Pichon: *"Há diferença muito maior entre almas, do que entre fisionomias"*. Por isso, é impossível haver-me com todas, da mesma maneira. Com algumas almas, percebo que tenho de diminuir-me, de não recear humilhar-me, revelando meus combates, minhas derrotas. Ao verem que tenho as mesmas fraquezas que elas, minhas irmãzinhas me confessam, por sua vez, as faltas de que se recriminam, e se alegram de que as compreenda *de própria experiência*.

    Com outras, percebi que, para lhes fazer algum bem, preciso, pelo contrário, usar de muita firmeza e nunca me desdizer de alguma afirmação. Curvar-se não seria, então, ato de humildade, mas de fraqueza. O Bom Deus concedeu-me a graça de não ter medo de guerra, preciso a todo custo cumprir minha obrigação. Mais de uma vez ouvi o seguinte:

24   "Se quiserdes conseguir de mim alguma coisa, é necessário que me leveis pela bondade. À força não obtereis coisa alguma". Sei por mim que ninguém é bom juiz em causa própria, e que a criança, a quem o médico submete a dolorosa operação, não deixará de soltar berros, afirmando que o remédio é pior do que a doença. Logo, porém, que esteja curada alguns dias mais tarde, sentir-se-á muito feliz por poder

---

[11] Jo 10,12.

brincar e correr. Outro tanto acontece com as almas. Bem depressa reconhecem que, muitas vezes, um pouco de amargura é preferível ao açúcar, e não se acanham de o declarar.

Não posso, às vezes, conter um sorriso por dentro, quando vejo que mudança ocorre de um dia para outro. É extraordinário... Chegam e dizem-me: "Ontem, tivestes motivo de ser rigorosa. No começo, senti revolta, mas depois repassei tudo pela mente e cheguei à conclusão de que fostes justa... Escutai! Quando ia saindo, pensava que tudo estava acabado, e dizia com meus botões: Procurarei nossa Madre, e dir-lhe-ei que já não quero saber da minha Irmã Teresa do Menino Jesus. Notei, porém, ser o demônio quem me inspirava semelhante coisa, e pareceu-me depois que rezáveis por mim. Tranqüilizei-me, então, e a luz começou a clarear. Agora, pois, precisais dar-me boa orientação, e para esse fim me apresento".

A conversa entra logo em andamento. Sinto-me toda feliz de poder dar largas ao pendor do coração e não servir nenhuma iguaria amarga. Sim, mas... logo percebo que não posso ir longe demais. Uma única *palavra* deitaria abaixo o belo edifício levantado entre lágrimas. Se tenho a má sorte de proferir palavra que pareça atenuar minha afirmação da véspera, vejo minha irmãzinha querer agarrar-se a subterfúgios. Faço, então, em meu íntimo, breve oração, e a verdade sempre triunfa. Ah! é a oração, é o sacrifício, que constituem toda a minha força. São as armas invencíveis que Jesus me deu. Muito mais do que palavras, podem sensibilizar as almas, e disso tive experiência muitas vezes. Houve, entre todas, uma que me causou doce e profunda impressão.

Foi na Quaresma. Ocupava-me, então, só com a única noviça[12] aqui existente, da qual era o anjo. Uma manhã,

---

[10] "A Irmã Maria da Trindade tinha tomado o hábito dois meses antes da Irmã Genoveva. Na época, havia de fato quatro noviças no noviciado, das quais a Madre Maria de Gonzaga era Mestra, embora nossa Santinha delas se ocupasse também, mas não dá mesma maneira. Quer dizer, de maneira bem acentuada, não procedia senão com a Irmã Maria da Trindade, que lhe fora entre-

veio toda contente procurar-me. "Ah! se soubésseis, disse-me, o que sonhei esta noite. Estava com minha irmã, e queria demovê-la de todas as Vaidades que tanto estremece, e por isso lhe expliquei a estrofe do: 'Viver de amor'. — 'Amarte, ó Jesus, que perda fecunda! Todos os meus perfumes são teus para sempre'. Percebi, perfeitamente, que minhas palavras lhe calavam na alma, e fiquei extasiada de alegria. Acordando esta manhã, cuidei que o Bom Deus talvez queira que lhe dê essa alma. Que tal, se depois da Quaresma lhe escrevesse para contar meu sonho, dizendo-lhe que Jesus a quer exclusivamente para Si?"

Sem mais delongas, declarei-lhe que poderia muito bem experimentar, mas antes precisaria pedir licença à nossa Madre. Como a Quaresma estava longe do fim, ficastes surpresa, Madre muito amada, com um pedido que vos pareceu muito antecipado; e, certamente, por inspiração do Bom
25 Deus, respondestes que as carmelitas deviam salvar almas, não por cartas, mas pela *oração*.

Depois de tomar conhecimento de vossa decisão, compreendi imediatamente que vinha de Jesus, e disse à Irmã Maria da Trindade: "Precisamos pôr mãos à obra, vamos rezar bastante! Que alegria, se no *fim da Quaresma* formos atendidas!"... Oh! infinita misericórdia do Senhor, que se compraz em atender a oração de suas filhas... *No fim da Quaresma,* mais uma alma se consagrava a Jesus. Era um verdadeiro milagre da graça, impetrado pelo fervor de uma humilde noviça!

317 Como é grande, portanto, o poder da *oração!* Dir-se-ia uma rainha que a cada instante tem livre acesso ao Rei, e pode alcançar tudo quanto pede. Para ser atendida, não precisa ler num livro um bonito formulário, redigido de circuns-

gue em caráter mais específico, para a observar mais de perto, pela razão de ter saído de outro Carmelo" (observação da Madre Inês de Jesus).

O episódio enquadra-se provavelmente na quaresma de 1895. A poesia *Viver de amor,* a que se faz referência, acabava de ser feita por Teresa na terça-feira das Quarenta Horas, 26 de fevereiro de 1895.

tância. Se assim fora, ai de mim! Como teria de lastimar-me!... Fora do *Ofício Divino,* que *sou muito indigna* de recitar, não tenho ânimo de sujeitar-me a procurar nos livros belas orações. Faz-me doer a cabeça, são tantas!... Ainda por cima, todas são umas mais *bonitas* do que as outras... Não poderia recitá-las todas, e, não sabendo qual delas escolher, faço como crianças que não sabem ler. Digo, muito simplesmente, ao Bom Deus o que lhe quero dizer, sem usar belas frases, e ele sempre me entende... Para mim, *oração* é um impulso do coração, é um simples olhar que se lança ao céu; é um grito de gratidão e de amor, tanto no meio da provação, como no meio da alegria; enfim, é algo de grande, de sobrenatural, que me expande a alma e me aconchega a Jesus.

Não desejaria, contudo, minha Madre muito amada, julgásseis que orações feitas em comum, no coro ou nos eremitérios, eu as recite sem devoção. Pelo contrário. Aprecio muito as orações em comum, pois Jesus prometeu *estar no meio dos que se congregam em seu nome*[13]. Percebo, então, que o fervor de minhas irmãs supre o meu. Mas, quando estou sozinha (tenho vergonha de confessá-lo), a recitação do terço custa-me muito mais do que a aplicação de um instrumento de penitência... Percebo que o rezo tão mal! Por mais que queira meditar os mistérios do rosário, não consigo concentrar o espírito... Andei muito tempo profundamente aflita com uma falta de devoção, que me causava espanto. Pois, *tão grande é meu amor à Santíssima Virgem,* que deveria ter facilidade em recitar, em sua honra, orações que lhe são agradáveis. Agora, aflijo-me menos. Penso que, sendo *minha* MÃE, a Rainha dos Céus verá minha boa vontade, e com ela se contentará.

Alguma vez, encontrando-se meu espírito em tão grande aridez, que lhe não posso arrancar um pensamento que me una ao Bom Deus, recito *muito pausadamente* um "Pai Nosso" e a seguir a saudação angélica. Estas orações, então,

---

[13] Mt 18,20.

arrebatam-me e nutrem muito mais minha alma, do que se as recitasse, precipitadamente, uma centena de vezes.

A Santíssima Virgem dá-me provas de que não se descontenta comigo. Nunca deixou de proteger-me no mesmo instante que a invoque. Quando me sobrevém uma inquietação, um contratempo, bem depressa me volto para ela, e, como a mais carinhosa das mães, sempre toma a seu encargo os meus interesses. Quanta vez, na ocasião de falar às noviças, cheguei a invocá-la e a sentir os benefícios de sua maternal proteção!...

De vez em quando, dizem-me as noviças: "Mas, para tudo tendes resposta. Julgava, desta feita, que vos poria em dificuldade... Onde, pois, buscais o que dizeis?". Entre elas, existem algumas que são até bem ingênuas, a ponto de crerem que leio em suas almas, por me acontecer de antecipá-las, dizendo-lhes o que pensavam.

Certa noite, uma das minhas companheiras[14] resolveu ocultar-me um aborrecimento que a fazia sofrer muito. Quando nos encontramos, logo de manhã, falou-me com sorriso no rosto. Eu, porém, sem responder ao que me dizia, declarei-lhe com inflexão categórica de voz: "Tendes alguma mágoa". Se fizesse a lua cair-lhe aos pés, creio que não me olharia com maior espanto. Tamanha foi sua estupefação, que também fiquei empolgada, e por um instante senti um medo sobrenatural. Estava muito segura de que não possuía o dom de ler nas consciências, e isto me deixava muito mais admirada, por ter acertado com tanta exatidão. Notei, perfeitamente, que o Bom Deus estava muito perto, e que, sem dar por isso, dissera como uma criança, palavras que não provinham de mim, mas Dele.

Compreendeis, minha Madre muito amada, que às noviças tudo se permite. É preciso que falem o que pensam, sem nenhuma restrição, tanto o certo, como o errado. Para

---

[14] Irmã Marta de Jesus, que deu testemunho pessoal do fato.

comigo, isto se lhes torna tanto mais fácil, porque não me devem a mim o respeito que se tem a uma mestra.

Não posso afirmar que Jesus me faça andar, *exteriormente,* pelo caminho das humilhações. Limita-se a humilhar-me *no fundo* de minha alma. Aos olhos das criaturas, tudo me corre bem, ando pelo caminho das honrarias, quanto possível no estado religioso. Compreendo não ser para mim, mas para outros, que tenho de percorrer um caminho, tão arriscado na aparência. De fato, se aos olhos da comunidade eu passasse por uma religiosa cheia de defeitos, sem capacidade, sem inteligência e discernimento, ser-vos-ia impossível, minha Madre, ter em mim alguém que vos ajudasse. Eis o motivo, pelo qual o Bom Deus lançou um véu sobre todos os meus defeitos interiores e exteriores. O véu acarreta-me, muita vez, alguns elogios por parte das noviças. Noto, perfeitamente, que não os fazem por adulação, e que exprimem seus sentimentos espontâneos. Isto, com efeito, não me inspiraria vaidade, porque conservo continuamente no espírito a lembrança do que sou.

Entretanto, muitas vezes tenho um desejo bem grande de ouvir outra coisa, que não sejam louvores. Sabeis, minha Madre muito amada, que ao açúcar, prefiro o vinagre. Minha alma também se entoja de alimento muito açucarado, e Jesus então permite que lhe seja servida uma boa saladinha, bem avinagrada, bem condimentada, sem faltar nada, a não ser *azeite,* o que lhe dá um sabor a mais... A boa saladinha me é servida pelas noviças, no momento em que menos espero.

O Bom Deus soergue o véu que encobre minhas imperfeições. Então, minhas queridas irmãzinhas encaram-me como sou, e já não me acham de pleno acordo com seu gosto. Com uma simplicidade que me encanta, falam-me de todos os combates que lhes provoco, de tudo o que em mim lhes desagrada. Afinal, não se constrangem nem um pouco, como se fosse o caso de outra pessoa, por saberem que me causam grande prazer, quando fazem assim.

Oh! na verdade, é mais que um prazer, é um delicioso festim que enche de gozo minha alma. Não encontro explicação de como coisa tão desagradável à natureza possa despertar tão grande felicidade. Se o não experimentasse, não o acreditaria... Um belo dia, em que desejava, de modo particular, ser humilhada, aconteceu que uma noviça[15] tão bem se encarregou de me satisfazer, que logo pensei em Semei a proferir imprecações contra Davi[16], e disse: Pois, então, certamente é o Senhor que lhe manda dizer-me todas estas coisas... E minha alma saboreava, deliciosamente, o amargo alimento que com tanta fartura lhe era servido.

Assim se digna o Bom Deus cuidar de mim. Nem sempre pode dar-me o pão fortificante da humilhação exterior, mas de tempos em tempos me permite *que me nutra com as migalhas que caem da mesa dos* FILHOS[17]. Oh! quão grande é sua misericórdia! Só no Céu poderei cantá-la.

27v

....

322 Madre muito amada, uma vez que convosco me esforço por cantar, na terra, uma misericórdia que é infinita, ainda vos devo narrar um grande benefício que retirei da missão que me confiastes. Antigamente, quando via uma irmã fazer algo que me desagradasse ou me parecesse irregular, pensava comigo: Ah! se pudesse dizer-lhe minha opinião, mostrar-lhe que anda errada, como não ficaria satisfeita! Desde que entrei um pouco no ofício, minha Madre, mudei totalmente meu ponto de vista. Quando me acontece ver uma irmã praticar ato que me pareça imperfeito, dou um suspiro de alívio, dizendo comigo mesma: Que sorte! Não se trata de noviça, não me cabe o dever repreendê-la. E depois procuro, sem demora, escusar a irmã atribuindo-lhe boas intenções, pois que as terá, sem dúvida alguma.

Ah! minha Madre, desde que adoeci, os cuidados que me dispensais instruíram-me muito ainda a respeito da ca-

---
[15] Irmã Genoveva (Celina).
[16] Cf. 2Sm 16,10.
[17] Mc 7,28.

ridade. Nenhum medicamento vos parece caro demais, e, não surtindo efeito, tentais incansavelmente outra coisa. Quando me dirigia ao recreio, qual não era vossa solicitude, para que ficasse bem acomodada, ao abrigo de correntes de ar! Enfim, se eu quisesse dizer tudo, seria um nunca acabar. Pensando em tudo isto, ponderei comigo que me cumpria ser tão compassiva com as fraquezas espirituais de minhas irmãs, quanto vós o sois, minha querida Madre, cuidando de mim com tanto amor.

Notei (é muito natural) que as irmãs mais santas são as mais estimadas. Procura-se sua convivência. Prestam-se-lhes favores, sem serem pedidos. Capazes de suportar faltas de atenção e indelicadezas, são afinal cercadas da afeição de todas. Pode-se aplicar a elas a palavra de nosso Pai São João da Cruz: *Foram-me dados todos os bens, quando deixei de procurá-los por amor próprio*[18].

Almas imperfeitas, ao invés, não são procuradas. Não resta dúvida, para com elas, a gente se restringe às normas de urbanidade religiosa. Contudo, por receio de lhes dizer palavras menos amáveis, evitamos de andar com elas. — Quando falo de almas imperfeitas, não me refiro apenas a imperfeições espirituais, já que as mais santas só serão perfeitas no Céu. Refiro-me à falta de critério e educação, à susceptibilidade de certos temperamentos, coisas todas que não tornam a vida muito aprazível. Sei perfeitamente que essas fraquezas morais são crônicas, não há esperança de recuperação. De outro lado, porém, sei perfeitamente que minha Madre não deixaria de cuidar de mim, de procurar consolar-me, se continuar doente a vida inteira.

Esta é a conclusão que tiro. Nos recreios, nas licenças, devo procurar a companhia de irmãs que me são menos agradáveis, exercer com essas almas melindradas o ofício do bom Samaritano. Por vezes, uma palavra, um sorriso amável, é

---

[18] Sentença que consta na configuração simbólica do Monte da Perfeição delineado por São João da Cruz.

quanto basta para desanuviar uma alma entristecida.
324 Aliás, não é em absoluto para alcançar tal fim que praticarei a caridade, pois sei que logo desanimaria. Uma palavra que dissesse na melhor das intenções, seria talvez tomada às avessas. Por esta razão, com o intuito de não perder meu
28v tempo, quero ser amável com todo o mundo (de modo particular, com as irmãs menos amáveis) para alegrar Jesus e corresponder ao conselho que nos dá no Evangelho, aproximadamente nestes termos: *"Quando fizerdes banquete, não convideis vossos parentes e amigos, de modo que por seu turno vos convidem, e assim tenhais por recebida vossa recompensa. Antes, convidai os pobres, os mancos, os paralíticos, e vossa sorte está em não vos poderem retribuir*[19], *pois vosso Pai que enxerga as coisas ocultas, vos dará recompensa"*[20].

Que festim poderia a carmelita propiciar às suas irmãs, a não ser um banquete composto de amável e alegre caridade? Por mim, não conheço outro, e quero imitar São Paulo, que se alegrava com os que encontrava alegres[21]. Na verdade, também chorava com os atribulados. E no banquete que servirei de vez em quando, aparecerão lágrimas, mas sempre me esforçarei por que *as lágrimas afinal se transformem em alegria*[22], pois o Senhor *ama os que dão com alegria*[23].

325 Guardo lembrança de um ato de caridade que o Bom Deus me inspirou a praticar, quando ainda noviça. Pouca coisa era, mas *nosso Pai que enxerga as coisas ocultas,* e olha mais para a intenção do que para o valor da ação, já me deu a respectiva recompensa, sem esperar pela outra vida. Era na época em que a Irmã São-Pedro ainda ia ao coro e ao refeitório. À oração vespertina, seu lugar ficava na minha frente. Dez minutos antes das seis horas, uma irmã precisava dar-se ao trabalho de levá-la ao refeitório, porque as

---

[19] Lc 14,12-14.
[20] Mt 6,4.
[21] Cf. Rm 12,15.
[22] Cf. Jo 16,20.
[23] 2Cor 9,7.

enfermeiras tinham então muitas doentes a seu cuidado, de maneira que não podiam ir buscá-la. Muito me custou oferecer-me para execução desse pequeno ofício, pois sabia não ser fácil contentar a pobre Irmã São-Pedro. Tão grande era seu sofrimento, que não gostava de estar trocando de condutora. Contudo, não queria perder tão linda ocasião de praticar a caridade, lembrando-me de que Jesus dissera: "*O que fizerdes a um destes meus irmãos pequeninos, é a mim que o fizestes*"[24]. Muito humilde, pois, ofereci-me a levá-la. Não foi, porém, sem objeções que consegui a aceitação de meus préstimos! Enfim, pus mãos à obra, e tanta era minha boa vontade que o consegui com perfeição.

Todas as tardes, quando via minha Irmã São-Pedro sacudir a ampulheta, sabia o que significava: Vamos! É incrível quanto me custava ficar de alerta, mormente nos primeiros tempos. Não obstante, ia imediatamente, e então começava todo um cerimonial. Precisava remover e carregar o banco de modo determinado, sobretudo não se precipitar. A seguir, começava o caminhar. Tinha de acompanhar a pobre enferma por detrás e sustê-la pela cintura. Fazia-o com a maior doçura possível. Mas, se por infelicidade ela falseasse o pé, logo lhe parecia que a sustinha mal, e iria ao chão. — "Ah! meu Deus! andais muito ligeira, vou desconjuntar-me". Caso tentasse avançar mais devagar ainda: — "Mas, por favor, andai atrás de mim! Já não sinto vossa mão, largastes-me, vou cair. Ah! bem dizia que éreis muito nova para me conduzir". Chegávamos, afinal, sem acidentes ao refeitório. Sobrevinham ali dificuldades de outra natureza. Precisava fazer a Irmã São-Pedro sentar-se, usando de habilidade para não a machucar. Depois, tinha que lhe arregaçar as mangas (de certa maneira, ainda). A seguir, podia livremente retirar-me. Com as míseras mãos estropiadas, ela arrumava o pão na tigela, da melhor maneira possível. Não demorei em percebê-lo, e todas as noites só a deixava

[24] Mt 25,40.

depois de prestar ainda esse servicinho. Como não me pedira nada, muito se comoveu com minha atenção. E por este meio não procurado conquistei toda a sua benevolência, sobretudo (soube-o mais tarde), porque depois de lhe cortar o pão, dirigia-lhe, antes de ir-me embora, o mais encantador dos meus sorrisos.

326   Minha Madre muito amada, admira-vos talvez que vos descreva um pequeno ato de caridade, praticado há tanto tempo. Ah! se assim procedi, é por sentir, em virtude dele, necessidade de cantar as misericórdias do Senhor. Dignou-se deixar-me tal lembrança como perfume que incita a praticar a caridade. Lembro-me, às vezes, de pormenores que são para minha alma como uma brisa primaveril. Eis aqui um, que me vem à memória.

    Uma noite de inverno, executava como de costume meu pequeno ofício. Fazia frio, era escuro... De repente, escutei ao longe o harmonioso som de um instrumento de música. Pus-me, então, a imaginar um salão bem iluminado, resplandecente de enfeites dourados, donzelas em trajes elegantes, a trocarem entre si atenções e amabilidades mundanas. Meu olhar volveu-se depois à doente, de quem cuidava. Em vez de melodia, escutava de tempos em tempos seus queixosos
30   gemidos. Em lugar dos enfeites dourados, enxergava os tijolos de nosso austero claustro, mal iluminado por débil claridade. Não consigo dizer em palavras o que se passou em minha alma.

    Sei, apenas, que o Senhor a iluminou com os raios da *verdade,* sobrepujando de tal maneira o brilho tenebroso das festas terrenas, que não podia acreditar em minha felicidade... Oh! para gozar mil anos de festas mundanas, não daria em troca os dez minutos aplicados na execução do meu humilde ofício de caridade... Se já no sofrimento, no meio da luta, gozamos por um instante uma felicidade acima de todas as felicidades da terra, ponderando como o Bom Deus nos retirou do mundo, que acontecerá então no Céu, quando virmos, no seio de uma alegria e repouso eternos, a incom-

parável graça que o Senhor nos outorgou, escolhendo-nos para *morar em sua casa*[25], verdadeiro pórtico dos Céus?...
Não foi sempre com arroubos de alegria que pratiquei a caridade. No começo, porém, da minha vida religiosa, quis Jesus fazer-me sentir quanto conforta vê-lo na alma de suas esposas. Por isso, quando conduzia minha Irmã São-Pedro, fazia-o com tanto amor, que me seria impossível fazê-lo melhor, se tivesse de conduzir o próprio Jesus.

A prática da caridade nem sempre me foi tão grata, vo-lo dizia há instantes, minha querida Madre. Para vo-lo provar, contar-vos-ei certos combatezinhos que por certo vos farão sorrir. Durante muito tempo, na oração da tarde, meu lugar ficava na frente de uma irmã, que tinha uma mania estranha e, penso eu,... muitas iluminações, pois raramente utilizava livro. Eis como me vinha a coisa. Logo que chegava, a irmã punha-se a fazer um estranho ruído semelhante ao que resultaria de quando se esfregam duas conchas, uma contra outra. Era eu a única a percebê-lo, pois tenho ouvido extremamente apurado (algumas vezes, um pouco demais).

Explicar-vos, minha Madre, quanto o ruído me aborrecia, seria vã pretensão. Sentia muita vontade de voltar a cabeça e encarar a culpada, que certamente não notava seu tique. Seria o único meio de adverti-la. No fundo do coração, porém, percebia ser preferível sofrer tal coisa, por amor a Deus e para não magoar a irmã. Ficava, pois, quieta, procurando unir-me ao Bom Deus e esquecer o ruído... Era tudo inútil. Sentia-me banhada de suor, e era obrigada a fazer oração com sofrimento. Mas, posto que sofresse, procurava fazê-la não com irritação, mas com alegria e tranqüilidade, pelo menos no fundo da alma. Procurava, então, gostar do leve ruído, tão desagradável. Em vez de pretender não escutá-lo (coisa impossível), punha atenção em ouvi-lo bem, como se fora maravilhoso concerto, e toda a minha oração (que não era de *quietude)* limitava-se em oferecer tal concerto a Jesus.

[25] Cf. Sl 22,6.

328 Outra ocasião, na lavagem de roupa, estava diante de uma irmã que me espirrava água suja no rosto, todas as vezes que levantava os lenços na tábua de bater. Meu pri-
31 meiro ímpeto foi o de recuar e enxugar o rosto, a fim de dar a entender à irmã que me aspergia, me faria favor, se parasse. Mas, logo pensei que seria grande tolice minha recusar tesouros que me eram doados tão generosamente, e muito me precavi de não dar a perceber minha luta. Apliquei todo o meu esforço em desejar receber muita água suja, de sorte que no fim já me tinha realmente afeiçoado ao novo gênero de aspersão, prometendo a mim mesma retornar, na próxima oportunidade, ao feliz lugar, onde se recebiam tantas preciosidades.

Como vedes, Madre muito amada, sou *alma muito pequenina,* que só tem condições de oferecer ao Deus *coisas pequeninas,* e muita vez me acontece ainda deixar escapar esses sacrificiozinhos, que tanta paz trazem à minha alma. Isto, porém, não me tira o ânimo. Suporto ficar com um pouco de paz a menos, e procuro depois ser, noutra vez, mais vigilante.

329 Ah! o Senhor é tão bom para mim, que se me torna impossível temê-lo. Sempre me deu o que desejava, ou antes, fazia-me desejar o que me queria dar. Assim, pouco antes de começar minha provação contra a fé, eu dizia: Realmente, não tenho grandes provações exteriores, e, para ter as interiores, mister seria que o Bom Deus mudasse meu caminho. Não acredito que o faça, mas também não posso continuar sempre assim no repouso... Que meio, pois, encontrará Jesus para me provar? A resposta não se fez esperar, mostrando-me que não faltam meios Àquele que amo.

Sem alterar meu caminho, enviou a provação que mesclaria saudável amargura a todas as minhas alegrias.
31v Não é só quando me quer provar que Jesus mo faz pressentir e desejar. Há muito, nutria um desejo que se me afigurava absolutamente irrealizável, o de ter *um irmão sacerdote.* Pensava amiúde que, se meus maninhos não tivessem voa-

do para o céu, teria a ventura de vê-los subir ao altar. Mas, se Deus os escolheu para deles fazer anjinhos, já não podia esperar ver a realização do meu sonho. Eis como Jesus não só me concedeu a graça que almejava; mas uniu-me pelos vínculos da alma a *dois* de seus apóstolos, que se tornaram meus irmãos... Quero, minha Madre muito amada, contar-vos em pormenores como Jesus satisfez meu desejo e até o ultrapassou, pois não desejava senão *um* irmão sacerdote, que todos os dias de mim se lembrasse no santo altar.

Foi nossa Madre Santa Teresa que em 1895 me enviou, como ramalhete de festa, meu primeiro irmãozinho[26]. Estava na lavanderia, muito entretida com meu serviço, quando Madre Inês de Jesus, chamando-me à parte, me leu uma carta que acabava de receber. Era um jovem seminarista, inspirado, dizia, por Santa Teresa, o qual vinha pedir uma irmã que se dedicasse de modo especial à salvação de sua alma, e o ajudasse com orações e sacrifícios, quando missionário, para lhe ser possível salvar muitas almas. Por quem se tornasse sua irmã, prometia fazer sempre um memento, logo que pudesse oferecer o Santo Sacrifício. Disse-me Madre Inês de Jesus ser sua vontade fosse eu quem se tornaria irmã do futuro missionário.

Minha Madre, dizer-vos de minha felicidade seria impossível. O modo inesperado de se cumprir meu desejo me fez brotar no coração uma alegria que diria de criança, pois precisava remontar aos dias de minha infância para deparar com a lembrança de alegrias tão vivas, que a alma se sente pequena demais para as comportar. Desde muitos anos, não experimentara uma satisfação desse gênero. Percebia que, sob tal aspecto, minha alma remoçara. Era como se, pela primeira vez, se tangessem cordas musicais, até então esquecidas.

---

[26] Padre Maurício Bartalomeu Bellière (1874-1907), órfão de pai e mãe, era seminarista da diocese de Bayeux e aspirante a missionário. A 29 de setembro de 1897, véspera da morte de Teresa, embarcou para a Algéria, onde entraria no noviciado dos Padres Brancos.

331 Tinha noção das obrigações que assumia. Por isso, pus mãos à obra, procurando redobrar de fervor. Devo confessar que, de início, não tive consolações que estimulassem meu zelo. Depois de escrever fascinante carta, repassada de cordialidade e nobres sentimentos, para agradecer à Madre Inês de Jesus, meu irmãozinho não deu outro sinal de vida senão no mês de julho seguinte, além do cartão que enviara no mês de novembro, participando sua convocação para o serviço militar.

Mas, foi a vós, minha Madre muito amada, que o Bom Deus reservou o acabamento da obra começada. Não padece dúvida, pela oração e pelo sacrifício é que se pode ajudar aos missionários. Às vezes, porém, quando Jesus se compraz em unir duas almas para o louvor de sua glória, permite que elas, de tempos em tempos possam, comunicar entre si, seus próprios pensamentos e incitar-se a um amor maior a Deus. Mas, para tanto se requer uma *vontade expressa* da autoridade. Pois, a mim me parece que, de outra maneira, tal correspondência faria mais mal do que bem, quando não ao missionário, pelo menos à carmelita, cujo gênero de vida

32v a induz a voltar-se sobre si mesma. Então, em vez de uni-la ao Bom Deus, tal correspondência (ainda que esporádica) por ela solicitada lhe distrairia seu espírito. Na imaginação de mover mundos e fundos, não faria absolutamente outra coisa senão arrumar para si mesma, sob capa de zelo, uma distração inútil.

Pessoalmente, nisso como em tudo o mais, julgo necessário, para minhas cartas promoverem o bem, sejam escritas por obediência, e de minha parte haja antes repugnância do que prazer em escrevê-las. Assim, quando falo a uma noviça, procuro fazê-lo de modo que, para mim, seja ato de mortificação. Evito dirigir-lhe perguntas que satisfariam minha curiosidade. Quando ela começa um assunto interessante, e passa depois para outro que me importuna, sem terminar o primeiro abstenho-me cuidadosamente de lembrar-lhe o assunto posto de lado, porque me parece impossível promover algum bem, quando se procura a si mesma.

Percebo, minha Madre muito amada, que não me corrigirei jamais. Eis que, com todas as minhas dissertações, de novo me desviei bem longe do meu assunto. Desculpai-me, vo-lo peço, e permiti-me começá-lo de novo na primeira ocasião, pois não está em mim fazê-lo de outra maneira!...

Procedeis como o Bom Deus que se não cansa de ouvir-me, quando simplesmente lhe falo de todos os meus pesares e alegrias, como se os não conhecesse... Vós também, minha Madre, desde muito conheceis meu modo de pensar e todos os eventos mais memoráveis de minha vida. Nada de novo vos poderia contar. Não deixo de rir com a idéia de que vos escrevo escrupulosamente tantas coisas, que conheceis tão bem como eu. Enfim, querida Madre, estou a obedecer-vos, e se não tiverdes interesse de ler agora estas páginas, talvez vos possam distrair na vossa velhice, e servir depois para acender o fogo, e assim não terei perdido meu tempo... Acho graça, porém, em falar como uma criança. Não creiais, minha Madre, que queira saber qual utilidade teria este meu humilde trabalho. Tê-lo feito por obediência, é quanto me basta, e nenhum pesar sen-tiria, se aos meus olhos o queimásseis, antes de o terdes lido.

Já é tempo de reatar a história dos meus irmãos que ora ocupam tão grande lugar em minha vida. — O ano passado, no fim do mês de maio[27], lembro que um dia me mandastes chamar, antes de irmos ao refeitório. Bem forte me batia o coração, ao chegar onde estáveis, minha querida Madre. Perguntava-me o que teríeis de me dizer, por ser a primeira vez que me mandáveis chamar de tal forma. Depois de me fazerdes sentar, foi esta a proposta que me formulastes: — "Quereis tomar a vosso encargo os interesses espirituais de um missionário, que deve ordenar-se sacerdote e partir den-

---

[27] Sábado, 30 de maio de 1896.

tro em breve?"²⁸ A seguir, minha Madre, lestes-me a carta do jovem sacerdote, a fim de que me inteirasse do que desejava.

Meu primeiro sentimento foi de regozijo, que logo cedeu lugar ao temor. Expliquei-vos, minha Madre muito amada, que já oferecera meus pobres méritos em favor de um futuro sacerdote, e julgava por isso não poder fazê-lo também nas intenções de outro, e, que, além do mais, muitas irmãs havia, melhores do que eu, capazes de corresponder ao desejo dele. Inúteis foram todas as minhas objeções. Respondestes-me que a gente poderia ter vários irmãos. Perguntei-vos, então, se a obediência dobraria meus merecimentos. Respondestes-me que sim, e falastes-me de várias outras coisas, que me levaram a reconhecer a necessidade, para mim, de aceitar sem escrúpulo um novo irmão.

No fundo, minha Madre, pensava como vós, pois o "*zelo de uma carmelita deve abranger o mundo*"²⁹. Espero, com a graça de Deus, ser útil a mais de *dois* missionários, e não poderia esquecer de rezar por todos eles, sem deixar de lado os simples sacerdotes, cuja missão é algumas vezes tão árdua de cumprir como a dos Apóstolos, que pregam aos infiéis. Afinal, quero ser filha da Igreja³⁰, como o era nossa Madre Santa Teresa, e rezar pelas intenções de nosso Santo Padre o Papa, por saber que suas intenções abarcam o universo. Eis aí o objetivo fundamental de minha vida. Isto, porém, não me impediria de rezar e unir-me, de modo especial, às atividades dos meus queridos anjinhos, se tivessem alcançado o sacerdócio. Pois bem, eis como me pus em união espiritual com os apóstolos que Jesus me dera na qualidade de irmãos. Tudo o que me pertence, pertence a cada um deles. Não ignoro que o *Bom* Deus é *bom* demais para fazer

---

²⁸ O Padre Adolfo Roulland (1870-1934) era seminarista da Sociedade das Missões Estrangeiras de Paris. Ordenado sacerdote a 28 de junho de 1896, embarcou para a China a 2 de agosto seguinte.
²⁹ Citação do livro: *Le Banquet sacré ou l'Idée d'une parfaite carmélite*. Retiro elaborado pela Madre Joana Margarida da Misericórdia O. C. D.
³⁰ "Sou filha da Igreja", repetia Teresa de Ávila no leito de morte.

parcialidades. É tão opulento que dá, sem medida, tudo quanto lhe peço... Contudo, não julgueis, minha Madre, que me perca em longas especificações.

Uma vez que tenho dois irmãos e minhas irmãzinhas, **334** as noviças, se fosse pedir por cada alma, esmiuçando o que cada qual precisa, os dias seriam curtos demais, e grande receio teria de esquecer algo de importante. Almas simples não necessitam meios complicados. Como sou desse número, Jesus deu-me certa manhã, em minha ação de graças, um meio *simples* de cumprir minha missão. *34*

Fez-me compreender a palavra dos Cantares: "ATRAÍ-ME, CORREREMOS *ao odor de vossos perfumes"*[31]. Ó Jesus, nem sequer se torna necessária uma explicação: *"Quando me atrairdes, atraí também as almas que amo!"* Basta a simples palavra: "Atraí-me!" Compreendo, Senhor, que ao deixar-se a alma prender *pelo inebriante odor de vossos perfumes,* não conseguiria correr sozinha. Todas as almas que ela ama, são arrastadas a segui-la. Isto acontece sem coação, sem esforço. É conseqüência natural de sua atração para vós. Como a torrente, lançando-se com ímpeto no oceano, arrasta após si tudo quanto encontra de passagem, assim também, ó meu Jesus, a alma que imerge no ilimitado oceano de vosso amor, arrebata consigo todos os tesouros que possui... Senhor, vós o sabeis, não tenho outros tesouros se- **335** não as almas que vos aprouvestes unir à minha. Tais tesouros, fostes vós que mos confiastes.

Por isso, atrevo-me a tomar como minhas as palavras que dirigistes ao Pai Celestial, na última noite em que ainda fostes visto na terra como viajor e mortal. Jesus, meu Bem-Amado, ignoro quando meu exílio chegará ao termo... Mais de uma noite será ainda testemunha de como canto vossas misericórdias. Mas, enfim, também para mim chegará a *última noite*. Pudera, então, dizer-vos, ó meu Deus: *"Eu te glorifiquei na terra. Acabei a obra que me deste para*

---

[31] Ct 1,3.

fazer. Manifestei teu nome aos homens que me deste. Eram teus, e tu mos deste. Agora sabem que tudo quanto me deste, procede de ti. Pois eu lhes transmiti as palavras que tu me comunicaste, e eles as receberam e acreditaram que fostes tu que me enviaste. Rogo pelos que me deste, porque são teus. Já não estou no mundo, ao passo que eles permanecem no mundo, enquanto eu vou para ti. Pai Santo, guarda-os, por causa do teu nome, os que me deste. Agora vou para junto de ti, e digo estas coisas, enquanto estou no mundo, para que neles seja perfeito o gozo que vem de ti. Não te peço que os tires do mundo, mas que os preserves do mal. Eles não são deste mundo, assim como eu também não sou do mundo. Rogo não só por eles, mas também pelos que acreditarão em mim mediante sua palavra.

Quero, meu Pai, que onde estiver, estejam também os que tu me deste, e que o mundo conheça que tu os amaste, como me amaste também a mim"[32].

336 Sim, Senhor, eis o que, depois de vossa vez, quisera repetir antes de erguer vôo aos vossos braços. Será talvez temerário? Longe disso! Há muito que me permitistes ser audaciosa convosco. À semelhança do pai do filho pródigo, quando falava a seu primogênito, dissestes-me: "TUDO *o que é meu, é teu"*[33]. Vossas palavras, por conseguinte, me pertencem, ó Jesus, e delas me posso valer para atrair os favores do Pai Celeste em prol das almas unidas a mim. Contudo, Senhor, dizendo *onde estiver,* desejo que ali também estejam os que me destes, não tenho pretensão que não possam atingir uma glória muito mais elevada do que a que vos aprouver dar-me. Quero, singelamente, pedir que um dia estejamos todos reunidos em vosso lindo Céu.

Vós o sabeis, ó meu Deus, nunca desejei outra coisa senão *amar-vos,* não cobiço outra glória. Vosso amor sempre me preveniu desde a infância, comigo cresceu, e agora

---

[32] Jo 17,4ss. — Teresa une e cita livremente os versículos.
[33] Lc 15,31.

se tornou um abismo, cuja profundeza não sei calcular. Amor atrai amor. Por isso, meu Jesus, o meu se atira em vossa direção, querendo cumular o abismo que o atrai, mas infelizmente não representaria sequer uma gota de orvalho, diluída no oceano!... Para vos amar como vós me amais, ser-me-ia necessário lançar mão de vosso próprio amor. Só então encontro tranqüilidade. Ó meu Jesus, talvez seja ilusão, mas parece-me que não podeis encher uma alma de mais amor do que dele enchestes a minha. Por isso, atrevo-me a pedir-vos a possibilidade de *"amar os que vós me destes, como vós me amastes a mim"*[34]. Se um dia, no céu, descobrir que os amais mais do que a mim, alegrar-me-ei com isso, porquanto desde já reconheço que essas almas, muito mais do que a minha, merecem vosso amor. Na terra, porém, não posso conceber maior imensidão de amor do que aquele que vos aprouve propiciar-me gratuitamente, *sem nenhum mérito de minha parte.*

Minha querida Madre, para vós, afinal, se volta de novo minha atenção. Muito me admiro do que acabo de escrever, porque meu intento não era esse. Uma vez que o escrevi, convém que assim fique. Antes, porém, de reatar a história dos meus irmãos, quero comunicar-vos, minha Madre, que não a eles, mas às minhas irmãzinhas, aplico as primeiras palavras, extraídas do Evangelho: *"Transmiti-lhes as palavras que me comunicastes"*[35] etc., pois não me julgo competente para instruir missionários. Felizmente, não sou ainda tão pretensiosa assim! Também não seria competente para dar conselhos às minhas irmãs, se vós, minha Madre, que representais o Bom Deus, não me tivésseis dado o poder para isso.

Ao contrário, pensava em vossos queridos filhos espirituais, que são meus irmãos, quando escrevi estas palavras de Jesus e as seguintes: — *"Não te peço que os tires do mun-*

---
[34] Jo 17,13.
[35] Jo 17,8.

do... E rogo-te ainda pelos que crerão em ti mediante sua palavra"[36]. Como poderia, com efeito, deixar de rezar pelas almas que eles salvarão, em suas longínquas missões, com o sofrimento e a pregação?

338 Julgo necessário, minha Madre, fornecer-vos ainda algumas explicações sobre a passagem dos Cantares: — *"Atraí-me, correremos"*, por me parecer pouco compreensível o que quis dizer. *"Ninguém,* declarou Jesus, *pode vir a mim, se MEU PAI, que me enviou, o não atrair"*[37]. Em seguida, em sublimes parábolas, e alguma vez sem recorrer sequer a esse meio tão familiar ao povo, ensina-nos que basta bater, para que abram; buscar, para que encontrem; estender humilde a mão, para conseguir o que se pede[38]... Diz ainda que tudo quanto se peça a *seu Pai* em nome Dele, será concedido pelo Pai[39]. Por isso, sem dúvida, o Espírito Santo, antes do nascimento de Jesus, ditou esta súplica profética: *Atraí-me, correremos.*

Em que consiste, pois, pedir que *seja atraído,* senão que a gente se una, de modo íntimo, ao objeto que cativa o coração? Se o fogo e o ferro raciocinassem, e o último dissesse ao primeiro: Atraí-me — não provaria que se quer identificar com o fogo, de molde a ser penetrado e entranhado por ele, e com ele parecer constituir uma só coisa? Assim é minha oração, Madre muito amada. Peço a Jesus me atraia às chamas de seu amor, me una tão estreitamente a ele, que seja ele quem vive e atua em mim. Noto que quanto mais o fogo do amor me abrasar o coração, tanto mais exclamarei: *Atraí-me!* — tanto mais, também, as almas que se aproximarem de mim (pobre e minúsculo escombro de ferro inútil, se me arredar do divino braseiro), *correrão lépidas ao odor dos perfumes de seu Bem-Amado,* pois a alma abrasada de amor não consegue permanecer inativa. Como Santa

[36] Jo 17,15.20.
[37] Jo 6,44.
[38] Cf. Mt 7,8.
[39] Jo 16,23.

Madalena, conserva-se indubitavelmente aos pés de Jesus, a escutar-lhe a palavra doce e ardente. Parecendo não dar nada, dá muito mais do que Marta, a qual se atormentava com muitas coisas[40], e queria que a irmã a imitasse.

Não são as ocupações de Marta que Jesus censura. A tais ocupações, sua divina Mãe humilde se sujeitou toda a sua vida, pois tinha que preparar as refeições para a Sagrada Família. Queria apenas corrigir a inquietação[41] de sua ardorosa hospedeira. Isto foi compreendido por todos os Santos, de modo mais particular, talvez, pelos que encheram o universo com a luminosidade da doutrina evangélica. Não foi na oração que os santos Paulo, Agostinho, João da Cruz, Tomás de Aquino, Francisco, Domingos, e tantos outros ilustres amigos de Deus hauriram a ciência divina, que arrebata os maiores gênios? Disse um Sábio: *"Daime uma alavanca, um ponto de apoio, que levantarei o mundo de seus eixos"*. O que Arquimedes não pôde alcançar, porque sua solicitação não se dirigia a Deus e se colocava num ponto de vista material, obtiveram-no os Santos em toda a sua plenitude. Como *ponto de apoio,* deu-lhes o Todo-poderoso a SI MESMO, E SÓ A SI MESMO; como *alavanca:* a oração, que incandesce com o fogo do amor, e foi desta maneira que *soergueram o mundo.* Assim é que os Santos ainda militantes o soerguem, e os Santos vindouros o soerguerão, e até o fim do mundo.

Minha querida Madre, quisera agora explicar-vos o que entendo por *odor dos perfumes* do Bem-Amado. Dado que Jesus se elevou ao Céu, só posso segui-lo pelos vestígios que deixou. Mas, como são luminosos tais vestígios, como são recendentes! Basta lançar um olhar sobre o Santo Evangelho, e logo respiro os perfumes da vida de Jesus, e sei para que lado correr... Não é para o primeiro lugar, é para o últi-

---

[40] Cf. Lc 10,41.
[41] Desta palavra em diante, o texto está escrito a lápis. A 8 de julho Teresa foi descida da cela para a enfermaria. Traça ainda algumas linhas, mas a fraqueza impede-a de terminar o manuscrito.

mo que me dirijo. Em vez de postar-me na frente como fariseu, repito, cheia de confiança, a humilde súplica do publicano. Sobretudo, porém, imito o procedimento de Madalena, sua admirável, ou melhor, sua amorosa audácia, que encanta o Coração de Jesus, e seduz o meu. Sim, percebo que, se me pesassem na consciência todos os pecados possíveis de cometer, iria, com o coração partido de arrependimento, lançar-me aos braços de Jesus, pois sei quanto ama o filho pródigo que a ele retorna[42]. Não é por ter Deus, em sua *proveniente misericórdia,* preservado minha alma de pecado mortal, que me elevo até ele pela confiança e pelo amor.

37

---

[42] *Não, ninguém poderia amedrontar-me, pois sei como teria de haver-me com seu amor e com sua misericórdia. Sei que toda essa multidão de ofensas se desfaria num piscar de olhos, como uma gota de água lançada num braseiro ardente.*

Narra-se, na Vida dos Padres do Deserto, *que um deles converteu uma pecadora pública cujos desmandos escandalizavam toda a redondeza. Movida pela graça, a pecadora seguia o Santo ao deserto, para ali fazer rigorosa penitência, quando na primeira noite da viagem, antes de chegar ao lugar de sua reclusão, romperam-se-lhe os laços mortais com o ímpeto de seu arrependimento cheio de amor. No mesmo instante, o eremita divisou sua alma levada pelos Anjos ao regaço de Deus.*

Eis aí um exemplo bem frisante daquilo que eu quisera dizer, mas tais coisas não podem ser externadas...

Obs.: Ver legendas das ilustrações à p. 308.

1 2

5

6

8

9

EPÍLOGO

"... pela confiança e pelo amor."

A esta altura, o lápis que substituíra a incômoda caneta, tombou das mãos de Teresa. O manuscrito mostra linhas trêmulas, a provarem a força de vontade daquela que, todavia, não pôde terminar o caderninho preto. Exausta, ela larga... Resta-lhe pouco menos de três meses para viver.

À simples leitura destas páginas, repassadas de sabedoria e tranqüilidade, quem suporia que a autora se encontra gravemente enferma há várias semanas? Mal se deparam algumas alusões aos cuidados que lhe são dispensados. E na falta das anotações que Madre Inês de Jesus tomava, dia por dia, à cabeceira de sua irmã, ficaríamos sem conhecer os pormenores da enfermidade, da agonia e morte da Irmã Teresa do Menino Jesus e da Sagrada Face. Graças, porém, aos depoimentos de testemunhas[1], *podemos segui-la passo a passo, e averiguar que ela viveu o que acaba de escrever.*

Quando largou de redigir o manuscrito, Irmã Teresa encontrava-se desde alguns dias na enfermaria, no pavimento térreo. Seriamente atingida há meses, não foi considerada "oficialmente" enferma senão depois do fim da Quaresma. Febricitante, a tossir, a arrastar-se para o coro, foi sendo

---

[1] *Remetemos aos* Derniers Entretiens *e à* Correspondance générale *(Edição Cerf-DDB, 1971-1972). Todas as citações figuram entre aspas. Não se indicam, porém, as referências para não sobrecarregar o texto.*

dispensada de todos os encargos, exceto o ofício em comum e as recreações. No mês de junho de 1897, sua única obrigação era ficar de repouso na cela, espairecer ao ar livre e ao sol no jardim, concluir suas reminiscências, como lhe ordenara a Priora em 3 de junho, por sugestão de Madre Inês. É a derradeira "pequena tarefa" que executa, mas não poderá terminar. "Para escrever minha 'curta' vida, não dou tratos à cabeça. É como se pescasse ao anzol. Escrevo o que me vem à fisga."

A 6 de julho, inesperada piora, inicia uma série de hemoptises que durarão até 5 de agosto. Sufocada, a vomitar sangue "como se fosse do fígado", ardendo de febre, Irmã Teresa é tida como "agonizante" pelo Dr. de Cornière, o qual declara que, em caso como o seu, "só 2% consegue escapar".

"Num transporte de alegria", confessa-se ao capelão e pede a Unção dos Enfermos, que muito deseja. Na noite de quinta-feira, descem-na à enfermaria.

Dali por diante, ei-la num espaço restrito, que já não poderá abandonar. Ao canto, a cama de ferro, guarnecida de cortinas pardas, nas quais pediu se alfinetassem as imagens de sua predileção (a Sagrada Face de Cristo, a Virgem, seu "queridinho" Teófanes Vénard etc.). À esquerda, a estátua da Virgem do Sorriso, instalada no mesmo dia que ela; uma poltrona, onde repousará nos dias que a levantarem da cama. Através da janela, ela pode contemplar o jardim em plena floração.

A 9 de julho, o Superior do Carmelo difere a Unção dos Enfermos, por não achar Teresa "bastante doente". De fato, ela demonstra ainda surpreendente vitalidade e deixa as irmãs atônitas com sua expansiva alegria. Vive à espera da iminente chegada do "Ladrão", Daquele que "romperá o tabique do afetuoso encontro". "Morrer de amor", pela descrição de São João da Cruz, constituiu sempre sua esperança. Madre Inês anotou o seguinte diálogo: "Tendes medo da morte, agora que a vedes tão de perto? — Oh! cada vez menos! — Tendes medo do Ladrão? Desta vez está diante da porta! — Não, não está à porta, já entrou. Mas, que dizeis, minha Mãezinha! Se tenho medo do Ladrão! Como quereis que tenha medo de alguém que amo tanto?!"

Não pára de escarrar sangue, de sentir dores de cabeça, do lado, e vomitar o leite receitado pelo médico. Cresce ainda mais a debilidade.

No correr do mês de julho, Teresa sente ainda bastante força para responder a inúmeras perguntas de Madre Inês e suas irmãs. Fazem-na precisar algum pormenor de sua vida, pedem-lhe conselhos. A doente concorda com a idéia de um aproveitamento póstumo de todas as anotações para a redação da circular do necrológio que, segundo o costume, será enviada a todos os Carmelos. Surge, aos poucos, a eventualidade de uma publicação mais ampla de suas reminiscências. Teresa confia a tarefa aos cuidados de Madre Inês, mas insiste muito em que termine o caderno inacabado com a história da pecadora que morreu de amor. "As almas compreenderão logo, pois é um exemplo tão frisante do que eu quisera dizer."

Falando de seus manuscritos, acrescenta: "Neles se contém o que sirva para todos os gostos, exceto as vias extraordinárias". *Pressente que sua atuação póstuma se estenderá muito além da difusão de um livro, e que se fará sentir no mundo inteiro.* "Quão infeliz não serei no Céu, se não puder promover pequenas alegrias aos que amo!" *Repete, amiúde, promessas cheias de mistério:* "Voltarei... Descerei..." *E depois, a 17 de julho, a declaração que se tornou famosa:* "Sinto, sobretudo, que minha missão vai começar, minha missão de fazer amar o Bom Deus como eu o amo, de indicar às almas minha pequena trilha. Se o Bom Deus atender meus desejos, meu Céu se passará na terra, até o fim do mundo. Sim, quero passar meu Céu a fazer o bem na terra".

A 28 de julho, agravamento bem acentuado. Pela declaração da enferma, é o começo de "grandes sofrimentos". *O médico pensa que não passará a noite. Na cela contígua à enfermaria (onde dorme Irmã Genoveva, sua enfermeira,) prepara-se o necessário para os funerais, e, às 18 horas, sexta-feira, 30 de julho, Padre Maupas administra-lhe, enfim, a Unção dos Enfermos e a Comunhão como Viático.*

Contra toda expectativa (sua própria, em primeiro lugar: "Já não entendo nada de minha doença"), *ela contorna por ora a crise. Tais alternativas a desconsertam. Entrega-se, porém, a um abandono total:* "Esta noite, quando me dissestes ser opinião do Sr. de Cornière que ainda agüentaria um mês e até mais, não podia conter meu espanto. Tanta é a diferença com relação a ontem, quando ele declarava necessário administrar-me no mesmo dia os santos Sacramentos! Isto, todavia, me deixou em profunda tranqüilidade". "Não desejo mais morrer, do que viver. O que Ele fizer, é o que eu gosto".

De fato, as hemoptises cessam definitivamente a 5 de agosto, e a doente beneficia-se de relativo repouso. O Dr. de Cornière parte em gozo de férias. Prescreve alguns medicamentos, depois de verificar que o pulmão esquerdo estava tomado. A melhora, porém, não durará senão quinze dias, e Teresa ver-se-á sem assistência médica no momento de novo avanço do sofrimento, a começar na festa da Assunção.

Tosse, opressão, dores intercostais, inchaço das pernas, febre intensa... O sofrimento atinge o auge entre os dias 22 e 27 de agosto. A tuberculose (o primeiro a usar o termo foi o Dr. Francisco La Néele, primo afim de Teresa, o qual acudira de Caen, a chamado do Carmelo) alcança os intestinos. Muito emagrecida, como que "sentada em pontas de ferro", *Teresa sofre atrozmente a cada respiração.*

Teme-se a gangrena. "Ora, isso é melhor do que ter de sofrer muito e de todos os lados, do que ser atacada de várias doenças ao mesmo tempo", *comenta Teresa. Mais tarde, exausta, desabafa-se:* "Que seria de mim, se o Bom Deus me não desse força? Não se faz idéia do que é sofrer assim. Não, é preciso que a gente o sinta". *Pedindo desculpas, solta gritinhos.* "Que grande graça, possuir a fé! Não fosse minha fé, matar-me-ia, sem hesitar um só instante..."

Nos derradeiros dias de agosto, nova melhora inesperada. Durará até 13 de setembro. O Dr. La Néele verifica que a prima já não tem senão metade de um pulmão para respirar. Resta-lhe, a ela, um mês de sobrevivência.

* * *

A simples consideração das súbitas alternâncias da doença e das reações de Irmã Teresa não pode dar um gabarito de todos os aspectos de sua personalidade, quais se revelam através de suas últimas conversas e de sua correspondência (que cessa, definitivamente, a 10 de agosto). Nenhum hiato se abre entre o que ela vem de escrever no último manuscrito e o que agora está vivenciando na enfermaria.

Continua, antes de tudo, como uma doente igual a outras, e "que não conta com grande esperança": "Minhas irmãzinhas, rezai pelos pobres doentes em artigo de morte. Se soubésseis o que se passa! Pouca coisa basta para a gente perder a paciência!... Dantes, não o acreditaria". *Perguntam-lhe: "Como vos haveis agora em vosso dia-a-dia?"* — "Meu dia-a-dia é sofrer. É o que está, então, acontecendo!"

Entanto, com não fingida alegria (tem "horror ao fingimento"*), esforça-se por atenuar o que possa haver de dramático em seu estado, e acabrunhar suas irmãs. Na enfermaria, não se respira ar de tristeza.* "Quanto ao moral, sempre a mesma coisa, a jovialidade personificada, fazendo rir a todos quantos dela se acercam. Momentos há em que a gente pagaria para ter vez de ficar junto a ela (...) Creio que morrerá entre sorrisos, tão grande é sua alegria", *escreve Irmã Maria da Eucaristia a seus pais, num de seus valiosíssimos boletins de enfermeira.*

Trocadilhos, "brincadeiras" de vários gêneros, arremedos, humorismo a propósito de si mesma ou da perplexidade dos médicos, disso dispõe Teresa variado repertório, exprimindo o fundo de seu caráter e sua caridade fraterna. A fonte de sua alegria provém de sua ilimitada aceitação da vontade do "Papai Bom Deus", a quem logo irá contemplar face a face. "Não vos entristeçais de me verdes doente, minha Mãezinha, pois vedes como o Bom Deus me torna feliz. Estou sempre alegre e satisfeita".

Generosa ternura de um "coração sensível e amoroso", *dá a cada um de acordo com suas necessidades; aceita e pede até um beijo,* "beijo que seja sonoro, enfim, que estale nos lábios!" *Fraternal caridade, sobre que tão bem escrevera em junho, manifesta agora as dimensões de seu oculto heroísmo. A gente vai à enfermaria mendigar, veladamente, um conselho ou um sorriso. Mestra de noviças, preocupa-se, até o fim, com as lágrimas da Irmã Maria da Trindade, com os desalentos de sua* "Babá" *(Irmã Genoveva), ou escusa os enganos da boa e velha Irmã Santo Estanislau, sua enfermeira.*

Quem então suspeitaria — a não ser algumas raras confidentes — que ela, habitualmente, continua engolfada na "noite", *no* "subterrâneo", *como que diante de uma* "parede"?

Pois, a terrível provação, comunicada confidencialmente à Madre Maria de Gonzaga, só terminará no dia extremo. Em face da morte, sob a tortura dos sofrimentos físicos, Teresa aspira ao Céu com todas as veras de sua alma, e parece-lhe estar "fechado". "Tudo se refere ao Céu. Como é estranho e incoerente!" *Emergem, como relâmpagos, rápidas confidências à Madre Inês:* "Que a gente ame tanto o Bom Deus e a Santíssima Virgem, e tenha tais pensamentos!... Mas, não demoro neles". *Ao divisar pela janela um* "buraco negro" *no jardim:* "Num buraco desses me encontro, tanto de alma, como de corpo. Oh! sim, que trevas! Dentro delas, porém, estou tranqüila".

Em 8 de setembro, coberta de flores, festeja o sétimo aniversário de profissão. Chora de gratidão: "E por causa das finezas do Bom Deus para comigo. Exteriormente, sou cumulada delas; interiormente, todavia, sempre me encontro em estado de provação... Ainda assim, estou tranqüila". *Tece duas grinaldas de acianos para a estátua da Virgem do Sorriso.*

De regresso, o Dr. de Cornière mostra-se consternado com a situação de sua doente. Irrompe nova e derradeira agravação, depois de dezenove dias de relativa melhora. O pulmão esquerdo está inteiramente tomado pela tuberculose. Teresa sufoca, já não pode falar senão em frases entrecortadas: "Mamãe!... Falta-me o ar da terra. Quando me dará o Bom Deus o ar do céu?... Ah! nunca esteve tão curta! *(sua respiração)*".

Qual viajor exausto, a titubear no fim da caminhada, ela chega ao termo final de sua via-sacra: "Sim, mas é nos braços do Bom Deus que vou tombar!". *Sente, em face da morte, alguns instantes de incerteza:* "Tenho medo de ter tido medo da morte... Mas, bem certo, depois, não tenho medo! E não lastimo perder a vida. Oh! não. Basta só dizer a mim mesma: Em que consiste a misteriosa separação de alma e corpo? Foi a primeira vez que tive tal sensação, mas de pronto me abandonei ao Bom Deus".

A agonia propriamente dita durará dois dias. Mas, desde 21 de setembro, Teresa geme: "Oh! que é agonia? Parece-me estar nela todo o tempo".

Na manhã de quarta-feira, dia 29, a doente estertora penosamente. Madre Maria de Gonzaga convoca a comunidade que, comprimida em redor do leito, reza durante uma hora as orações dos agonizantes. Ao meio-dia, Teresa pergunta à Priora: "Minha Madre, estou na agonia?... Como farei para morrer? Nunca saberei morrer!..." *Depois da visita do médico, indaga ainda:* "Será para hoje, minha Madre?" — "Sim, *minha filhinha*". — "Se morrer agora mesmo, que felicidade!" *Um pouco mais tarde:* "...Quando de fato sufocarei!... Já não posso mais! Ah! rezem por mim!... Jesus! Maria!... Sim, quero, quero muito..."

Sentada, solitária, à "mesa dos pecadores", *não pode contar com nenhuma ajuda de fora. O capelão espantou-se com as tentações de sua penitente:* "Não vos detenhais nelas, é muito perigoso!" *Receosa de fazê-las participar de seus tormentos, ela mantém muita reserva para com suas irmãs. Já não pode sequer valer-se dos Sacramentos. A 19 de agosto, comunga pela última vez. "Quando lhe levam a Sagrada Eucaristia, entramos todas, a salmodiar o Miserere. Na última vez, estava tão debilitada, que só de ouvir-nos quase se lhe atacavam os nervos. Sofria um martírio."*

A impossibilidade de comungar, desde essa data, nem por isso abatia o ânimo de Teresa: "Sem dúvida, grande graça; receber os Sacramentos. Mas, quando o Bom Deus o não permite, ainda assim acho bom. Tudo é graça".

Foi por intenção do ex-carmelita Padre Jacinto Loyson que ofereceu a derradeira Comunhão, pois "nada lhe pára nas mãos". "Tudo o que tenho, tudo que ganho, é para a Igreja e para as almas." *A obsessão pelos pecadores e pela salvação de todos não deixa de recrudescer. Nutre-a pela troca de correspondência com seus irmãos espirituais, a quem promete ajuda proficiente:* "Quando tiver aportado, ensinar-vos-ei, querido irmãozinho de minha alma, como devereis singrar pelo mar tempestuoso do mundo: com o abandono e o amor de uma criança, ciente de que seu pai lhe quer bem e não poderia deixá-la abandonada à hora de perigo... O caminho da confiança, simples e amorosa, é bem indicado para vós", *escreve ao Padre Bellière.*

Na enfermaria, a vida decorre tão dia-a-dia e tão monótona, que ninguém imaginará que ali esteja uma Santa na iminência de morrer. De vez em quando, porém, misteriosas declarações projetam raios de luz num porvir muito próximo: "Minhas irmãzinhas, bem sabeis que cuidais de uma santinha!... Recolhei cuidadosamente as pétalas (de rosa), minhas irmãzinhas. Servir-vos-ão, mais tarde, para obséquios. Não percais nenhuma..." *Ao mesmo tempo, porém, quando lhe sugerem várias datas para seu trespasse, protesta sua total pobreza:* "Oh! minha Madre, são intuições! Se soubésseis em que penúria me encontro! Nada sei além do que sabeis! Nada adivinho senão através do que vejo e sinto".

Todas as declarações feitas na enfermaria tecem um como que grandioso Magnificat, *na linha dos manuscritos, que enaltecem a misericórdia do Senhor. Por mera graça alcançou Irmã Teresa tal abandono:* "A palavra de Jó: 'Ainda que Deus me matasse, Nele sempre poria minha esperança', encantou-me desde a infância. Não obstante, levei muito tempo até me colocar nesse grau de abandono. Agora, nele estou. O Bom Deus pôs-me dentro, tomou-me aos braços, e lá me largou...".

Lúcida, reconhece suas limitações, aceitando todas as humilhações decorrentes de seu estado de doente grave: atos de fraqueza, prantos, impaciência para com alguma irmã importuna: "Oh! como sou feliz em me conhecer imperfeita e sentir tanta necessidade da misericórdia do Bom Deus à hora da morte!"

Dá a impressão de tornar-se pura transparência: "Mas, como bem se verá, tudo vem do Bom Deus. E o que me couber de glória, será um dom gratuito, que a mim não pertencerá. Todo o mundo o verá exatamente".

* * *

Entrementes, passado o paroxismo dos sofrimentos do fim de agosto, mudou-se a cama para o meio da enfermaria. Pela janela aberta, pode Teresa contemplar o esplendor do jardim (ela que gosta tanto de flores e frutos), o céu físico (o outro continua fechado), ouvir o salmodiar do Ofício Divino ou alguma música ao longe. A vida parece retornar. Eis que ela agora sente fome. Tia Guérin desdobra-se para satisfazer seus "apetites de coisas boas", inclusive de um bolo de chocolate!

A 30 de agosto, deitada num leito com rodas, Teresa é levada pelo interior do claustro até a porta do coro, que avista pela última vez. Irmã Genoveva aproveita, então, para tirar o último retrato de sua irmã. Muito emagrecida, num esforço de sorrir, Teresa desfolha rosas por sobre o Crucifixo, do qual não se separa.

De tarde, Padre Faucon vem confessá-la. Comovidíssimo, expande-se ao sair da enfermaria: "Que bela alma! Está, ao que parece, confirmada na graça".

De noite, apesar de seus protestos, Irmã Genoveva e Irmã Maria do Sagrado Coração velam junto dela. Noite muito dolorosa. Pela manhã, suas três irmãs permanecem com ela durante a Missa. Teresa olha ofegante para a estátua da Virgem: "Oh! implorei-a com um fervor!... Agora é agonia de verdade, sem nenhum misto de consolação..."
Na tarde de quinta-feira, 30 de setembro, Teresa ergue-se um pouco da cama, senta-se, o que já não podia fazer várias semanas. "Vede quanta força tenho hoje! Não, não vou morrer! Levarei meses ainda, anos talvez!". *No dizer de testemunhas, passa então "pelos últimos arrancos da mais atroz agonia".*

Por volta das 15 horas, sentada na cama, estende os braços, apóia-se em Madre Inês e Irmã Genoveva, que a cercam. Por que não evocar, então, as palavras proferidas em junho, a propósito da "morte de amor", que esperava: "Não vos amofineis, minhas irmãzinhas, se padeço muito, e, como já vo-lo disse, se não virdes nenhum indício de bem-aventurança. Nosso Senhor, por certo, morreu Vítima de Amor, e vedes qual não foi sua agonia!...". *E em julho:* "Nosso Senhor morreu na Cruz, angustiado, e não obstante eis aí a mais bela morte de amor (...). Morrer de amor não é morrer em êxtases. Com franqueza vo-lo confesso, parece-me ser isto o que sinto".

Madre Inês coligiu estas palavras de Teresa:
"Já não acredito em morte, para mim... Já não acredito senão em sofrimento... Pois, então, tanto melhor!"
"Ó meu Deus!..."
"Eu o amo, ao Bom Deus!"
"Ó minha boa Santíssima Virgem, vinde em meu auxílio!"
"Se isto é agonia, que será então a morte?!..."
"Ah! meu Bom Deus! acho-o muito bom...". "Sim, ele é muito bom."
"Se tivésseis uma idéia do que é sufocar!"
"Meu Deus, tende piedade de vossa pobre filhinha! Apiedai-vos dela!"

À Madre Maria de Gonzaga:
"Ó minha Madre, asseguro-vos, o cálice está cheio até a borda!..."
"... Mas, o Bom Deus, com toda a certeza, não me abandonará..."
"...Ele nunca me abandonou".
"...Sim, meu Deus, tudo o que quiserdes, mas tende compaixão de mim!"
"... Minhas irmãzinhas, minhas irmãzinhas, rezai por mim!"
"...Meu Deus! meu Deus! que sois tão bom!!! ... Oh! sim, sois bom, eu o sei..."
"... Sim, parece-me que nunca procurei senão a verdade. Sim, compreendi a humildade de coração... Parece-me que sou humilde."
"...Tudo o que escrevi sobre meus desejos de sofrer, oh! apesar dos pesares, é muito verdadeiro!"
"... E não me arrependo de me haver entregue ao Amor!"
Com insistência:
"Oh! não, não me arrependo, pelo contrário!"
Madre Inês declara: "Estava sozinha junto dela, quando pelas quatro horas e meia, percebi pela sua súbita lividez que o derradeiro transe se aproximava. Nossa Madre veio de novo, e num instante estava reunida toda a comunidade. Ela sorriu-lhe, mas não falou mais até ao momento da morte. Horrível estertor lancinou-lhe o peito por mais de duas horas. O rosto estava congestionado, as mãos arroxeadas. Tinha os pés gelados, e tremia de todos os membros. Copioso suor orvalhava-lhe a fronte em gotas enormes, destilando-lhe pelas faces. Sentia uma ofegação cada vez maior, e para respirar, soltava de vez em quando gritinhos involuntários".

Teresa sorri à Irmã Genoveva que lhe enxuga a testa, e lhe passa um pedacinho de gelo nos lábios ressequidos.

À hora de bater o Ângelus (18 horas), a agonizante fita longamente a Virgem do Sorriso. Segura firmemente o Cru-

cifixo. A comunidade que ficara cerca de duas horas na enfermaria, é dispersada pela Priora. Teresa suspira:
— "Minha Madre! Não é ainda a agonia?... Não morrerei?"
— Sim, minha pobrezinha, é a agonia, mas o Bom Deus quer talvez prolongá-la algumas horas.
— "Pois bem!... Vamos!... Vamos!... Oh! não quisera sofrer menos tempo...".
A cabeça recai no travesseiro, inclinando-se para a direita. A Priora manda tocar o sino da enfermaria, as religiosas retornam às pressas. "Abri todas as portas!" *ordena Madre Maria de Gonzaga. Mal a comunidade ajoelhada de novo em redor do leito, Teresa, olhando para seu Crucifixo, profere distintamente:* "Oh! eu o amo...". *Um instante após:* "Meu Deus... eu... vos amo!"
De súbito, os olhos adquirem nova vida e fitam determinado ponto, pouco abaixo da estátua da Virgem. O semblante volta à expressão que tinha com plena saúde. Ela parece estar em êxtase. O olhar durou o espaço de um Credo. Depois, cerra os olhos, e expira. São 19 horas e vinte minutos, aproximadamente.
Com a cabeça pendida à direita, com misterioso sorriso nos lábios, está com uma aparência muito linda, como o demonstra a fotografia tirada por sua irmã.
Ficou exposta, segundo o costume, dentro do coro, junto à grade, desde sexta-feira de tarde até domingo de noite, e foi sepultada em terra rasa na segunda-feira, 4 de outubro de 1897, no cemitério de Lisieux.
Da enfermaria, escrevera ao Padre Bellière: "Não morro, entro na vida".
Ia começar a prodigiosa vida póstuma desta desconhecida Carmelita...

APÊNDICES

Cédula de profissão.
Ato de oblação.

APÊNDICES

*Cédula que a Irmã Teresa tinha sobre
o coração no dia de sua profissão religiosa*

8 de setembro de 1890

Ó Jesus, meu divino Esposo! Que eu não perca jamais a segunda veste de meu Batismo! Tira-me deste mundo, antes que cometa a mais leve falta voluntária. Que sempre procure e encontre só a ti. Que as criaturas nada sejam para mim, e eu nada seja para elas, mas que tu, meu Jesus, sejas *tudo!*... Não possam as coisas da terra jamais conturbar minha alma. Nada conturbe minha paz! Jesus, não te peço senão a paz e também o amor, o amor infinito, sem outro limite senão tu mesmo... amor que já não seja eu, mas que sejas tu, meu Jesus. Por ti, Jesus, morra eu mártir, o martírio do coração ou do corpo, antes, de ambos...

Faze-me cumprir meus votos em toda a sua perfeição, e leva-me a compreender o que uma esposa tua deve ser. Faze que nunca seja molesta à comunidade, e que ninguém se desvele por mim; que eu seja tida, espezinhada, esquecida, qual grãozinho de areia que te pertence, Jesus. Faça-se em mim tua vontade de uma maneira perfeita. Possa alcançar a mansão que antecipadamente me foste preparar...

Deixa-me, Jesus, salvar muitas almas; que no dia de hoje, não seja condenada nenhuma, e sejam salvas todas as almas do purgatório... Perdoa-me, Jesus, se digo coisas que não devo dizer. Só quero alegrar-te e consolar-te.

ATO DE OBLAÇÃO
AO AMOR MISERICORDIOSO

J.M.J.T.

Oblação de mim mesma
como Vítima de Holocausto
ao Amor Misericordioso do Bom Deus

Ó meu Deus! Bem-aventurada Trindade, desejo *amar-vos* e fazer que *vos amem*, trabalhar pela glorificação da Santa Igreja, salvando as almas que estão na terra, e libertando as que sofrem no Purgatório. Desejo cumprir, perfeitamente, vossa vontade e alcançar o grau de glória que me preparastes em vosso Reino. Numa palavra, desejo ser santa, mas sinto minha insuficiência, e peço-vos, ó meu Deus, sede vós mesmo a minha *santidade*.

Já que amastes a ponto de me dardes vosso Filho único, para ser meu Salvador e meu Esposo, meus são os infinitos tesouros de seus méritos. Com prazer vo-los ofereço, suplicando-vos não olheis para mim senão através da Face de Jesus e dentro de seu Coração abrasado de *amor.*

Ofereço-vos, também, os merecimentos dos Santos (que estão no Céu e na terra), seus atos de *amor* e os dos Santos Anjos. Ofereço-vos, afinal, ó *Bem-aventurada Trindade!* o *amor* e os méritos da *Santíssima Virgem, minha querida Mãe*, a quem entrego minha oblação com o pedido que vo-la apresente. Seu Divino Filho, meu *Bem-amado Esposo*, disse-nos em dias de sua vida mortal: *"Tudo quanto pedirdes ao meu Pai em meu nome, vo-lo dará!"* Tenho, pois, certeza de que atendereis meus desejos. *Isto sei eu, ó meu Deus, quanto mais quereis dar, tanto mais impelis a desejar.* Sinto no coração desejos imensos, e confiante vos peço que venhais tomar posse de minha alma. Ah! não me é dado receber a Santa Comunhão tantas vezes, quantas desejo. Mas, Senhor, não sois *Todo-Poderoso?* Ficai em mim, como no tabernáculo, não vos ausenteis jamais de vossa pequenina hóstia...

Quisera consolar-vos da ingratidão dos perversos, suplicando-vos que me tireis a liberdade de vos agravar. Se alguma vez cair por fraqueza, vosso *Divino Olhar* me purifique imediatamente a alma, consumindo todas as minhas imperfeições, como o fogo que transforma em si próprio todas as coisas...

Agradeço-vos, ó meu Deus! todas as graças que me concedestes, de modo particular a de me terdes feito passar pelo cadinho do sofrimento. Exultante vos contemplarei no último dia, a empunhar o cetro da Cruz. Uma vez que vos dignastes dar-me como partilha a Cruz tão preciosa, espero assemelhar-me convosco no Céu, e que em meu corpo glorificado veja resplandecer os sagrados estigmas de vossa Paixão...

Terminado o exílio da terra, espero ir gozar convosco na Pátria. Não quero, porém, juntar méritos para o Céu, quero trabalhar por vosso único *amor,* com o único intuito de vos agradar, de consolar vosso Sagrado Coração, e de salvar almas que vos amem eternamente.

No entardecer da vida, comparecerei diante de vós com mãos vazias, pois não vos peço, Senhor, que leveis em conta minhas obras. Todas as nossas justiças têm defeitos aos vossos olhos. Quero, pois, revestir-me de vossa própria *justiça,* e receber de vosso *amor* a eterna posse de *Vós mesmo*. Não quero outro *trono* nem outra *coroa* senão *Vós mesmo,* ó meu *Bem-Amado!...*

O tempo nada conta aos vossos olhos. Um único dia é como se fossem mil anos. Podeis, portanto, preparar-me num instante para comparecer à vossa presença...

A fim de viver em ato de perfeito amor, OFEREÇO-ME COMO VÍTIMA DE HOLOCAUSTO AO VOSSO AMOR MISERICORDIOSO, pedindo-vos que me consumais sem cessar, e façais irromper em minha alma as torrentes de *infinita ternura* que em vós se comportam, e assim me torne *mártir* de vosso *amor,* ó meu Deus!...

Depois de preparada para comparecer à vossa presença, esse *martírio* me faça enfim morrer, e minha alma se lance sem demora ao eternal amplexo de *vosso misericordioso Amor...*

Quero, meu *Bem-Amado,* a cada batida do coração, renovar-vos esta oblação um sem-número de vezes, até que, desfeitas as sombras, possa afiançar-vos meu *amor* num *eternal face a face!*

Maria Francisca Teresa do Menino Jesus e da
Sagrada Face, indigna religiosa carmelita.

Festa da Santíssima Trindade,
9 de junho do ano da graça 1895.

CRONOLOGIA

ALENÇON

1873 *2 de janeiro: nascimento de Maria Francisca Teresa Martin, à rua São Brás, nº 36.*
4 de janeiro: batismo na Igreja de Nossa Senhora. Madrinha: sua irmã Maria.
15 ou 16 de março: partida para amamentação em casa de Rosa Taillé, em Semallé (Orne).
1874 2 de abril: retorno definitivo de Teresa ao seio da família.
1875 Desde essa idade, pensa: "Serei religiosa".
29 de março: viagem a Mans.
23 de maio: primeira comunhão de Leônia.
1876 "Desde a idade de três anos, comecei a não recusar nada que o Bom Deus me pedisse."
16 de julho: primeiro retrato. Teresa faz beicinhos.
1877 4 de abril: primeira "carta" de Teresa.
Maio: explica à Celina o sentido de "Todo-Poderoso".
18-23 de junho: peregrinação da Sra. Martin, Maria, Paulina e Leônia, a Lourdes.
28 de agosto: morte da Sra. Martin.
29 de agosto: sepultamento da Sra. Martin. Teresa escolhe Paulina como segunda mamãe.

LISIEUX — NOS BUISSONNETS

1877 *15 de novembro: chegada de Teresa e suas irmãs a Lisieux, sob a direção do Tio Guérin.*
16 de novembro: instalação nos Buissonnets.
1878 Abril: compreende um sermão sobre a Paixão.
8 de agosto: vê o mar pela primeira vez, em Trouville.
1879 No verão (ou em 1880): visão profética a respeito da provação de seu pai.
No fim do ano (ou começo de 1880): primeira confissão.
1880 13 de maio: primeira comunhão de Celina, "um dos dias mais belos da minha vida".
1881 3 de outubro: matrícula na Abadia das Beneditinas como semi-interna.

1882 2 de outubro: entrada de Paulina no Carmelo de Lisieux. Teresa retorna à Abadia.
Dezembro: dores de cabeça contínuas, insônias, erupção de borbulhas.
1883 25 de março (Páscoa): enquanto o Sr. Martin, Maria e Leônia estão em Paris, Teresa cai doente em casa dos Guérin. Tremores nervosos, alucinações.
6 de abril: tomada de hábito de Paulina (Irmã Inês de Jesus). Teresa pode abraçar a irmã no locutório.
7 de abril: recaída, nos Buissonnets.
13 de maio (Pentecostes): sorriso da Virgem, cura de Teresa.
Maio: início dos sofrimentos morais a respeito da doença e da visão da Virgem.
Segunda quinzena de agosto: férias em Alençon, e "primeira entrada no mundo".
22 de agosto: primeiro encontro com o Padre Pichon em Alençon.
1884 Fevereiro-maio: cartas da Irmã Inês, com a finalidade de preparar Teresa para a primeira comunhão.
5-8 de maio: retiro preparatório.
8 de maio: primeira comunhão de Teresa na Abadia. Profissão da Irmã Inês de Jesus no Carmelo. Mitigação dos sofrimentos interiores pelo espaço de um ano.
22 de maio (Ascensão): segunda comunhão, grande graça.
14 de junho: Crisma, por Dom Hugonin, bispo de Bayeux.
Agosto: férias em Saint-Ouen-le-Pin (Calvados) em casa de sua tia Guérin.
1885 3-10 de maio: férias em Deauville (Chalet des Roses).
"O asno e o gozo."
17-21 de maio: retiro preparatório de renovação. Início da crise de escrúpulos, que durará *"ano e meio"*.
Julho: férias em Saint-Ouen-le-Pin.
22 de agosto — começo de outubro: viagem do Sr. Martin a Constantinopla.
Fim de setembro: férias em Trouville, com Celina (Vila Rosa).
Outubro: Teresa retorna sozinha para a Abadia, sem Celina.
1886 Fevereiro-março: dores de cabeça. Teresa deixa a Abadia. Lições em casa da Sra. Papinau.
Começo de julho: três dias em Trouville (Chalet des Lilas). Pelo dia 5 de outubro: viagem de alguns dias a Alençon, com o pai e as irmãs.
7 de outubro: entrada de Leônia nas Clarissas de Alençon.
15 de outubro: entrada de Maria no Carmelo de Lisieux.
Fim de outubro: Teresa fica livre de seus escrúpulos.
1º de dezembro: Leônia volta para casa.
25 de dezembro: depois da missa de meia-noite, GRAÇA DA "CONVERSÃO", nos Buissonets.
1887 19 de março: tomada de hábito de Maria (Irmã Maria do Sagrado Coração).
1º de maio: o Sr. Martin tem um ataque de paralisia. Maio: leitura das conferências de Arminjon.
29 de maio (Pentecostes): Teresa alcança do pai licença de entrar no Carmelo aos quinze anos de idade.
31 de maio: admissão entre as Filhas de Maria, na Abadia.

20-26 de junho: férias em Trouville (Chalet dos Lilas). Primavera-verão: colóquios espirituais com Celina no Mirante dos Buissonnets.
Julho: imagem do Crucificado revela-lhe sua vocação apostólica.
13 de julho: condenação à pena capital do assassino Pranzini. Teresa reza e sacrifica-se pela conversão dele.
16 de julho: entrada de Leônia na Visitação de Caen.
1º de setembro: Teresa lê em *La Croix* a notícia da execução de Pranzini (no dia anterior) e de sua conversão.
22 de outubro: o Sr. Guérin autoriza Teresa a entrar no Carmelo pelo Natal.
31 de outubro: visita a Dom Hugonin em Bayeux para solicitar idêntica autorização.
4 de novembro: partida para Paris, com o Sr. Martin e Celina; depois, para Roma, via Milão, Veneza, Loreto.
20 de novembro: audiência de Leão XIII. Teresa apresenta seu pedido ao Papa.
2 de dezembro: regresso a Lisieux (depois de visitar Nápoles, Pompéia, Assis, Florença, Pisa, Gênova, Marselha, Lião).
28 de dezembro: resposta favorável de Dom Hugonin à priora do Carmelo para admissão de Teresa.

1888 1º de janeiro: a resposta de Dom Hugonin é transmitida à Teresa.
Março: "Um dos mais belos meses da minha vida".
9 de abril: entrada de Teresa no Carmelo de Lisieux.

NO CARMELO

Postulantado: 9 de abril de 1888 — 10 de janeiro de 1889. Ocupação: rouparia

1888 22 de maio: profissão da Irmã Maria do Sagrado Coração.
28 de maio: confissão geral ao Padre Pichon, libertação de sofrimentos espirituais.
23 de junho: fugida do Sr. Martin ao Havre.
12 de agosto: novo ataque do Sr. Martin nos Buissonnets.
Fim de outubro: Teresa é admitida pelo Capítulo conventual à tomada de hábito.
31 de outubro: grave recaída do Sr. Martin no Havre.
1889 5-10 de janeiro: retiro para tomada de hábito.
10 de janeiro: tomada de hábito. Neve. Última festa para o Sr. Martin.
Noviciado: 10 de janeiro de 1889 — 24 de setembro de 1890. Ocupação: refeitório — serviço de vassoura.
12 de fevereiro: internação do Sr. Martin no Hospital Bom Salvador de Caen.
Julho: uma graça marial no eremitério de Santa Madalena, e semana de "quietude".
25 de dezembro: rescisão do arrendamento dos Buissonnets.
1890 Durante o ano, descoberta de textos relativos ao Servo que sofre (Isaías), e leitura das obras de São João da Cruz.
Janeiro: retardamento da profissão.
28 de agosto — 8 de setembro: retiro para profissão; secura espiritual.
2 de setembro: exame canônico e bênção de Leão XIII.

8 de setembro: profissão.
24 de setembro: tomada de véu, sem a presença do Sr. Martin.
1891 Por 10 de fevereiro: designação como segunda sacristã. Abril-julho: oração por Jacinto Loyson.
8-15 de outubro: retiro pregado pelo Padre Aleixo Prou, franciscano.
5 de dezembro: morte da Madre Genoveva, fundadora do Carmelo de Lisieux.
Fim do mês: epidemia de influenza.
1892 10 de maio: retorno do Sr. Martin a Lisieux.
12 de maio: última visita do Sr. Martin no locutório do Carmelo.
1893 2 de fevereiro: composição de sua primeira poesia.
20 de fevereiro: eleição da Madre Inês para o priorado.
Teresa é agregada à formação espiritual de suas companheiras de noviciado.
Junho: pinta um afresco no oratório.
24 de junho: Leônia entra segunda vez na Visitação de Caen.
Setembro: Teresa fica no noviciado; sua nomeação como segunda porteira.
1894 2 de janeiro: atinge a maioridade.
21 de janeiro: primeira "recreação piedosa": *Joana d'Arc,* cujo papel interpreta.
Na primavera, começa a sofrer da garganta, cauterizações.
16 de junho: entrada da Irmã Maria da Trindade, que é confiada à Teresa.
29 de julho: morte do Sr. Martin no castelo de La Musse (Eure).
Agosto: Teresa muda de cela.
14 de setembro: entrada de Celina no Carmelo; é confiada à Teresa.
Fim de dezembro: recebe da Madre Inês de Jesus a ordem de escrever suas reminiscências de infância.
1895 Ano da redação do Manuscrito A.
5 de fevereiro: tomada de hábito de Celina (Irmã Genoveva).
26 de fevereiro: Teresa compõe espontaneamente a poesia *Viver de Amor.*
9 de junho (Santíssima Trindade): recebe, durante a missa, a inspiração de oferecer-se ao Amor misericordioso.
11 de junho: faz, com Celina, a oblação do Amor.
Pouco depois: ao começar sua Via-Sacra, intensa experiência do amor de Deus ("vulneração de amor").
20 de julho: Leônia sai da Visitação.
15 de agosto: entrada de sua prima Maria Guérin no Carmelo.
17 de outubro: Teresa é designada pela Madre Inês irmã espiritual do Padre Bellière, seminarista e aspirante a missionário.
1896 20 de janeiro: Teresa entrega à Madre Inês seu caderno de reminiscências (Manuscrito A).
24 de fevereiro: profissão da Irmã Genoveva.
17 de março: tomada de véu da Irmã Genoveva; tomada de hábito de Maria Guérin (Irmã Maria da Eucaristia).
21 de março: dificultosa eleição da Madre Maria de Gonzaga ao priorado.
Teresa é confirmada no cargo de mestra auxiliar no noviciado.
2-3 de abril (noite de quinta para sexta-feira Santa): primeira he-moptise, na cela.
3 de abril à noite: segunda hemoptise.

5 de abril (Páscoa), aproximadamente: súbita entrada na noite da fé, provação que perdurará até a morte.
10 de maio: sonho relativo à Venerável Ana de Jesus.
30 de maio: Madre Maria de Gonzaga confia à Teresa um segundo irmão espiritual: o Padre Roulland, das Missões Estrangeiras.
3 de julho: primeira missa do Padre Roulland no Carmelo, e conversa com Teresa no locutório.
7-18 de setembro: retiro individual.
8 de setembro: redação do Manuscrito B (a Jesus).
13-16 de setembro: carta à Irmã Maria do Sagrado Coração (*Manuscrito B*, 1ª parte), para lhe dedicar o texto.
Novembro: leitura da vida de Teófanes Vénard; novena a esse mártir para conseguir a partida como missionária para a Indochina. Recaída do pulmão.

1897 25 de março: profissão da Irmã Maria da Eucaristia.
Começo de abril (fim da Quaresma): adoece gravemente.
6 de abril: início dos últimos colóquios.
8 de julho: é descida para a enfermaria. Hemoptises até 5 de agosto.
30 de julho: Unção dos enfermos.
19 de agosto: última Comunhão.
Quinta-feira, 30 de setembro, à noite, pelas 7 horas e 20 minutos: morte de Teresa, depois de uma agonia de dois dias.
4 de outubro: sepultamento no cemitério de Lisieux.

CRONOLOGIA PÓSTUMA

1898 7 de março: Dom Hugonin, bispo de Bayeux, permite a impressão de *l'Histoire d'une Ame*.
2 de maio: morte de Dom Hugonin.
30 de setembro: 2000 exemplares de *l'Histoire d'une Ame* saem dos prelos da Imprimerie Saint-Paul em Bar-le-Duc.

1899 28 de janeiro: Leônia entra, definitivamente, na Visitação de Caen.
Páscoa: esgotada a primeira edição de *l'Histoire d'une Ame;* prepara-se a segunda.
Outubro: já se esgotou metade da segunda edição (tiragem de 4000 exemplares).

1899-1902
Primeiras graças e curas. Chegam peregrinos para rezar à sepultura da Irmã Teresa no cemitério de Lisieux.

1902 19 de abril: reeleição da Madre Inês como priora. Ficará em exercício até a morte, por vontade de Pio XI (1923) descontada uma interrupção de dezoito meses (1908-1909).

1904 17 de dezembro: morte da Madre Maria de Gonzaga.

1905 14 de abril: morte da Irmã Maria da Eucaristia, por tuberculose.

1906 9 de julho: Luís Veuillot, no *l'Univers,* difunde que o Carmelo trata de introduzir a causa da Irmã Teresa no Tribunal de Roma.

1907 15 de outubro: Dom Lemonnier, novo bispo de Bayeux, pede às Carmelitas anotem suas recordações a respeito da Irmã Teresa.

1909 Janeiro: Padre Rodrigues O.C.D. (Roma) e Mons. de Teil (Paris) são nomeados, respectivamente, Postulador e Vice-Postulador da Causa.

1910 5 de março: rescrito de Roma para o processo dos escritos.
Julho: desde um ano, o Carmelo recebeu 9741 cartas da França e do exterior.
3 de agosto: instituição do Tribunal diocesano para o Processo do Ordinário.
12 de agosto: no Carmelo primeira sessão do Processo.
6 de setembro: no cemitério de Lisieux, exumação dos restos mortais da Irmã Teresa, e transladação para novo sepulcro.
1912 Este ano, Celina desenha "Teresa com as rosas" (a carvão).
10 de junho: Pio X assina o Decreto de Introdução da Causa. — Tinha declarado, particularmente, a um bispo missionário que a Irmã Teresa era "a maior Santa dos tempos modernos".
1914 Julho: média de 200 cartas por dia.
10 de dezembro: em Roma, decreto de aprovação dos escritos da Irmã Teresa.
1915 17 de março: em Bayeux, início do Processo Apostólico.
1917 9-10 de agosto: segunda exumação e reconhecimento canônico dos restos mortais da Irmã Teresa no cemitério de Lisieux.
1918 9 de fevereiro: pelo correio do dia, 512 cartas.
1921 14 de agosto: Bento XV promulga o Decreto sobre a heroicidade das virtudes da Venerável Serva de Deus, e profere uma alocução sobre a infância espiritual.
1923 *29 de abril: Beatificação da Irmã Teresa do Menino Jesus por Pio XI.* O Papa faz dela "a estrela de seu pontificado". O Carmelo recebe entre 800 a 1000 cartas por dia.
1925 *17 de maio: Solene Canonização na Basílica de São Pedro em Roma.* Homilia de Pio XI em presença de 60 000 pessoas. À noite, na Praça de São Pedro, 500 000 peregrinos.
1927 Janeiro: publicação de *Novissima Verba* (Últimos Colóquios).
13 de julho: a festa litúrgica de Santa Teresa do Menino Jesus é ampliada para a Igreja Universal.
14 de dezembro: Pio XI proclama Santa Teresa do Menino Jesus, em pé de igualdade com São Francisco Xavier, patrona principal de todos os missionários, homens e mulheres, e das missões existentes em todo o universo.
1929 30 de setembro: lançamento da primeira pedra da Basílica de Lisieux.
1937 11 de julho: inauguração e bênção da Basílica de Lisieux pelo legado do Papa, o Cardeal Pacelli, futuro Pio XII. Mensagem de Pio XI, retransmitida pelo rádio.
1941 24 de julho: fundação da Missão de França. Seu seminário instala-se em Lisieux.
1944 3 de maio: Pio XII nomeia Santa Teresa padroeira secundária da França, em pé de igualdade com Santa Joana d'Arc.
Junho: Lisieux é parcialmente destruída pelos bombardeios dos aliados. A Abadia (escola de Teresa) desaparece.
1947 50º aniversário da morte de Santa Teresa. Sua urna é transportada por quase todas as dioceses da França.
1948 Setembro: primeira edição das *Cartas* (*Lettres*).
1954 11 de julho: solene consagração da Basílica de Lisieux.
1956 Publicação da edição fac-similar dos *Manuscrits autobiographiques*

(reconstituição de *l'Histoire d'une Ame* segundo os textos originais), pelo Padre Francisco de Santa Maria.
1971 Julho: publicação dos *Derniers Entretiens* (primeiro volume da Edição do Centenário).
1972 Julho: publicação da *Correspondance générale* (Edição do Centenário).
1973 Celebração do Centenário do nascimento de Teresa Martin.
1975 17 de maio: Celebração do Cinquentenário da Canonização da Santa.

LEGENDA DAS ILUSTRAÇÕES
(entre as páginas 282-283)

1. *Os Buissonnets. Fachada que dá para o jardim.*
No alto, segunda e terceira janelas à esquerda: aposento ocupado por Teresa, quando foi curada pela Virgem do Sorriso, a 13 de maio de 1883. Terceira janela à direita: aposento do Sr. Martin.
A rés-do-chão da esquerda à direita: janela do gabinete de Paulina; porta de entrada; janela da cozinha; sala de jantar (duas janelas e a porta).
No segundo andar, janelas de mansarda ao centro: o mirante (*Clichê Fortier*).

2. *Grupo das famílias Martin-Guérin. Verão de 1892.*
Da esquerda para a direita: Maria Guérin; Leônia Martin; Maria, empregada; Celina; o Sr. Martin; Desidério, empregado; o Sr. Guérin; a Sra. Guérin.
No primeiro plano, Tom, cachorro da casa.

3. Teresa com a Mãe (pintura de Celina).

4. Teresa com o Pai (pintura de Celina).

5. *O convento (ala da enfermaria), visto do jardim. 1894.*
Da esquerda para a direita: eremitério do Coração de Jesus (a rotunda); serviço de hóstias (duas janelas), porta do saguão da enfermaria, janela de uma cela contígua (ocupada por Celina durante a doença de Teresa em 1897); janela da enfermaria onde Teresa morreu.
No sobrado, na parte que dá para o jardim, janelas da biblioteca.

6. *O claustro do Carmelo. 1895.*
A rés-do-chão, no ângulo das duas arcadas, porta da enfermaria de Teresa (encoberta em parte pelo cruzeiro).
No alto, primeira janela à direita: cela de Celina; terceira janela a partir da direita: cela de Teresa; em continuação, as quatro janelas da sala do capítulo.

7. *Teresa, noviça, janeiro de 1889 (VTL 6).*

8. *Alameda das Castanheiras.*
O carrinho de doente, no qual Teresa redigiu o "Manuscrito C" em junho de 1897.

9. *A comunidade no tanque de lavar roupa em abril de 1895 (VTL 24).*
Teresa, de avental branco e véu preto, de joelhos, entre duas noviças, uma das quais é Celina, à esquerda.

10. *Teresa em julho de 1896* (VTL, recorte).

11. Estátua de Santa Teresa do Menino Jesus, em frente à Basílica de Lisieux.

(As fotografias são extraídas de "Visages de Thérèse de Lisieux" [*VTL*], edições do Ofício Central de Lisieux.)

ÍNDICE ANALÍTICO

ABANDONO
    — na provação, 189
    — à vontade de Deus, 208, 238
    — é a única bússola, 235
    — é a via segura para o Amor, 242
    Jesus não pede obras grandes mas só o —, 243
    — audaz, 260
    — à Misericórdia infinita, 265
    — total, 286
    — abandonar-se como uma criancinha nos braços do Bom Deus, 310
    (Ver: *Confiança, Fé*)
AÇÃO
    (Ver: *Obra*)
AFETO(S)
    — incompreendido, 118
    Um coração entregue ao — das criaturas como pode unir-se a Deus?, 119
    — puro e forte, 171, 197
    —, perigo de afeiçoar-se humanamente no claustro, 197, 306, 308
    Desapego dos —, 282, 283
    Desejo de sofrer a falta de —, 285
    — espiritual, 307
    O — puro não deseja ser conhecido nem de quem é o objeto, 313
    As religiosas mais santas são cercadas do — de todas, 323
    (Ver: *Amor do próximo, Caridade*)
ÁGUIA
    Os olhos e o coração de —, 260
    A presa da —, 263
    A — é o Verbo Divino, 263
    Com as asas mesmo da — divina, para o Sol do Amor, 264
ALMA(S)
    Porque as — não recebem o mesmo grau de graça, 4
    Deus se ocupa particularmente de cada —, 7
    Uma — em graça não tem nada a temer do demônio, 38
    Uma — pura pode ser mais amante que uma — penitente, 120
    A sede das —, 134, 136
    Dar às — o Sangue de Jesus, 136

A nossa — é o templo da Trindade, 140
As — das crianças, 148
Muitas — atingiriam a santidade se fossem bem dirigidas, 149
As — dos sacerdotes, 157
"Vim para salvar —", 195
No fim do mundo ficaremos admirados ao ler a estória das —, 195
Jesus vivo nas —, 221, 236, 292
Diversidade de —, 237, 270, 314
Ser mãe das —, 250
Iluminar as —, 251
"Quis que a minha — habitasse já no Céu", 284
Jesus é Artista das —, 292
A algumas — o Senhor dá as suas luzes gradativamente, 306
O santuário das —, 310
Fazer o bem às — sem a ajuda de Deus é impossível, 311
É preciso guiar as — no caminho que Jesus traçou para elas, 311
As — tem quase todas as mesmas lutas, 314
"Não tenho outro tesouro senão as —", 335
Um coração ardente de amor arrasta também as — para Deus, 338
(Ver: *Amor, Apostolado, Pecadores, Sacrifício, Sofrimento, Zelo*)

AMABILIDADE
— para com as almas imperfeitas, 292, 323, 324
—, um modo amável de recusar, 301
A — pode dilatar uma alma triste, 323
(Ver: *Amor do próximo, Caridade, Sorriso*)

ALEGRIA(S)
Só no Céu a — será perfeita, 50, 167
A — do sacrifício, 82, 143
Lágrimas de —, 94, 109, 158
Uma — que se transforma em tristeza, 95
— no esquecimento de si para dar prazer aos *outros*, 134
Uma — de Paraíso, 167
A — não está nos objetos que nos cercam mas no mais profundo da alma, 179
— calma e profunda, 194
A — de ver-se sempre imperfeito, 209
Uma — que o tempo não pode arrebatar, 218
"Por que falar de — delirante?", 255
Alegrar-se por amor, 258
O momento da — perfeita, 261
A verdadeira — é ver-se o que se é aos olhos de Deus, 269
— no sofrimento, 274, 286, 326
— pela aproximação da morte, 275
A fé é fonte das únicas e verdadeiras —, 276
"Senhor, Vós me cumulais de — por tudo quanto fazeis", 279
A — do verdadeiro pobre de espírito, 297
A provação contra a fé amargura todas as —, 329
— de ter um irmão Sacerdote, 330

AMIZADE(S)
Fidelidade na —, 118

Amarguras nas — terrenas, 119
Jesus, único Amigo, 125, 260
AMOR
    É próprio do — abaixar-se, 6
    Uma troca de —, 136
    Sede de amar a Jesus e de fazê-lo amado, 138, 207
    Aspirações de —, 139
    Ímpetos de —, 147, 238
    O — de Jesus faz superar todas as dificuldades: 150
    — generoso e agradecido na provação, 207
    No mar da confiança e do —, 227
    "Com o — Não só avanço mas vôo!", 228
    Sem o — todas as obras são nada, 230
    A loucura do —, 235
    "É somente o — que me atrai", 235
    Todas as perfeições divinas são resplandescentes de — 237
    O fogo do — é mais santificante que o do Purgatório, 238
    O cântico sempre novo do —, 239, 296
    A ciência do —, 241
    Só o — pode tornar-nos aceitos pelo bom Deus, 241
    Jesus não tem necessidade das nossas obras mas só do nosso —, 243
    Só o — faz agir os membros da Igreja, 254
    O — encerra todas as vocações; o — é tudo, 254
    "No coração da Igreja eu serei o —", 254
    Vítima do —, 255, 264
    Dar — por —, 256, 336
    Uma oração audaz para obter dos Santos seu duplo —, 336
    Sofrer por — e gozar por —, 258, 327
    O puro —, 259
    Uma alma imperfeita pode aspirar à plenitude do —?, 260
    Uma legião de pequenas vítimas dignas do —, 265
    Morrer de —, 280, 281
    O — se nutre de sacrifícios, 308
    Em amar o coração se dilata e se fortifica, 309
    A alma que se aprofunda no — arrasta após si todos os tesouros que possui, 334
    Nas chamas do divino —, 338
    A oração inflama com um fogo de —, 338
AMOR DO PRÓXIMO
    Em que consiste o verdadeiro —, 289, 290, 308, 313
    Quanto mais se está unido a Jesus tanto mais se ama o próximo, 290
    Amar não basta, é preciso prová-lo, 296
    O — se nutre de sacrifícios, 308
AMOR MISERICORDIOSO
    O oferecimento ao —, 238
    O — deseja inflamar as almas, 238
    (Ver: *Ato, Caridade, Deus, Misericórdia, Perfeição, União, Vítima*)
AMOR PRÓPRIO
    — infantil, 30, 32
    Os elogios nutrem o —, 123
    Nas conversações espirituais pode haver tanto —, 125

— no desejo da Profissão, 208
Mortificação do —, 211, 212
(Ver: *Vaidade*)
ANJO(S)
Proteção do — da Guarda, 179
O sofrimento é um tesouro que os — nos invejam, 206
Os — não ficam na terra depois de completada a vontade de Deus, 233
Uma súplica aos —, 256, 262
APOIO
O — seguro das palavras de Jesus, 302
Não nos devemos apoiar sobre os pensamentos que não são unidos às obras, 304
O Onipotente deu aos Santos um ponto de —, Ele só, 338
APOSTOLADO
Vocação apostólica do Carmelo, 143, 157
O — do sofrimento, 229
Ardentes desejos de —, 251
Valor apostólico do amor, 254, 258
O — não é fácil, antes, é impossível sem a ajuda de Deus, 311
O — da oração, 331
(Ver: *Amor, Alma, Oração, Sacrifício, Sofrimento, Zelo*)
APÓSTOLO
(Ver: *Apostolado, Sacerdote*)
ARIDEZ
O pão cotidiano da —, 207
Aceitação alegre da —, 215
— na Ação de Graças da Comunhão, 225, 215
Os livros não tiram a —, 236
A recitação lenta de um pai-nosso é auxílio na —, 318
(Ver: *Noite, Obscuridade, Provas, Trevas*)
ASCENSOR
A procura de um — para erguer-me até Jesus, 271
O — são os braços de Jesus, 271
ASPIRAÇÕES
(Ver: *Desejo*)
ATO(S)
Domínio dos próprios —, 40
— de amor preparatórios para a primeira comunhão, 102
Deus não pode receber nunca um só — de amor do Inferno, 147
— de fé na provação, 279
Edificar-se com os pequenos — de virtude, 289
Dar é um — mais generoso do que emprestar, 301
Um — de caridade, 325
(Ver: *Amor, Virtude*)
AUDÁCIA
A — de pedir a Sagrada comunhão freqüente, 140
É a mesma fraqueza que dá a — de oferecer-se como vítima, 255
Desejos audazes, 256, 257
Abandono audaz, 260, 261
A — não teme a luta, 314

— com Jesus, 336
A — amorosa encanta o Coração de Jesus, 339
A santa — de Madalena, 339
(Ver: *Confiança, Coragem, Força, Esperança*)
AVANÇO
Quanto mais se avança mais se crê longe da meta, 209
"Com o amor não só —, mas vôo", 228
(Ver: *Diretor, Direção, Perfeição*)

BATISMO
O — depõe na alma um germe profundo das virtudes teologais, 148
Temor de haver empanado a veste cândida do —, 196
BEM
Tudo corresponde ao — de cada alma, 7
O amor do —, 32
O único — é amar a Deus e ser pobres de espírito, 11, 241
Os corações nobres e generosos gostam de fazer o —, 256
Tudo é — quando se procura só a vontade de Jesus, 270
Fazer o — às almas, sem o auxílio de Deus, é impossível, 311
Para fazer o — às almas é preciso também muita firmeza, 214
Uma correspondência que faria mais mal que —, 331
BENS
A esperança dos — futuros basta para fazer aceitar os sacrifícios, 148
Com o voto de pobreza renuncia-se aos — terrenos, 297, 302
Os — do espírito nos são emprestados pelo Bom Deus, 302
Desapego dos — do espírito e do coração, 303
(Ver: *Riquezas*)
BONDADE
A — de Nossa Senhora, 94
Como o Senhor se compraz em mostrar sua —, 130
— de Deus em perdoar, 237
(Ver: *Amabilidade, Amor, Caridade*)

CANTO
O — virginal de Sta. Cecília, 169
O — sempre novo do amor, 239, 257, 296
"Cantarei sempre, mesmo quando precisar colher as minhas flores no meio dos espinhos", 258
"— o que quero crer", 280
CARÁTER
Um — feliz contribui para tornar a vida aprazível, 41
Mudança de —, 45
Aparente fraqueza de —, 129
Um — simples e reto, 143
A suscetibilidade de certos — não torna a vida aprazível, 323
Um — desagradável, 292
Um — expansivo, 306
CARIDADE
A invasão da — no coração, 134

A — é a via que conduz seguramente a Deus, 253
A — encerra todas as vocações, 254
— para com Deus não é perfeita se não é unida à — para com o próximo, 288
Em que consiste a — perfeita, 289
A — não deve ficar encerrada no fundo do coração, 289
— nos pensamentos, 290
A — não consiste nos sentimentos mas nas obras, 292
A alma não radicada na — rebela-se às exigências do próximo, 296
Só a — pode dilatar o coração, 296
Quando a — lança profundas raízes na alma, mostra-se no exterior, 301
Na via da — só o primeiro passo custa, 301
Pureza de intenção ao praticar a —, 324
— amável e alegre, 324
Uma bela ocasião de praticar a —, 325
Alegria espiritual produzida por um humilde ato de —, 326
Luta interior para a prática da —, 327, 328
(Ver: *Amabilidade, Amor, Amor do próximo*)

CARMELO
O primeiro encontro com o —, 48
O chamado ao —, 83
O desejo de entrar para o — manifestado ao pai, 143
O fim principal da Reforma do —, 157
O — e Nossa Senhora, 158
A procura de entrar para o — aos 15 anos, 173
O ingresso no —, 191, 192, 193
O fim apostólico do ingresso no —, 195
Alegria nas austeridades do —, 275
Desapego das irmãs no —, 282, 283, 284
Desejo de um — de Missão, 285, 286
(Ver: *Apostolado, Religiosa, Vocação*)

CARTAS
Não é com as — mas com a oração que se salvam as almas, 316
Perigo das — aos irmãos espirituais, 331
Para fazer o bem, as — devem ser escritas por obediência, 331

CATECISMO
Zelo pelo estudo do —, 116

CÉU
Desejo do —, 50, 61, 175
O nome escrito no —, 62
Porque no — os eleitos não têm igual grau de glória, 66
O — é nossa casa paterna, 126, 213
"O meu —", 147
O pensamento do — ajuda a praticar a virtude, 148
Quem será o primeiro no —, 156
Dúvidas sobre a existência do Paraíso, 227, 279, 280
Uma pequena via para ir ao —, 271
O pensamento do —, motivo de luta e de tormenta, 276
A provação contra a fé tira toda satisfação natural do desejo do —, 280
Só no — a união será perfeita, 284
(Ver: *Eleitos, Glória*)

CIÊNCIA
    Desejo da —, 137
    Vaidade da — humana, 137
    A — da virtude, 149
    Um Diretor espiritual possuidor de —, 196
    A — oculta aos sábios, 199
    A — do amor, 241
    A — divina que os Santos atingem na oração, 338
COMUNHÃO
    No dia da primeira — obtem-se tudo o que se pede, 52
    A primeira — de Leônia, 23
    Preparação para a primeira —, 102, 103
    "O primeiro beijo de Jesus", 109
    A segunda —, 112
    Desejo ardente da —, 112, 140
    A — freqüente, 140
    A — na santa casa de Loreto, 167
    Preparação e Ação de Graças da —, 215, 225
    A consolação de receber a — todos os dias, 225
    Uma — com duas hóstias, 226
    (Ver: *Hóstia*)
CONFESSOR
    Espírito de fé no —, 57
    O — ignora os escrúpulos de Teresa, 126
    É bom manifestar ao — o desejo de receber Jesus, 140
CONFISSÃO
    A primeira —, 57
    A primeira — geral, 108
    Brevidade na —, 140
    Consoladora segurança recebida depois de uma — geral, 196
CONFIANÇA
    A velas despregadas no mar da — e do amor, 227
    — ilimitada, 263
    O fundamento da — não é ter sido preservada do pecado mortal, 339
    Ousada — de tornar-se uma grande santa, 99
    — na Misericórdia de Jesus, 135, 265
    No mar da — e do amor, 227
    Oração confiante atendida, 232
    A — atrai o Amor, 261
    A oração cheia de — do publicano, 339
    (Ver: *Esperança*)
CONSOLAÇÃO(ÇÕES)
    Uma oração a fim de que Jesus transforme em amargura as — terrenas, 113, 117
    Jesus, única —, 125
    Não a —, mas a cruz, 174
    Privação de — durante as Ações de Graças da Comunhão, 225
    "A minha — é de não tê-la sobre a terra", 241
    Recusar-se as — do coração, 309
CONVERSÃO
    A — da noite de Natal, 133

Desejo de trabalhar pela — dos pecadores, 134, 218
A — de Pranzini, 135
(Ver: *Pecadores*)
CORAÇÃO(ÇÕES)
Oferecimento do — a Deus, 46, 53
O — deixa-se fascinar facilmente, 100
Preparar o — para receber Jesus, 102, 225
Fidelidade de —, 118
Um — dado ao afeto das criaturas como pode unir-se a Deus?, 119
O — pode afeiçoar-se humanamente mesmo no claustro, 197
"Deixo lhe o meu —!", 223
O Senhor tem na mão os — dos homens, 234
Também a Igreja tem um —, 254
"No — da Igreja serei o Amor", 254
Um — com aspirações da águia, 260
Dando-se a Deus, o — não perde sua natural ternura, 283
O exílio do —, 285
Só a caridade pode dilatar o —, 296
Recusar-se as consolações do —, 309
(Ver: *Afeto, Amor*)
CORAGEM
O pensamento da fugacidade do tempo dá —, 125
— reconquistada com a graça da "conversão", 133
A — de um cruzado, 250
Tomar a — com as duas mãos, 297
(Ver: *Audácia, Força*)
CORPO MÍSTICO
Meditando sobre o — da Igreja, 253, 254
(Ver: *Igreja*)
CRIANÇA(S)
As almas das — são como uma cera mole, 148
Como as — aprendem a ciência das virtudes, 148
Uma — considera seus, os tesouros de seu pai, 183
Uma — se crê tudo permitido, 183
As — agradam a seus pais mesmo quando dormem, 215
"A minha desculpa é de ser uma —", 255, 257
O coração da — não aspira às riquezas nem à glória, 255, 257
Entre os braços do Bom Deus como uma —, 310
CRIATURAS
O coração das — é estreito e volúvel, 118
A união com Deus exige o desapego das —, 119
As conversações com as — cansam a alma, 125
Não esperar a gratidão das —, 132
As — são instrumentos da vontade de Deus, 176, 304
Muitos corações deixam Deus para voltar-se às —, 238
As — têm pensamentos limitados, 304
CRISMA
A santa —, 114
(Ver: *Espírito Santo*)

CRUZ
    Pressentimento de um grande número de —, 113
    O misterioso selo da —, 114
    Permanecer em espírito ao pé da —, 134
    Não a consolação mas as —, 174, 189
    As almas se conquistam por meio da —, 195
    A sombra da —, 200
    A — é um tesouro que os Anjos nos invejam, 206
    "Quereria plantar a tua — gloriosa sobre o solo infiel", 251
    (Ver: *Sacrifício, Sofrimento*)
CULPA(S)
    — que não desagradam ao Senhor, 227
    (Ver: *Defeito, Pecado, Desânimo*)

DEFEITO(S)
    — infantis, 28, 29, 30, 31
    Os — reprimidos em tempo, servem, para progredir na perfeição, 32
    A caridade perfeita consiste em suportar os — dos outros, 289
    O demônio coloca diante dos olhos da alma os — do próximo, 290
    O que parece —, pode ser, por causa da intenção, um ato de virtude, 290
    (Ver: *Imperfeições*)
DEMÔNIO(S)
    Uma alma em graça não tem nada a temer do —, 88
    Uma doença proveniente do —, 86, 88
    O poder externo do —, 90
    Tentações do — contra a vocação, 217
    A humildade põe em fuga o —, 217
    Os enredos, imagem dos —, 263
    Recurso a Jesus, nos assaltos do —, 279
    O — coloca diante dos olhos da alma os defeitos do próximo, 290
    (Ver: *Inimigo, Tentações*)
DESAPEGO
    A união com Deus exige o — das criaturas, 119
    — dos Superiores, 197, 309
    — dos afetos, 282, 283, 284
    O exílio do coração, 285
    — do juízo das criaturas, 291
    — das coisas do uso, 297, 298
    — dos bens espirituais, 302, 303, 304
    — necessário para guiar as almas, 311
    (Ver: *Pobreza*)
DESCULPAR-SE
    Não — quando se é acusado injustamente, 40
    Esforços para não —, 210
    Desculpando-se não se pode conservar a paz, 293
DESEJO(S)
    — de imitar as ações dos Santos, 99
    — do sofrimento, 113, 207
    — de amar a Deus só, 113
    O imenso vazio dos —, 124

— do Carmelo, 83, 143, 153, 158
— de praticar as virtudes, 132, 298
— de salvar as almas, 134, 136
— excessivo de saber, 137
— da vida religiosa, 153
— realizados, 193, 207, 230, 235
Deus só pode comutar os nossos —, 230
— de amar a Jesus até morrer de amor, 235, 256
Jesus não inspira — irrealizáveis, 238, 271
— audazes, 250, 256, 257, 260
O martírio dos —, 253, 259
— da santidade, 271
— do Céu, 275
— de trabalhar pela glória de Deus, 282
— de um Carmelo de Missão, 285, 286
Prevenir os — dos outros, 298
— de ter um irmão sacerdote, 329
(Ver: *Sede*)

DEUS
Porque — tem preferências, 4
— se ocupa de cada alma em particular, 7
Onipotência de —, 36
— proporciona as provações à força que nos dá, 72
Grandeza e poder de —, 73, 161, 162
Amor proveniente de —, 120, 124, 336
É melhor falar a — do que falar de —, 125
— gosta de servir-se dos instrumentos menos dignos, 130
Ação direta de —, 140
Abandono aparente de —, 144
— só deseja a nossa felicidade, 147
As criaturas são os instrumentos da vontade de —, 176, 304
— é mais terno que uma mãe, 228
— só, pode cumular os desejos de uma alma, 230
— tem nas mãos os corações dos homens, 234, 304
Que suave alegria pensar que — é justo, 237
— conhece a fragilidade da nossa natureza, 237
— é livre de agir como quer, 270
— mesmo quer ser a nossa eterna recompensa, 276
— dá as suas luzes gradativamente, 306
— é tão rico que dá sem medir, 333
— é o único ponto de apoio dos Santos, 338
A proveniente Misericórdia de —, 339
(Ver: *Amor, Jesus, Justiça, Misericórdia, Pai, Espírito Santo, Trindade, Vontade de Deus*)

DEVOÇÃO
— a Nossa Senhora, 57, 110, 124, 125
— ao Menino Jesus, 96
— ao Anjo da Guarda, 125
— a São José, 158
— a Sta. Cecília, 169

— pelas orações feitas em comum, 318
Falta de — sensível na recitação do santo Rosário, 318
(Ver: *Jesus Menino, S. José, Maria SSma., Sagrada Face*)
DIREÇÃO ESPIRITUAL
Muitas almas atingiriam a santidade se fossem bem dirigidas, 148
A — deve secundar a ação da graça, 149
Não é fácil guiar as almas, 311
Exigência do desapego dos próprios gostos e concepções pessoais na —, 311
A diversidade das almas exige diversidade de —, 314
(Ver: *Alma, Diretor espiritual*)
DIRETOR(ES) ESPIRITUAL(IS)
O — é um espelho que reflete Jesus nas almas, 140
Um — como desejava Sta. Teresa, 196
Jesus o — dos —, 199, 227
O — divino dá as suas luzes pouco à pouco, 209
(Ver: *Confessor, Direção espiritual*)
DISTRAÇÕES
— durante as Ações de Graças da Comunhão, 225
A correspondência epistolar pode acarretar — inúteis, 331
DOENÇA(S)
Uma estranha —, obra do demônio, 86, 88
Penas interiores a respeito da milagrosa cura dessa —, 95
A tremenda — dos escrúpulos, 121
Compaixão pelas enfermidades do próximo, 322
— morais crônicas, sem esperança de cura, 232
DOR
(Ver: *Cruz, Martírio, Provação, Sacrifício, Sofrimento*)
DOUTOR(ES)
Grandeza das almas dos Santos —, 6
O pequeno —, 116
Jesus não tem necessidade de — para instruir as almas, 236
O — dos — ensina sem rumor de palavras, 236
A vocação de —, 250, 251
Nem todos podem ser —, 253
DOUTRINA
A "pequena —", 245, 250-265
(Ver: *Infância Espiritual*)

ELEITOS
O diferente grau de glória dos —, 66
Deus mesmo será a eterna recompensa dos —, 139, 224
(Ver: *Céu, Glória, Santo*)
ESCADA
A árdua — da perfeição, 271
ESCONDIMENTO
A verdadeira glória se alcança com a virtude praticada no —, 98
Amor à vida escondida, 167
Jesus está escondido no fundo do nosso coração, 216, 230
Uma religiosa santificada pelas virtudes escondidas, 221
A alegria do —, 230

Vitórias escondidas pela humildade, 290
(Ver: *Esquecimento, Humildade*)
ESCRÚPULOS
   A doença dos —, 121
   Obediência cega a respeito dos —, 126
   A libertação dos —, 131, 137
ESPERANÇA
   Só a — dos bens futuros basta para fazer aceitar o sacrifício, 148
   Uma — fundada em Deus só, 182
   Uma — cheia de humildade, 222
   — que toca o infinito, 250
   A — de ir logo ao Paraíso, 275
   "A minha — nunca foi desiludida", 311
   (Ver: *Confiança*)
ESPÍRITO SANTO
   Amor para com o —, 114
   Todos os Santos seguram o impulso do —, 270
   Os bons pensamentos provêm do —, 303
   (Ver: *Crisma*)
ESQUECIMENTO
   Necessidade do — de si para atingir a santidade, 37
   Esquecer-se para dar prazer aos outros, 134
   Quem procura o — sobre a terra será o primeiro no céu, 156
   Sede de —, 200
   O — dos próprios gostos e concepções pessoais é necessário para guiar bem as almas, 311
   (Ver: *Escondimento, Humildade*)
ETERNIDADE
   Meditações sobre os mistérios da —, 104, 138
   A verdadeira vida é a vida eterna, 125
   O grande retiro da —, 215
   O anúncio do próximo ingresso na vida eterna, 275
   (Ver: *Céu, Morte, Vida*)
EUCARISTIA
   (Ver: *Comunhão, Hóstia*)
EVANGELHO
   Os tesouros escondidos no —, 138, 236
   O —, alimento espiritual da oração, 236
   Desejo de anunciar o — em todo o mundo, 251
   O — é fonte de sempre novas luzes, 236
   — vivido, 295, 296, 297, 298
   A letra e o espírito do —, 301
   No — respira-se o perfume da vida de Jesus, 339
   (Ver: *Sagrada Escritura*)
EXERCÍCIOS ESPIRITUAIS
   — para a primeira comunhão, 105, 106
   — para a crisma, 114
   — Para a segunda comunhão, 121
   — para a Profissão, 215, 216
   — pregados pelo Pe. Aleixo, 227

ÊXTASES
    O sofrimento é mais desejável e mais frutuoso que todos os —, 206
    (Ver: *Visões*)
EXTREMA-UNÇÃO
    A — da mamãe, 42

FÉ
    — profunda, 143, 201
    — posta à prova, 187
    Deus se esconde para provar a nossa —, 261
    — viva na existência do Paraíso, 276
    Muitas almas perdem a — pelo abuso das gracas, 276
    A — é fonte das únicas verdadeiras alegrias, 276
    A grande provação contra a —, 276, 277, 278, 279, 280
    Atos de —, 279
    "Canto o que quero crer", 280
    Espírito de —, 287
FELICIDADE
    (Ver: *Glória*)
FIDELIDADE
    A — às pequenas coisas é um meio de santidade, 103
    — do coração, 118
FORÇA(S)
    Deus proporciona as provações às — que nos dá, 72, 280
    Desejo de unir-se à — divina, 109
    A — para sofrer recebida no dia da Crisma, 114
    O pensamento da fugacidade da vida dá —, 125
    A — de alma reconquistada com a graça da "conversão", 133
    Experiência da limitação das próprias —, 212
    Graças de —, 224
    O passarinho aceita ficar sem —, 264
    Deus fortifica a alma, 309
    Um ofício que parece acima das —, 310, 311
    A oração e o sacrifício fonte de —, 315
    (Ver: *Audácia, Coragem*)
FRAQUEZA(S)
    Deus conhece a — da nossa natureza, 237
    A — não é obstáculo para atingir a perfeição do amor, 243
    A — atrai as graças divinas, 252, 265
    "É a minha mesma — que me dá a audácia de oferecer-me como vítima, 255
    — e grandes desejos, 256
    Alegria e paz na —, 262, 294
    Não admirar-se das — dos outros, 289
    Indulgência para com as — dos outros, 290, 291
    (Ver: *Pequenez*)

GLÓRIA
    Diversidade do grau de — dos eleitos, 66
    A verdadeira —, 98, 200

O que é preciso fazer para atingi-la, 98, 200
Desejo da —, 99
A — da santidade, 99
Uma alma pequena não aspira à —, 257
Trabalhar pela — de Deus, 282
A — pertence aos Anjos e aos Santos, 257
"Não ambiciono outra — do que o amor", 336

GRAÇA(S)
Uma alma em — não tem nada a temer do demônio, 38
Uma imagem da —, 73
É preciso secundar a ação da —, sem antecipá-la nem retardá-la, 149
A — ajuda a suportar com fortaleza as provações, 219
Jesus faz brilhar um raio da sua — também no meio da tempestade, 246
A água da — falta para quem se afasta da obediência, 287
Necessidade da — para compreender e pôr em prática os ensinamentos de Jesus, 301
A — do sorriso da Virgem, 94
A — de compreender que a verdadeira glória está na santidade, 99
A — do amor pelo sofrimento, 113
A — de não abater-se pelas coisas caducas, 129
A — da "conversão", 133
— semelhantes às concedidas aos grandes santos, 139
Frutos de tais —, 140
Por uma — recebida com fidelidade Jesus concede inúmeras outras, 140
A — se ser impelida no caminho da confiança e do amor, 227
Oceanos de — recebidas depois do Oferecimento ao Amor Mesericordioso, 238
Uma "grande —" a provação contra a fé, 274
Pelo abuso das — pode-se perder a fé, 276
A — de morrer de amor, 271
A — do desapego dos bens do espírito e do coração, 303

HÓSTIA(S)
A onipotência de Deus revela-se na pequena —, 36
Uma Comunhão consoladora com duas —, 226
O Verbo se esconde na — para alimentar-nos com sua divina substância, 263
(Ver: *Comunhão*)

HUMILDADE
Falsa —, 10
A — afugenta o demônio, 217
Uma esperança cheia de —, 222
A alma humilde reconhece com simplicidade a obra de Deus em si, 274
Vitórias escondidas pela —, 290
— no pedir as coisas indispensáveis, 297
— na direção das almas, 314
— e confiança, 339
Desejo do último lugar, 339
(Ver: *Imperfeições, Nada, Esquecimento, Pequenez, Pobreza, Humilhação*)

HUMILHAÇÃO(ÇÕES)
A verdadeira sabedoria está em procurar a —, 200
O benefício das —, 268
A — é mais preciosa que os louvores, 269
A — interior, 320
Desejo das —, 321
Alegria nas —, 321
(Ver: *Provações, Humildade*)

IGREJA
"No coração da — eu serei o Amor", 254
"Sou filha da —", 233, 257
Valor dos pequenos atos de amor oferecidos pela —, 258
As revelações dos santos enriquecem a —, 270

ILUSÃO(SÕES)
Na infância a — não é de se temer, 70
Entrar na vida religiosa sem ter —, 161, 195
A graça de não ter —, 195
Uma forma de santidade onde não se encontra nenhuma —, 221
Perigo das — na correspondência epistolar com os irmãos espirituais, 331

IMAGEM
Imagens espirituais
A viva — de uma provação, 68
Uma — da graça, 73
Uma — da rapidez do tempo, 125
A natureza é amiúde a — da alma, 144
Os enredos, — dos demônios, 263
Uma — da provação contra a fé, 277, 278
Imagens materiais
Amor pelas —, 97
As — excitam à prática da virtude, 97, 107
A — de Jesus Crucificado, 134

IMPERFEIÇÃO(ÇÕES)
Alegria de sentir-se e de ser vista imperfeita, 209
As — ajuntam-se de repente, 210
Uma alma imperfeita pode aspirar à plenitude do Amor, 260
Suportar com doçura as próprias —, 271
O Senhor conhece melhor do que nós a nossa —, 250
Podemo-nos enganar tomando por virtude o que é — e vice-versa, 231
Esperar cada dia descobrir novas —, 294
As almas imperfeitas não são de fato procuradas, 323
(Ver: *Defeitos*)

ÍMPETOS DE AMOR
(Ver: *Amor*)

IMPOTÊNCIA
Um estado de — e de aridez, 236
"Há talvez uma alma mais imperfeita do que a minha?", 252
Abandono audaz na —, 260
O conhecimento da própria — é uma grande graça, 275
(Ver: *Fraqueza*)

INFÂNCIA ESPIRITUAL
    A via da confiança e do amor: 227, 228
    O abandono da criança entre os braços do seu pai, 242
    A pequena via, 271
    Simplicidade e amor, 334
    Pobreza de espírito e —, 141
    (Ver: *Abandono, Amor, Criança, Confiança, Pequenez*)

INFIDELIDADE(S)
    O amor consome todas as —, 235
    Humildade e confiança nas —, 261
    (Ver: *Culpa, Imperfeições*)

INSPIRAÇÕES
    — divinas, 99, 236
    O Senhor não inspira desejos irrealizáveis, 238, 271
    Um ato de caridade inspirado pelo Bom Deus, 325

INTENÇÃO(ÇÕES)
    A — de Jesus em prodigalizar as suas graças, 141
    O que parece defeito pode ser, por causa das —, um ato de virtude, 290
    Atribuir ao próximo boas —, 322
    Deus olha mais a — do que a entidade da ação, 325

INVEJA
    A — de uma colegial, 75
    O sofrimento é um tesouro que os Anjos nos invejam, 206

IRMÃO(MÃOS) (espiritual)
    Desejo de ter um — sacerdote, 329
    O primeiro —, 329, 330
    A correspondência epistolar com os —, 331
    O segundo —, 333
    (Ver: *Missionário*)

JESUS
    — é um Fogo que queima sem consumir, 119
    Amor proveniente de —, 120
    —, único Amigo, 125, 260
    — tem sede de almas, 134, 136
    —, o divino Diretor, 199
    Ação profunda de — na alma, 216, 290
    As místicas núpcias com —, 218
    O Coração de — é mais que materno, 228
    — não tem necessidade de livros para instruir as almas, 236, 241
    — deseja ser amado, 238
    — não tem necessidade das nossas obras, mas só do nosso amor, 243
    — encontra poucos corações que compreendam o seu Amor, 243
    "Ser tua esposa ó —!", 250
    Condescendência de — para com as pequenas almas, 265
    Um ascensor para subir até —, 271
    Tudo é bom quando se procura só a vontade de —, 270
    De que modo — amou os seus discípulos, 288
    O mandamento novo de —, 290
    —, o Artista das almas, 292

Ver — na alma das suas esposas, 292, 327
Os ensinamentos de — são contrários aos sentimentos da natureza, 301
Desejo de uma íntima união com —, 338
No Evangelho respira-se o perfume da vida de —, 339
(Ver: *Amor misericordioso, Deus, Sagrada Face*)

JOANA D'ARC
    Leitura dos feitos heróicos de —, 99
    Desejo de sofrer o martírio como —, 252
JOÃO DA CRUZ
    A leitura das Obras de —, 236
JOSÉ (SÃO)
    A dor de — ao procurar o Menino Jesus, 144
    Devoção para com —, 158
    Na Casa Santa habitada por —, 167
JUÍZO
    Precoce maturidade de —, 120
    Tudo será desvendado no — universal, 210
    Não se pode jamais julgar o próximo, 291
JUSTIÇA
    Também a — é revestida de amor, 237
    Almas que se oferecem como vítimas à — divina, 238
    Para satisfazer à — divina são preciso vítimas perfeitas, 255

LÁGRIMA(S)
    — de perfeita contrição, 53
    As — do Menino Jesus, 57
    — de alegria, 94, 109
    A última — de uma santa, 222
LEITURA
    Amor pela —, 98, 137
    — da *Imitação de Cristo*, 138, 236
    — das Conferências do Pe. Arminjon, 138
    — das *Obras de S. João da Cruz*, 236
    — da Sagrada Escritura, 236
LIBERDADE
    — das almas perante os convites divinos, 37
    Oferecimento da própria — a Jesus, 109
    Temor da —, 109
LUZ
    Um caminho de —, imagem da graça, 73
    A falsa — do afeto pelas criaturas, 119
    A verdadeira, doce — do amor, 119
    A alegria de fixar uma invisível —, 261
    A — inacessível é a morada eterna do Verbo, 263

MÃE(S)
    Voltando-se para Maria, o nome de Mamãe é ainda mais terno do que o de —, 158

O Senhor é mais terno que uma —, 228
"Ser pela minha união contigo, — das almas", 250
"Amo a Igreja, minha —", 259
Maria Ssma. é a mais terna das —, 318

MAL
Nas almas infantis imprime-se facilmente tanto o bem como o —, 148
Temos de descobrir o —, 158
A alma simples e reta não vê o — em coisa alguma, 158
A correspondência que faria mais — do que bem, 331

MARIA SANTÍSSIMA
Amor filial para com —, 110, 157, 318
O sorriso de —, 94
Consagração a —, 110
Na Consagração das Filhas de —, 125
A dor de — em procurar o Menino Jesus, 144
Chamar — com o nome de "Mamãe" é ainda mais terno que o de "Mãe", 158
Na Casa de —, 166, 167
— ajuda a preparar a veste nupcial para a Profissão, 213
A Profissão na festa da Natividade de —, 218
Recurso a — na preparação para a Comunhão, 225
A recitação lenta de uma Ave — nutre a alma também na aridez, 318

MARTÍRIO
O — dos escrúpulos, 121
Sobre a terra banhada de sangue dos mártires, 168
Oração para obter a graça do —, 168
A sede do —, 252
O — dos grandes desejos, 259
Os teólogos chamam a vida religiosa um —, 283
(Ver: *Amor, Morte, Vítima*)

MATRIMÔNIO
Imitando uma participação de —, 220

MEDITAÇÃO(ÇÕES)
Primeiras, espontâneas —, 50
Desejo da —, 104
Impotência da —, 236
O Evangelho, única fonte de luz na —, 236
Dificuldade na — dos mistérios do Rosário, 318
(Ver: *Leituras, Oração, Prece, Evangelho*)

MEDO
(Ver: *Temor*)

MEIO(S)
A oração é o único — para satisfazer a dívida da gratidão, 91
Um — para fazer-se santo: a fidelidade às pequenas coisas, 103
— usados para converter um grande pecador, 135
— para provar o amor, 258
A procura de um — todo novo para ir ao Paraíso, 271
Um — de vitória nas batalhas espirituais, 293
Às almas simples não ocorrem — complicados, 334

MENINO JESUS
As lágrimas do —, 57

Amor ao —, 96
O nome de "Teresa do —", 96, 220
O — recompensa com o Paraíso os meninos bons, 148
Na Casa Santa do —, 167
A bolinha do —, 177, 186, 188
Abandono aos caprichos infantis do —, 177, 186, 188
A estatueta do —, 204
A esposa do —, 218, 220

MÉRITO(S)
"Não conto com os meus —, não tendo nenhum", 99
"Deus, só cobrindo-me com os seus —, me fará santa", 99
Oferecimento dos — pelos Missionários, 333
A obediência pode redobrar os —, 333
Deus nos ama sem nenhum — da nossa parte, 336
(Ver: *Obra*)

MILAGRE
O — da cura, 93
O — da "conversão", 133
Jesus não faz — senão depois de ter posto à prova a fé, 187
O pequeno — da neve, 204
Um — da graça, 316
(Ver: *Êxtases, Visões*)

MISÉRIA(S)
O modo de aproveitar das próprias —, 225, 226
Conhecimento da própria —, 256
Não dobrar-se sobre a própria —, mas expô-la à misericórdia de Deus, 261
(Ver: *Imperfeições*)

MISERICÓRDIA(S)
O canto das — do Senhor, 1, 9, 12, 124, 266, 272, 321, 322, 326
O bem que se acha na alma é obra da divina —, 11
— proveniente de Deus, 119, 124, 339
Confiança ilimitada na — de Deus, 135, 261, 339
Deus faz ressaltar a sua — nos pequenos, 141
"A mim ele deu a sua — infinita", 237
As perfeições divinas contempladas através da sua —, 237
A — de Deus se eleva até os céus, 238
Oferecimento à divina —, 238
A — do Senhor acompanha-nos sempre, 239
O abandono confiante na — atrai maravilhas de graças, 265
A — do Senhor não se cansa de esperar as almas, 306
(Ver: *Abandono, Amor Misericordioso, Confiança*)

MISSIONÁRIO(S)
Ardor —, 251
Desejo de um Carmelo em terra de Missão, 285, 286
Irmã de um futuro —, 330
É com a oração e o sacrifício que se pode ajudar os —, 331
O segundo irmão —, 333
A oração pelos — se estende também às almas que eles salvarão, 337
(Ver: *Apostolado, Irmão espiritual*)

MORTE
    A — da mamãe, 43
    O mundo não pensa bastante na —, 100
    A conversão de um condenado à —, 135
    Uma epidemia dissemina a — na Comunidade, 224
    O anúncio da próxima —, 275
    O pensamento da — torna-se causa de sofrimento pela provação contra a fé, 278, 280
    A — de amor, 280, 281
    "Nunca pedi ao Senhor para morrer jovem", 282

MORTIFICAÇÃO(ÇÕES)
    — do desejo muito vivo de saber, 137
    — da própria vontade, 190
    Pequenas —, 190, 200
    Amor pela —, 211
    — do amor próprio, 211
    — da curiosidade, 275, 331
    — da natureza, 282, 308
    (Ver: *Penitência, Sacrifício*)

MUNDO
    O sopro envenenado do —, 11
    Desprezo do —, 100
    O — quer conciliar as alegrias da terra com o serviço de Deus, 100
    O fascínio enganador do —, 100, 123
    A doçura que o — oferece é empapada de amargura, 124
    Vaidade das coisas do —, 156
    Jesus só encontra indiferença e ingratidão no —, 243
    Conversações semelhantes às do —, 307
    Como os Santos ergueram o —, 338

NADA
    A prática dos pequenos —, 190, 211, 258
    Os dons mais perfeitos são — sem o amor, 230, 253
    É preciso que o Amor se abaixe até o — e o transforme em fogo, 255
    Os pequenos — oferecidos por amor são úteis à Igreja, 258
    A alma recairia no — sem o contínuo socorro de Deus, 263
    A noite do —, 278

NATAL
    A "conversão" da Noite de —, 133

NATUREZA
    Deus conhece a fragilidade da nossa —, 237
    A provação contra a fé tira toda satisfação natural do desejo do Paraíso, 280
    Não conceder nada à —, 282
    Dando-se a Deus o coração não perde a sua ternura natural, 283
    A caridade não olha as qualidades naturais do próximo, 288
    A alma que se eleva acima dos sentimentos da — goza de grande paz, 297
    Os ensinamentos de Jesus são contrários aos sentimentos da —, 301
    Experiência dos tristes sentimentos da —, 303
    Quanto mais a alma recusa satisfações naturais, mais o seu amor torna-se forte e desinteressado, 308

Mil razões para contentar a —, 309
Para fazer o bem, as correções não devem ser feitas por impulso natural, 312
A humilhação desagrada a —, 321

NOITE
A "conversão" da — de Natal, 133
A — profunda da alma, 144
A — desta vida, 244
A — da fé, 261, 276, 278, 280
A — do nada, 278
(Ver: *Obscuridade, Trevas*)

NOVIÇA(S)
O ofício de dirigir as —, 310, 311, 312
As relações com as —, 313, 314, 315
O juízo das —, 313
Um milagre obtido pelo fervor de uma —, 316
As — dizem com liberdade o que pensam, 320, 321
Zelo pela perfeição das —, 226

OBEDIÊNCIA
— cega durante a doença dos escrúpulos, 126
— filial, 151
Uma prova de —, 152
A — é o melhor meio para não errar, 186, 187
— sobrenatural, 270
"Escrevo por —", 278, 302, 332
A paz é um fruto da —, 287
Espírito de fé na —, 287
Para fazer o bem as cartas aos irmãos espirituais devem ser escritas por —, 331
A — pode redobrar os méritos, 333

OBRAS
Não é necessário fazer — clamorosas, 198
Desejo de fazer as — dos Santos, 99, 250, 252
Sem o amor todas as — são nada, 230
Jesus não pede — grandes, 243
"Embora não tendo as alegrias da fé procuro fazer suas —", 279
Os mais belos pensamentos são nada sem as —, 304
Deus olha mais a intenção do que a grandeza das —, 325

OBSCURIDADE
Um estado de — e de dúvida, 221
A provação contra a fé imerge na —, 276
(Ver: *Noite, Trevas*)

OFERECIMENTO
— do coração a Deus, 46, 53
— ao Menino Jesus para ser seu pequeno brinquedo, 177
— de si à divina vontade na Profissão religiosa, 218
O — das almas vítimas da Justiça de Deus, 238
O — ao Amor Misericordioso, 238
Uma alma pequenina não pode oferecer senão pequeninas coisas, 328

— dos próprios méritos aos irmãos e sacerdotes, 330, 333
(Ver: *Amor Misericordioso, Justiça, Vítima*)

OFÍCIO DIVINO
Estima e amor pela recitação do —, 317

ORAÇÃO
Primeiras formas de —, 150
Uma — mental inconsciente, 104
Luzes recebidas durante a —, 208, 241, 253
O sono durante a —, 215
Uma — de sofrimento, 327
O Evangelho, alimento espiritual da —, 236
Na — os Santos receberam a luz de sua doutrina, 338
Uma alavanca para erguer o mundo, a —, 338
(Ver: *Aridez, Meditação, Prece*)

PACIÊNCIA
— posta à dura prova, 297

PAI (Celeste)
O amor proveniente do —, 120
Confiança filial para com o —, 183
Abandono confiante entre os braços do —, 214, 241
A recitação lenta de um "Pater" alimenta a alma mesmo na aridez, 318
Para atrair os favores do — sobre as almas, 336
(Ver: *Abandono, Amor, Menino Jesus, Deus*)

PAIXÃO
Uma pregação sobre a —, 59
Durante a — as mulheres tiveram mais coragem do que os Apóstolos, 184
A — de Jesus foi também a — de sua Mãe, 206
(Ver: *Jesus, Cruz, Sagrada Face*)

PALAVRA(S)
— capazes de insinuar a vaidade, 73, 123
— que dão força e paz, 125
Ardor aceso pelas — de Jesus na Cruz "Tenho sede!", 134
— que inflamam o coração, 138
Conter uma — de réplica, 190
As — consoladoras pronunciadas pelo Pe. Pichon, 196
As crianças não refletem no alcance de suas —, 257
O amor não deve traduzir-se somente em —, 288
As — de Jesus são um apoio seguro, 302
A oração e o sacrifício são mais eficazes do que as —, 315
Uma — amável basta para dilatar uma alma, 323
(Ver: *Leituras*)

PASSARINHO
Fraqueza e pequenez do —, 260
Abandono audaz do —, 260, 261
As infidelidades do —, 261
O — é destinado a tornar-se a presa da águia divina, 263
A esperança incrível do —, 264

PAZ
— na certeza do chamado divino, 83

— depois da Confissão, 108
A íntima — da Primeira Comunhão, 111
Breves instantes de — durante o martírio dos escrúpulos, 121
A —, dom do céu, 131
Uma — que permanece no fundo da alma, 176, 219, 284
— doce e constante depois do ingresso no Carmelo, 193
— na Profissão religiosa, 218
A — calma e serena do navegante em vista do farol, 255
— no sofrimento, 274, 327
Desculpando-se não se pode conservar a —, 293
— da alma que se ergue acima dos sentimentos da natureza, 297
—, fruto dos pequenos sacrifícios, 328

PECADO(S)
— perdoados por antecipação, 120
Nunca cometeu um só — mortal, 196, 339
A ação purificadora do Amor Misericordioso não deixa na alma traço algum de —, 238
Desejo de reparar os — contra a fé, 27, 279
O fundamento da confiança não é a ausência do —, 339
(Ver: *Culpa*)

PECADOR(ES)
Compaixão pelos —, 124
Desejo de salvar as almas dos —, 134, 218
A conversão de um grande —, 135
A oração pelos —, 157
A mesa dos —, 157
A voz dos —, 278
Também os — sabem amar seu amigo, 296
(Ver: *Alma, Apostolado*)

PENITÊNCIA(S)
"Como um passarinho que não tem necessidade de fazer —", 190
Amor à —, 211
A mortificação espiritual é superior às — corporais, 211
(Ver: *Mortificação, Sacrifício, Sofrimento*)

PEQUENA VIA
(Ver: *Infância Espiritual*)

PEQUENA(S) ALMA(S)
A mais pequenina de todas as almas, 243, 252
Os imensos desejos de uma —, 251, 250
Alegria de ser uma —, 262
Uma — pode oferecer a Deus somente pequeninas coisas, 264, 228
Condescendência de Jesus para com as —, 265
Quanto menores as almas mais Deus as cumula de graças, 265

PEQUENA(S) COISA(S)
A fidelidade às — é um meio de santidade, 103
Aproveitar das — para amar, 258
Uma alma pequena pode fazer só —, 264, 328

PEQUENEZ
— e os grandes desejos, 251, 260
Alegria da própria —, 262

— e aspirações à santidade, 271
Necessidade da —, 271
O Senhor se compraz de conceder a sabedoria aos pequenos, 273
A consciência da própria — é uma grande graça, 274
— e abandono confiante em Deus, 310

PERFEIÇÃO
A — consiste em fazer a Vontade de Deus, 5
Procurar sempre o mais perfeito, 37
Para conhecer os segredos da — é preciso ser pobres de espírito, 141
Luzes sobre a — religiosa, 209, 293
Quanto mais se avança mais se vê longe da —, 293
Desejos de — atendidos, 229
À procura de um ascensor para substituir a rude escada da —, 271
— e desapego, 283
A — não consiste em receber muitas luzes, 304
(Ver: *Amor, Santidade*)

POBREZA
Pobreza Material
Luzes acerca do voto de —, 209
Em que consiste a —, 209
Quando não falta nada não se sente a —, 285
Desejo de sofrer a —, 285
O voto de — é a renúncia total aos bens terrenos, 297
Aos pobres nada é devido, 297
Alegria e paz na —, 297
Pobreza de Espírito
Só os pobres de espírito conhecem os segredos da perfeição, 141
Não há alegria comparável à experimentada pelo verdadeiro pobre de espírito, 297

PRECE ou ORAÇÃO
— a fim de que Jesus transforme em amargura as consolações terrenas, 113, 117
A —, único conforto, 125, 144
A — pelos pecadores, 134, 136, 157
A — pelos sacerdotes, 157
— para invocar a graça do martírio, 168
Uma audaz — aos anjos e aos santos, 256
A — mais eficaz é o amor, 257
A —, fonte de força, 315
Poder da —, 316, 317
Simplicidade e espontaneidade da —, 217
A — é um impulso do coração, um olhar para o Céu, 317
A — em comum, 318
Uma — vocal, recitada lentamente alimenta a alma mesmo na aridez, 318
O apostolado da —, 331
Uma ardente —, 338
A humilde — do publicano, 339
(Ver: *Meditação, Oração*)

PROFISSÃO (religiosa)
O exame canônico antes da —, 195
No desejo da — pode existir um pouco de amor próprio, 208
Exercícios espirituais preparatórios para a —, 215, 216
A tentação na véspera da —, 217
A —, 218
(Ver: *Votos*)
PROVAÇÃO(ÇÕES)
O cadinho das —, 8, 41
A visão profética de uma grande —, 68, 70
Deus proporciona as — à força que nos dá, 72, 280
A — purifica e humilha, 88
Vocação posta à —, 144, 150
Fé colocada na —, 187
A — faz crescer no abandono, 189
— interior: dificuldade na abertura de alma, 196, 198
No céu gostaremos de falar das nossas —, 206
A grande — do papai, 206, 207
Amor e gratidão na —, 207
O auxílio da graça é necessário para suportar a —, 218
— interiores de toda espécie, 227, 274
A grande — contra a fé, 274, 277, 278, 279
Ausência de grandes — exteriores, 329
(Ver: *Cruz, Sofrimento, Humilhação*)
PRUDÊNCIA
As razões da — humana, 144
A — humana vacila a cada passo, 214
A — iluminada sabe descobrir a vontade de Deus, 285
PUREZA
— de afeto, 118, 171, 313
Temor do que pode ofuscar a —, 158
PURGATÓRIO
Zelo pela libertação das almas do —, 218
"Não posso temer o —", 238
O fogo do amor é mais santificante do que o do —, 238
Os pequenos sacrifícios oferecidos por amor extinguem as chamas do —, 258

RECONHECIMENTO (ou GRATIDÃO)
O meio melhor para satisfazer à dívida de —, 91
— por ser objeto do amor previdente do Pai, 120
— pelas misericórdias do Senhor, 124
— na provação e no sofrimento, 206
Jesus não pede obras grandes mas somente o abandono e a · —, 243
— pelo amor de Jesus levado até a loucura, 263
RELIGIOSA(S)
Desejo de ser —, 21, 153
Conceito realista da vida —, 161
O ingresso na vida —, 195
Luzes sobre a perfeição —, 209

Os teólogos chamam a vida — um martírio, 283
Espírito sobrenatural na vida —, 287, 308, 309
As — mais santas são as mais amadas, 323
A vida — é a antecâmara do Paraíso, 326
(Ver: *Carmelo, Obediência, Superiores*)

RENÚNCIA
Facilidade na prática da —, 140
— aos bens terrenos, 297
— aos próprios direitos, 298
— às consolações do coração, 309
A — é fonte de grande força, 309
(Ver: *Desapego, Mortificação, Pobreza*)

RETIRO
(Ver: *Exercícios Espirituais*)

RIQUEZA(S)
As — inestimáveis do sofrimento, 70, 206
Cada dia podemos adquirir — imortais, 103
As — terrenas não dão a felicidade, 179
As — dos grandes desejos, 256
Desapego das — da inteligência e do coração, 303
(Ver: *Bens*)

SABEDORIA
"Em que consiste a verdadeira —", 200
O Senhor se compraz em conceder a — aos pequenos, 273
Jesus, — eterna, 288
(Ver: *Ciência*)

SACERDOTE(S)
Necessidade da oração pelos —, 157, 333
A dignidade do — é superior a dos anjos, 157
"Vim para rezar pelos —", 195
A vocação de —, 251
Desejo de um irmão —, 329
Os simples — têm amiúde um apostolado difícil tanto quanto dos missionários, 333
(Ver: *Irmão espiritual, Missionário*)

SACRIFÍCIO(S)
Liberdade de escolha perante o —, 37
Os pequenos —, 138, 161, 258, 328
A alegria do —, 143
O —, meio eficaz de apostolado, 143, 157, 258, 331
Só a esperança dos bens futuros basta para fazer aceitar os —, 148
A vida religiosa é tecida de pequenos —, 161, 195
Não deixar escapar nenhum —, 258
A união fraterna se realiza no —, 282
O —, fonte de grande força, 315
Os pequenos — dão tanta paz à alma, 328
(Ver: *Mortificação, Renúncia, Sofrimento*)

SAGRADA ESCRITURA
A — é uma ajuda nos estados de impotência e de aridez, 236

O alimento sólido e puríssimo da —, 236
(Ver: *Evangelho*)

SAGRADA FACE
A — foi velada durante a sua Paixão, 70
Devoção à —, 200
O nome de "—" recebido no dia da santa Profissão, 220
(Ver: *Jesus, Paixão*)

SANGUE
A sede das almas, fruto da contemplação do — de Jesus, 134, 136
Sobre a terra purpúrea do — dos mártires, 168
O cravo que foi banhado pelo — de Jesus, 183
Desejo de derramar o — por Jesus, 251
Sem o Amor os mártires recusariam derramar o seu —, 254
Na provação contra a fé, a vontade está pronta a dar também o testemunho do —, 279

SANTA(S)
A — predileta: Sta. Cecília, 169, 252
Uma — religiosa, 221
A última lágrima de uma —, 222

SANTIDADE
Desejo da —, 27, 99, 271
Necessidade do sofrimento para atingir a —, 37, 99
Meios para atingir a —, 103, 271
Muitas almas atingiriam a — se fossem bem dirigidas, 149
Uma — onde não se encontram ilusões, 221
Pequenez e aspiração à —, 271
(Ver: *Perfeição*)

SANTO(S)
Grandes — e pequenos —, 5
Desejo de fazer todas as ações dos —, 252
Uma audaz oração aos —, 256
A glória pertence aos —, 257
A proteção dos —, 262
As loucuras dos —, 175
Dois gêneros de —, 270
Como os — erguem o mundo, 338
(Ver: *Devoção, Santidade*)

SEDE
O grito de Jesus na Cruz: "Tenho —", 134
— das almas, 136
— de sofrer e de ser esquecida, 200
— de amor, 243
(Ver: *Desejo*)

SILÊNCIO
Uma oração de — e de aridez, 241
Guardar em — os segredos do Rei, 244

SIMPLICIDADE
A — encanta o coração de Deus, 6
A — não esconde os benefícios recebidos de Deus, 10
— na oração, 131, 317, 332

— infantil, 158, 267
A alma simples não vê o mal em coisa alguma, 258
Dificuldade na abertura de alma, proveniente da extrema —, 198
— de noviças, 321
Às almas simples não ocorrem meios complicados, 334
SOFRIMENTO(S)
  Necessidade do — para atingir a santidade, 37, 99
  A vida é um — contínuo, 82
  Desejo do —, 113, 207
  Amor pelo —, 195, 235
  O — é um tesouro que os Anjos nos invejam, 206
  — do coração e da alma, 207
  Só com o — se podem salvar as almas, 229
  Jesus não pode desejar para nós — inúteis, 238
  O — é uma prova de amor, 258, 279
  Alegria no —, 261, 274, 279
  Uma ocasião de — contínuo, 282
  O — procurado como o tesouro mais precioso, 286
  Uma oração de —, 327
  Paz no —, 274, 327
  (Ver: *Cruz, Sacrifício*)
SONHO(S)
  — dos dois diabinhos, 38
  Dois — consoladores, 223, 247, 248
SORRISO
  O — da SSma. Virgem, 94, 110, 158
  Um —, expressão de caridade, 292, 325
  Um amável — basta para dilatar uma alma triste, 323
SUPERIORES
  Abertura de alma com os —, 197, 198, 210
  Ver Nosso Senhor nos —, 197
  Manifestar as tentações aos —, 217
  A vontade dos — é a bússola infalível das religiosas, 287
  Espírito de fé nos —, 287
  Amor puro e sobrenatural para com os —, 308, 309
  (Ver: *Obediência*)

TEMOR
  — da própria liberdade, 109
  — do mal, 158
  — de ter ofuscado a veste batismal, 196
  "Estou longe de ser conduzida pela via do —", 226
  "O — me faz retroceder", 228
  O Senhor é bom e justo, o que temer?, 237, 329
  À lei do — é seguida a lei do Amor, 255
  Um — sobrenatural, 319
TEMPO
  — empregado inutilmente, 137
  O valor do —, 190
  Aos olhos de Deus o — é nada, 272

TENTAÇÃO(ÕES)
   O Amor proveniente de Deus preserva das —, 119
   A — contra a vocação, 217
   A grande — contra a fé, 276, 277, 278, 287
   — contra a caridade, 292
   A fuga, meio para vencer as —, 293
   — de apego aos bens do espírito, 302
   — violentas de procurar consolação junto aos Superiores, 309
TRABALHO
   (Ver: *Obras*)
TREVAS
   Luz interior nas — exteriores, 209
   As — da tentação contra a vocação, 217
   As — da provação contra a fé, 276, 277, 278
   A voz das —, 278
TRINDADE (SSma.)
   Inabitação da — na alma, 140
   O oferecimento feito na festa da —, 238
TUDO
   "Escolho —!", 37
   "O Senhor me perdoou não muito, mas —", 120
   Desejos de ser —, 250, 252, 256
   O Amor é —, 254
   "Eu serei o Amor, assim serei —", 254
   — é bom, quando se procura só a vontade de Jesus, 270

UNIÃO
   A — com Deus exige o desapego das criaturas, 119
   A — com Jesus na Profissão religiosa, 218
   "Ser, pela minha — contigo, mãe das almas", 250
   Só no céu a — será completa e eterna, 284
   Quanto mais íntima é a — com Jesus, maior é o amor para com o próximo, 290
   A única coisa necessária é a — com Jesus, 311
   Desejo de uma — tão profunda, que ele só viva e aja na alma, 338

VAIDADE(S)
   — infantil, 31, 127
   Palavras capazes de insinuar a —, 73, 123
   A — insinua-se facilmente na alma, 100, 123
   — da ciência humana, 137
   A — de tudo o que passa, 156
   — dos títulos do mundo, 156
   — dos dons e das habilidades naturais, 230
   "Sou muito pequena para ter —", 274
   — do juízo das criaturas, 291
   Lembrança de que somos livres das —, 320
   (Ver: *Criaturas, Mundo*)
VAZIO
   O imenso — dos desejos, 124

VELAÇÃO
    A cerimônia da —, 219
VERDADE(S)
    Fáceis instruções sobre as — mais sublimes, 66
    Meditando as grandes — da religião, 138
    Procura da —, 259
    A — triunfa sempre, 315
    Os raios luminosos da —, 326
VESTIÇÃO
    O nome novo da, 96, 220
    A — é um prelúdio das alegrias do Paraíso, 87
    A cerimônia da —, 203, 304
VIA(S)
    Jesus, — reta e luminosa, 140
    A — do temor, 226
    A — suave do amor, 235, 238
    A caridade é a — melhor, 253
    Diversidade das — pelas quais o Senhor conduz as almas, 270
    Uma pequena — toda nova, 271
    A — segura da obediência, 287
    Correndo na — do Mandamento Novo, 296
    Na — da caridade, é só o primeiro passo que custa, 301
    Não obrigar as almas a seguir a nossa própria —, 311
    A — das honras e a — das humilhações, 320, 321
    (Ver: *Infância Espiritual*)
VIDA
    A — é cheia de sacrifícios, 82
    — séria e mortificada, 190
    Uma — de amor, 258
    Desejo que a — seja partida pelo amor, 181
    "Não temo uma — longa", 282
    No ocaso da —, 335
VIDA ETERNA
    (Ver: *Céu, Eternidade, Morte, Tempo*)
VIDA RELIGIOSA
    (Ver: *Religiosa*)
VIRTUDE(S)
    Atrativo pela —, 40, 132,
    — "naturais", 40, 132
    Para atingir a verdadeira glória é necessário praticar a —, 98,
    A graça de praticar a —, de modo suave e espontâneo, 140
    O batismo depõe nas almas o germe profundo das — teologais, 148
    Nas almas infantis coloca-se facilmente a marca da —, 148
    O exercício das — miúdas, 211
    Prática das — mais sublimes, 216
    Uma alma santificada pelas — escondidas e comuns, 221
    Edificar-se com os menores atos de —, 289
    O que parece defeito pode ser, por causa da intenção, um ato de —, 290
    O desejo da — infunde muita paz, 298

VISÃO(ÕES)
A — profética, 63
O significado da — profética, 70
A — da Virgem Maria, 94
(Ver: *Êxtases*)

VÍTIMA(S)
As almas que se oferecem como — à Justica de Deus, 238, 255
O Amor Misericordioso não tem necessidade de —?, 238, 255
"É a minha mesma fraqueza que me da a audácia de oferecer-me como —", 255, 264
Uma legião de pequenas —, 265

VOCAÇÃO(ÕES)
O mistério da —, 3
A certeza do chamado divino, 83, 142
Obstáculos à —, 144, 146
Diante da graça da —, também as provações maiores para realizá-la são bem pouca coisa, 150
A — do Carmelo, 157
É fácil esquecer o fim sublime da própria —, 161
Tentações contra a —, 217
A — de guerreiro, de sacerdote, de apóstolo, de Doutor, de mártir, 250
O Amor encerra todas as —, 254
"A minha — é o Amor", 254
Para viver nos Carmelos estrangeiros é preciso ter uma particular —, 285
(Ver: *Carmelo, Religiosa*)

VONTADE
Temor de consagrar a própria —, 37
Jesus se contenta com a nossa boa —, 134
A mortificação de esmagar a própria —, 190

VONTADE DE DEUS
A perfeição está em fazer a —, 5
Só na — se encontra a paz, 155
Desejo da —, 217
A única oração: o cumprimento perfeito da —, 218, 235
Tudo é bem quando se procura só a —, 270
A vontade dos Superiores é a expressão segura da —, 287
(Ver: *Abandono, Obediência*)

VOTO(S)
Luzes sobre o — de pobreza, 209, 297
Os santos — da Profissão religiosa, 218
(Ver: *Castidade, Obediência, Pobreza, Profissão, Religiosa*)

ZELO
— pela salvação das almas, 135, 136, 218
— missionário, 251, 333
Perigos das cartas escritas sob pretexto de —, 331
— pelas almas dos Sacerdotes, 331
(Ver: *Alma, Apostolado, Pecadores, Sacerdotes*)

ÍNDICE DAS MATÉRIAS

CRITÉRIOS ADOTADOS NA PRESENTE EDIÇÃO 5
PRÓLOGO 13
GENEALOGIA DE TERESA 21

Manuscrito "A"

Cap. I - ALENÇON (1873-1877) 25

Preferências divinas, - As misericórdias do Senhor, - Pais incomparáveis, - Minhas irmãs mais velhas, - Minha querida Celina, - Viagem a Mans, - Meus defeitos, - Meu caráter, - Escolho tudo, - Os medonhos diabretes, - Tudo me sorria

Cap. II - NOS BUISSONNETS (1877-1881) 46

Morte da Mamãe, - Paulina será minha Mamãe, - Lisieux, - Minha classe de aula, - Carinhos de Papai, - O mês de Maria, - Primeira confissão, - Dias santos e domingos em família, - Educação afetuosa e firme, - Visão profética, - A face velada, - Trouville, - O Sulco de Ouro

Cap. III - ANOS DOLOROSOS (1881-1883) 66

Aluna da Abadia, - Folguedos, - Chorosa ao extremo, - Primeira comunhão de Celina, - Paulina ia separar-se de mim, - Curiosa enfermidade, - Tomada de hábito de Paulina, - Titio e Titia, - A Santíssima Virgem sorriu-me, - O que sofri

Cap. IV - PRIMEIRA COMUNHÃO - TEMPO DE ESCOLA (1883-1886) 84

Imagens e leituras, - Tornar-me grande Santa, - Atos de amor, - Retiro espiritual, - Fusão de amor, - Consagração à

Santíssima Virgem, - Crisma, - A doutorazinha, - Parábola do bom médico, - Doença de escrúpulos, - A Sra. Papinau, - Filha de Maria, - Férias em Trouville, - Um verdadeiro bazar, - Maria no Carmelo

Cap. V - DEPOIS DA GRAÇA RECEBIDA NO NATAL (1886-1887) 111

Uma corrida de gigante, - A noite de luz, - Pranzini, meu primeiro filho, - A *Imitação de Cristo* e o Padre Arminjon, - No Mirante (Belvedere), - Chamamento urgente. Desejo de entrar no Carmelo, - Minha grande confidência, - Recusa de Titio, - Concessão do milagre, - Oposição do Superior do Carmelo, Visita ao Bispo, - Em Bayeux, - Não estava tudo perdido

Cap. VI - A VIAGEM A ROMA (1887) 137

Compreendi minha vocação, - Paris, - Suíça, - Milão, - Veneza, Bolonha, Loreto, - O Coliseu, - As Catacumbas, - No Vaticano, - Aos pés do Santo Padre, - O brinquedinho, - Assis, - Florença, - Regresso à França, - A bolinha, - Três meses de expectativa

Cap. VII - OS PRIMEIROS ANOS NO CARMELO (1888-1890) 165

Desejos satisfeitos, - Confissão feita ao Padre Pichon, - Teresa e suas Superioras, - A Sagrada Face, - Minha tomada de hábito, - Triunfo do meu Rei, - Doença de Papai, - Sofrimento e vilipêndio, - Pequenas virtudes, - A veste nupcial

Cap. VIII - DESDE A PROFISSÃO ATÉ AO HOLOCAUSTO AO AMOR (1890-1895) 181

Profissão, - Tomada de véu, - Madre Genoveva, - Epidemia da influenza (gripe maligna), - Retiro Espiritual pregado pelo Padre Aleixo, - Eleição da Madre Inês de Jesus, - Morte de Papai, - Entrada de Celina, - 9 de junho de 1895, - Qual será o desfecho da presente história? - Interpretação do brasão, Conclusão do Manuscrito A

Manuscrito "B"

Cap. IX - MINHA VOCAÇÃO: O AMOR (1896) 205

Segredos de Jesus, - Sonho de 10 de maio. A Venerável Ana de Jesus, - Todas as vocações são minhas, - Minhas loucuras, - Dentro do coração da Igreja, - Jogar flores, - A avezinha, - A Águia Divina, - Conclusão do Manuscrito B

Manuscrito "C"

Cap. X - A PROVAÇÃO DA FÉ (1896-1897) 223

Teresa e sua Priora, - A florzinha, - O elevador divino, - Encarregada do Noviciado, - Primeira hemoptise, - Mesa dos pecadores, - Trevas fechadas, - Não recuso o combate, - Chamamento das Missões, - O que é a caridade, - Amar como Jesus ama, - O mais amável dos meus sorrisos, - Meu último recurso: a fuga, - Dar e deixar que tomem, - Abrir mão de seus direitos, - Dar emprestado sem nada esperar

Cap. XI - OS QUE VÓS ME HAVEIS DADO (1896-1897) 252

Noviças e irmãos espirituais, - Instrumentos de Deus, - O pincelzinho, - O verdadeiro amor, - Como uma sentinela, - Minhas armas invencíveis, - A oração, - Açúcar e vinagre, - Almas imperfeitas, - Irmã São Pedro, - Uma oração com sofrimento, - Meu primeiro irmãozinho, - Escrever por obediência, - O segundo missionário, - Vossas palavras, ó Jesus! - Atraí-me, correremos, - Pela confiança e pelo amor

EPÍLOGO 283

Apêndices

CÉDULA DE PROFISSÃO 295

ATO DE OBLAÇÃO AO AMOR MISERICORDIOSO 298

Cronologia 301

Índice analítico 309